図解で早わかり

最新 相続登記のしくみ

司法書士
旭　祐樹 監修

本書の3大特色

**相続登記の基本事項と
申請手続きがわかる。**

**相続分から遺言、遺産分割協議まで
知っておきたい知識を網羅的に解説。**

**相続登記、住所氏名変更登記の
義務化など、令和3年の
不動産登記法改正に対応!**

三修社

はじめに

相続は、亡くなった人（被相続人）の財産を、相続人に帰属させる制度です。人の「死」は社会的地位や財産などに関係なく、すべての人に平等に訪れるものですから、相続問題は決して遠い世界の話ではありません。近年、高齢化社会や家族構成の多様化の影響を受け、相続についての関心が高まり、従来からの相続のしくみは大きく変わりました。平成30年には民法の相続法の分野が改正され、生存配偶者の生活基盤を確保するため、配偶者居住権が創設された他、遺産分割における優遇規定などが設けられました。また、自筆証書遺言制度の見直しや遺言書の保管制度の創設、預貯金の仮払い制度の創設、相続人以外の親族による介護などの貢献を認める特別寄与料の制度の創設など、社会の要請に応じた改正も行われています。さらに、令和３年４月には相続登記や住所氏名変更登記の義務化などを定めた民法・不動産登記法などの改正法が成立しました。本書では、相続登記のしくみと申請手続きを解説しています。

相続問題は、当事者にならなければ、実感がわかないものですが、家族の確執を浮き彫りにする事象でもあります。このような事態に巻き込まれないためには、相続にまつわる一定の法律知識を習得して、事前に対策をしておくことが重要です。本書は、遺産分割や相続登記に関する問題に直面している皆様が問題の解決法を模索できるように、基本的な知識や手続きを平易に解説した入門書です。相続分、遺言、遺産分割、登記、遺留分、裁判所での調停などの手続きまで、幅広くフォローしています。

本書をご活用いただき、皆様のお役に立てていただければ監修者として幸いです。

監修者　司法書士　旭　祐樹

CONTENTS

ケース別　相続分早わかり

PART 3 遺贈・遺言の法律知識

PART 4　遺産分割のしくみ

PART 5　家庭裁判所での手続き

PART 6　登記のしくみと申請手続きの基本

PART 7 相続登記に関するその他の手続き

書式サンプル集

PART 1

相続発生と登記が必要になる場合

人が亡くなった直後に行う手続き

死亡診断書、死亡届、火葬許可証などの書類が必要

■ どんな手続きが必要になるのか

人が亡くなったときには、①死亡診断書か死体検案書、②死亡届、③火葬許可証と④埋葬許可証といった書類の届けが必要になります。

① 死亡診断書か死体検案書の交付

死亡したことを医学的に証明する「死亡診断書」か「死体検案書」の交付を受けます。自宅や病院で亡くなったり、医師に死亡確認をしてもらった場合は、死亡診断書を交付してもらいます。一方、自宅で亡くなった状態で見つかった場合、事故に遭った場合などには検死を受けなければなりません。まずは警察に通報し、判断を仰ぐようにしましょう。検死が終わると死体検案書が作成されます。

死亡届と死亡診断書（死体検案書）

通常は左側が死亡届、右側が死亡診断書（死体検案書）となっている。届出人が左側を記入し右側は医師が記入する。

② 死亡届の提出

死亡診断書もしくは死体検案書には、「死亡届」の様式がついています。届出人（届出義務者）は、死亡の事実を知った日から７日以内に、必要事項を記載した死亡届を市区町村役場の戸籍係窓口に提出しなければなりません。届出人とは、親族、親族以外の同居者、家主や地主などの関係者ですが、届出人から依頼された代理人なども届け出ることができます。

③ 火葬許可申請書の提出と火葬許可証の交付

火葬をするためには、火葬場に火葬許可証を提出しなければなりません。死亡届を提出する際、同時に「火葬許可申請書」を提出することで交付されます。最近は葬儀社などが死亡届の提出から火葬場の予約までを代行することが多いようです。

公的機関の手続き

項目	期限
死亡届の提出	７日以内
住民票の抹消	14日以内
世帯主の変更	14日以内（故人が世帯主だった場合）
健康保険の資格喪失と保険証返却	国民健康保険の場合は14日以内
年金受給の停止	国民年金の場合は14日以内 厚生年金の場合は10日以内
介護保険の資格喪失と保険証返却	14日以内
障害者手帳などの返還	とくに規定はない （市区町村役場などに確認をとる方がよい）
雇用保険受給資格者証の返還	１か月以内 （故人が雇用保険を受給していた場合）

④　埋葬許可書の交付

墓地などに納骨するためには、埋葬許可証が必要になります。火葬終了後、火葬場管理者が火葬許可証に火葬証明印など必要事項を記載したものが埋葬許可証となります。埋葬許可証は、火葬終了時に火葬場で受け取ります。

■ 葬儀の手配から納骨まで

ご遺体を火葬場へ運び、骨上げをするためには火葬場の予約をとるなどの手続きが必要です。通夜・葬儀などの打ち合わせの際には、喪主を決め、会場選定から遺体搬送、祭壇のランク、僧侶の手配、会食の手配など、さまざまなことを業者と打ち合わせて進めなければなりません。通夜や葬儀に出席してほしい近親者や知人、会社関係者などに電話などで連絡します。

■ その他の公的手続き

その他、人が亡くなったときにはやらなければならない手続きが多数あります。市区町村への届出の他、公的年金を受給していた場合は受給を停止するための届出、健康保険証などの返却も必要です。期限のある手続きも多いため忘れずに届け出るようにしましょう。

・世帯主の変更

死亡した人が世帯主だった場合は、死亡から14日以内に市区町村役場へ「世帯主変更届」を提出し、新しい世帯主を届け出ます。ただし、届出が必要になるのは、世帯に15歳以上の人が２人以上残っている場合です。死亡した人が一人暮らしだった場合や、死亡により世帯に１人のみ残る場合は手続き不要です。なお、届出ができるのは、原則として新しい世帯主本人か同じ世帯の人ですが、委任状を提出した場合は代理人が申請することもできます。

・健康保険の資格喪失の手続き

死亡した人が国民健康保険に加入していた場合は、死亡から14日以内に市区町村役場へ「国民健康保険資格喪失届」（75歳以上の場合は「後期高齢者医療資格喪失届」）を提出し、保険証や高齢受給者証を返却します。先に「死亡届」を提出していればこの届出は不要な自治体もあり、その場合は保険証の返却のみを行います。

・年金受給を停止する手続き

死亡した人が年金を受給していた場合は、年金事務所などへ「年金受給権者死亡届」を提出し、年金受給を停止します。提出期限は、国民年金の場合は死亡から14日以内、厚生年金の場合は10日以内です。停止手続きをせずに受給を続けると不正受給とみなされる可能性もあるので注意しましょう。なお、日本年金機構に死亡した人の住民票コードが登録されている場合は、原則として届出の提出は不要です。

・その他（介護保険証、障害者手帳などの返還）

死亡した人が介護保険の被保険者だった場合は、市区町村役場へ「介護保険資格喪失届」を提出し、介護保険証などもいっしょに返却します。

国民健康保険の被保険者だった世帯主が亡くなった場合

世帯主を変更した上で新しい健康保険証を発行してもらう必要がある。亡くなった人の保険証の他、被扶養者全員の保険証を返却し新しい保険証を発行してもらう。

死亡した人が扶養親族だった場合

自分の加入している健康保険組合などで資格喪失の手続きを行う。保険証もいっしょに返却する必要がある。

受け取るべき年金を受給せずに亡くなった場合

生計を一にしていた遺族が未受給分を受け取ることができる。年金は死亡した月の分までは発生することになるが、自動的に遺族へ支給されるわけではないので、年金事務所などでの手続きが必要。

保険・税金関係の事後処理と必要書類

手続き	必要な書類
生命保険金の支払請求	死亡保険金支払請求書、保険証券、死亡診断書、死亡した人の戸籍（除籍）謄本、受取人の戸籍謄本、受取人の印鑑証明書　など
葬祭費の申請	国民健康保険葬祭費支給申請書、国民健康保険証、死亡診断書、葬祭費用の領収書　など
埋葬料の申請	健康保険埋葬料支給申請書、健康保険証、死亡を証明する事業所の書類（事業主の場合は死亡診断書など）、葬儀費用の領収書、住民票　など
準確定申告	申告書、確定申告書の付表、源泉徴収票、控除証明書、医療費の領収書　本人確認書類　など

また、障害者手帳を持っていた者が死亡した場合は、市区町村役場で障害者手帳の返還手続きが必要です。障害年金を受給していた場合は、受給権者死亡届の提出も必要です。

■ 支払方法の変更・解約

この他の事後処理として、以下のものが挙げられます。仕事、家事などと並行して進めることが多くなるので、やるべきことをリストにして優先順位を確認し、書類の準備や提出の順番をあらかじめ考えて効率よく進めましょう。

・本人名義の契約の解除や名義変更、未払い料金の精算など

家賃や公共料金、クレジットカードなどに未払金が残っている可能性があります。また、本人名義の契約を解除したり、名義変更も必要になります。多額の借金がある場合、支払いを行うことで相続放棄ができなくなる可能性があるため、未払金の支払時は注意が必要です。

・生命保険の受給手続きや財産整理

遺産や生命保険の保険金などの整理は重要な事後処理です。

介護保険証

原則65歳以上の人に交付されている。

障害者手帳

身体障害者手帳・療育手帳・精神障害者保険福祉手帳のこと。

保険金の受取期間

一般的に亡くなった日の翌日から3年間と設定されていることが多い。期限を過ぎると請求権がなくなる恐れがあるため注意が必要。

生命保険証書があれば、保険会社に連絡して契約状況を確認しましょう。保険証書が見つからない場合、通帳等で支払実績の有無を確認します。最低でも年に一度は契約内容確認のための郵便が届いている可能性が高いため、郵便物も細かくチェックしましょう。

・所得税の申告手続き

確定申告をしなければならない人が年の中途で死亡した場合、その相続人は、相続の開始があったことを知った日の翌日から４か月以内に、亡くなった人の１月１日から亡くなった日までの所得税の確定申告と納税を行います。これを準確定申告といいます。相続人が２人以上いる場合は、原則として各相続人が連署（２人以上の者が同一書面に署名すること）により準確定申告書を提出し、確定申告書付表の提出も必要です。

また、この場合は代表者を決めることも可能です。もうひとつの方法として、相続人がそれぞれで準確定申告書を作成し、提出することもできます。各自で提出する場合は提出内容を他の相続人に通知する必要があります。

・葬祭費・埋葬料の申請

健康保険に加入していた被保険者が業務外の事由により死亡したときは、その被保険者により生計を維持されていた家族に埋葬料が支払われます。協会けんぽの場合、埋葬料は５万円です。また、被扶養者が死亡したときは、被保険者に対して家族埋葬料が支給されます。

・高額療養費の請求

医療費の自己負担額を超えた分が払い戻される制度です。診療月の翌月の初日から２年を経過するまでの間に、申請書を市区町村役場の担当課や協会けんぽの都道府県支部などに提出します。

・婚姻前の氏に戻す

配偶者が亡くなった場合、婚姻前の旧姓に戻すことができます。旧姓に戻すには「復氏届」を提出します。申請書の様式は市区町村により若干異なりますので、提出先所定の用紙を入手

埋葬料の支給を受けるには

協会けんぽの都道府県支部などに申請書を提出する必要がある。埋葬料支給申請書の提出期限は、被保険者または被扶養者が死亡した日の翌日から２年間。死亡原因や申請書の記入内容に応じて添付書類が定められている。

国民健康保険、後期高齢者医療制度に加入している被保険者が亡くなったとき

実際に埋葬を行った者に葬祭費が支給される。葬祭費の額は、亡くなった人が加入していた保険の種類や保険者によって異なるが、５万円前後のものが多い。

葬祭費の請求手続き

葬祭費は、葬祭を行った日の翌日から２年経過すると申請できない。

して作成しましょう。本籍地以外で提出する場合は戸籍全部事項証明書の添付が必要であり、本籍地で提出する場合は不要です。提出期限はなく、いつでも提出することができますが、国際結婚の場合は亡くなった日の翌日から3か月以内と定められています。3か月を超えると家庭裁判所の許可が必要になります。復氏届の効力は本人だけなので、子供の姓を変更したいときは、家庭裁判所に対して別途手続きが必要になります。

・姻族関係の終了

配偶者が亡くなった場合、婚姻関係は終了しますが、姻族関係は継続します。「姻族関係終了届」を提出することで、姻族関係を終了させることができます。姻族関係が終了した場合、相手方の親族の扶養義務を負うことはなくなりますが、相続の権利および遺族年金の受給資格には影響しません。姻族関係終了届は、本籍地または居住地の市区町村役場に提出し、期限はありません。この届出を提出しても戸籍には姻族関係終了などとしか記載されず、姓はそのままとなりますので、婚姻前の姓に戻したい場合は前述の復氏届が必要です。一度終了させた姻族関係は二度と復活させることができませんので、冷静に判断しましょう。

・遺品整理・住居の明渡し

賃貸か持ち家かで、遺品整理が必要となるタイミングは変わります。外部業者の活用も含め、適切なタイミング・流れで遺品整理ができるように段取りを整理し、確認しておく必要があります。これまで取り上げた手続きを行う上で必要な書類等を誤って処分することを避けるため、すべての手続きを終えて一段落してから遺品の整理に取りかかる人も多いです。

遺品整理の過程で、把握していない通帳、有価証券や土地の権利証などの貴重品が見つかった場合、これらを独断で処分すると問題になる可能性が高くなります。他のものとは別にまとめ、法律の定めや親族・相続人の合意に従って整理するようにしましょう。

PART1
2

相続とトラブル発生のケース

相続発生と登記が必要になる場合

トラブルが起こりやすいケースを知り、生前から対策を立てておく

■ 相続とは何か

相続とは、簡単に言えば「親の財産を受け継ぐこと」「死亡した人の遺産（財産）を相続人がもらうこと」です。

被相続人とは、相続される人（死亡した人）のことで、相続人とは、財産を受ける人のことです。

もっとも、この場合の財産とは、土地や株など金銭的評価ができるものばかりではありません。被相続人に借金などが残されているときは、これも財産ですから、相続人に受け継がれることになります。財産をもらえるといっても、必ずしも相続人に利益があるとは限らないわけです。

相続の根拠条文

民法は、「相続人は、相続開始の時から、被相続人の財産に属した一切の権利義務を承継する」と定めている（民法896条）。

■ 遺産が少なくても相続問題は起こりうる

相続に関するトラブルは、大きく分けて２つあります。

１つは、相続税の税負担が重いことに起因するトラブルです。もう１つは、遺産の分け方をめぐって、遺族間で発生するトラブルです。

相続税は、相続によって財産を引き継いだ人が支払う税金です。その税負担は重く、税率は最高で55％です。税負担の重さは、相続財産の大半が不動産で、かつ、現金や預貯金がないというケースでとくに問題になります。相続税の支払いに充てる金銭が不足するからです。しかし、日本では、遺産が3,000万円以下だと相続税を支払う必要がないため、相続税をめぐるトラブルは比較的少ないのが実情です。つまり、相続税をめぐるトラブルは、遺産が少ない場合には起こらないのです。

遺産をめぐるトラブル①

遺産が不動産のみで、遺産の分配が難しい場合にはトラブルが生じやすい。現金や預貯金であれば、比較的容易に分割できるが、不動産ではそれが難しいからである。たとえば、故人が所有する土地つきの一戸建てに、その故人と同居していた相続人がいるケースが典型例である。

相続をめぐるトラブル

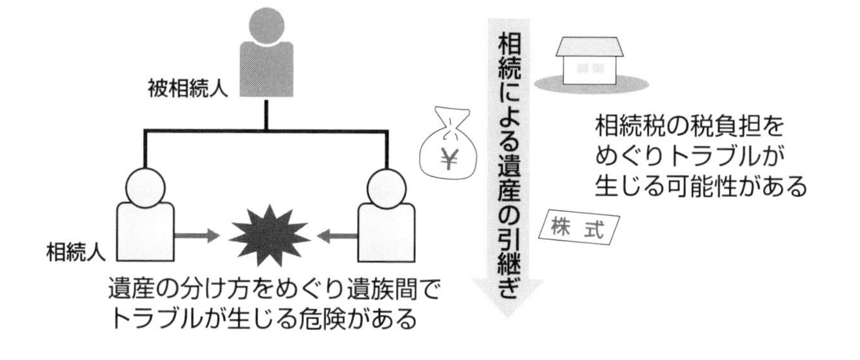

一方、遺産の分け方をめぐる遺族間のトラブルは、遺産が少ない場合でも起こりえます。たとえば、配偶者（夫もしくは妻）がおらず、子どもが２人であれば、それぞれ２分の１を均等に遺産を分けるための協議を行うことになります。しかし、子どもの１人がずっと親の介護をしていた、住宅を購入する際に親から援助を受けた相続人がいる、などの事情があると法定相続分による遺産の分配は難しくなります。自分の相続分を少しでも増やそうと主張する人が出てきて、話し合いがまとまらなくなるからです。最近では、親族間の話し合いでトラブルを解決できず、家庭裁判所の調停・審判を利用するケースが増加しています。

ただし、遺産が300万円以下の場合にはトラブルが起こることは少なくなります。葬儀費やお墓の購入費に約300万円かかり、その金額を差し引くと遺産を使い切ってしまうからです。

民法では遺産の分け方をめぐるトラブルを防止するため、遺産の配分割合（法定相続分）を定めていますが、残念ながらこのようないろいろな事情でトラブルとなってしまうのが現状です。

遺産をめぐるトラブル②

複数の子どもの中で、一人だけが親を介護していたという場合にもトラブルが起こりやすい。親の面倒を全くみなかった相続人が、法定相続分どおりの遺産の分配を求めたことがきっかけになって、積年の対立が表面化し、トラブルに発展する。

遺産をめぐるトラブル③

被相続人が離婚して、前妻の子と後妻の子がいるケースでもトラブルになりやすい。法律上、前妻の子と後妻の子では、相続分が同じに扱われている。しかし、心情的にはそれでは納得できない各相続人が、自分に有利な分配案を主張してトラブルが起こる。

PART1
3

相続登記が必要になる場合

相続発生と登記が必要になる場合

不動産を相続した場合に登記申請を行う

■ 相続登記はどんな場合にするのか

どんな場合に相続による所有権移転登記を申請することになるのかを考えてみましょう。不動産の所有者が死亡した場合、その不動産の持ち主が不在となるため、相続登記という相続人に対する名義変更の手続きが必要です。具体的には、以下のような場合に、死亡者（被相続人）から相続人に対する相続を原因とした不動産の所有権移転登記を行います。

① 相続財産のうち、土地や建物などの不動産の所有権について、共同相続人が法定相続分のとおり相続して共有することになった場合

② 相続人全員で遺産分割協議をした結果に従って、あるいは被相続人が残した遺言書の内容に従って、特定の不動産の所有権を、特定の相続人が相続したり、法定相続分とは異なる割合で相続することになった場合

これらの場合には、相続人の住所・氏名（共有の場合は各人の持分）と相続の年月日を、その不動産の登記記録に記載してもらうための申請をします。

登記申請は、申請人である相続人が法務局に書類を直接持参するか、書類を郵送して行います。法務省のシステムを利用したオンライン申請を行うこともできますが、戸籍謄本をはじめとする「紙」の情報は、少なくとも別途持参または郵送しなければなりませんので、通常はすべての登記申請の手続きをオンラインで完結させることはできません。自分で申請できない場合には、司法書士などの代理人を立てて申請しましょう。

相続登記

相続登記は、原則として相続人全員で申請をする必要がある。しかし、相続人全員のために法定相続分どおりにする登記申請であれば、相続人のうちの1人が申請人となり、登記申請することができる。これを共同相続登記という。ただし、この場合登記識別情報（権利証）は登記を申請した者にしか発行されないので注意が必要。

法定相続分どおりの共同相続登記をしておくことで、相続人の１人が登記申請書類の偽造などを行い、自分１人の登記名義にした上で第三者に譲渡するといった危険を防ぐことができる。

共同相続人

「共同相続」とは、相続人が複数いる場合の相続のことを指し、共同相続の場面における相続人を「共同相続人」と呼ぶことがある。

オンライン申請

法務省の「登記・供託オンライン申請システム」にアクセスしてオンラインによる申請を行う方法。ただ、利用者登録が必要なので、自分で登記申請をするならば直接持参の方が利用しやすい。

相続登記をする場面

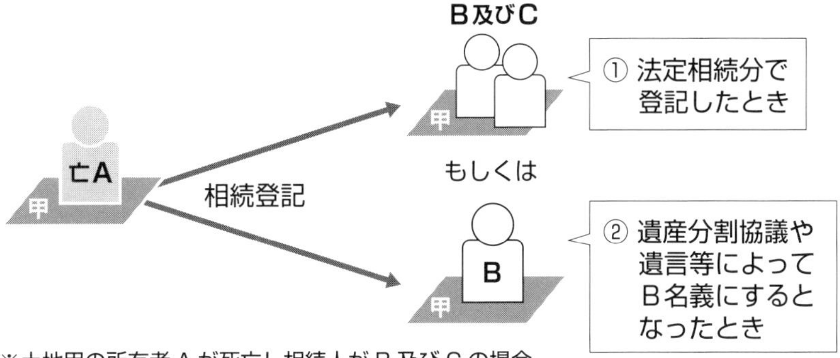

※土地甲の所有者Aが死亡し相続人がB及びCの場合

■ 遺産分割協議に従って登記する

相続が発生した場合、①法定相続分で登記するか、②遺産分割協議や遺言書に従って、特定の相続人が特定の不動産を相続するという内容などで登記することになります。相続人が1人しかいない場合は、遺産分割協議の問題はなく、その相続人名義に登記をすることになります。しかし、相続人が1人しかいないケースというのはまれで、相続人が複数いるのが普通です。そのような場合、法定相続分で登記するケースよりも、むしろ特定の相続人が単独で特定の不動産の所有権を取得したり、あるいは法定相続分とは異なる割合で相続することの方が多いといえるでしょう。

遺産分割協議の成立後に相続登記を申請する場合、指定相続分または法定相続分に従って共同相続登記を行ってから、相続人間の遺産分割協議の結果に沿った登記をするというのが、時系列でみると本来の順序なのかもしれません。

ただ、これでは二度手間ですから、通常は直接に遺産分割協議の結果に沿った相続を原因による所有権移転登記申請を行います。

遺産分割協議書と登記

遺産分割協議の内容に従って相続登記をする場合は、戸籍謄本などをそろえる以外に、遺産分割協議の結果を記載した遺産分割協議書の作成が必要である。遺産分割協議書には、被相続人や相続人（包括受遺者も含む）、協議の内容、不動産の表示などを記載して、相続人全員が署名（記名）し、実印を押印する。これに印鑑証明書を添付して、戸籍謄本などといっしょに法務局に提出する。

法定相続分

36ページ参照。

PART1
4

相続発生と登記が必要になる場合

相続登記をめぐるトラブル

相続登記をしないと第三者に対抗できなくなる場合がある

■ 遺産分割協議が成立後、登記を放置した場合

たとえば、Aが死亡し、相続人はBとCという２人の子だけで、彼らがAの土地を相続したとします（法定相続分は２分の１ずつ）。ＢＣ間で遺産分割協議が成立し、土地をBが単独で相続することが決まりました。しかし、Ｂ単独所有の登記がなされる前に、Cが共同相続登記をして、自分の相続分（２分の１）を第三者Dに売却しました。この場合、BはDに土地の単独所有を主張できず、Dが土地の２分の１の所有権を取得します。つまり、Bは遺産分割協議で土地全部の所有権を取得したはずなのに、２分の１の所有権しか持つことができません。このような事態を避けるために早く登記をしておくべきでしょう。

法定相続分を超える権利の取得

本文記載のBによる土地の全部の取得は、法定相続分（２分の１）を超える権利の取得にあたる。このように、相続によって法定相続分を超える権利を取得した人は、先に対抗要件（不動産の場合は登記）を備えないと、第三者にその権利を主張できない。

■ 包括受遺者、胎児、認知された子がいる場合に注意

遺産分割協議は相続人全員の参加が必要で、誰が相続人になるのかを知っているのを前提に行われるものです。その際に注意すべき点が、包括受遺者、胎児、認知された子が存在するかどうかです。これらを参加させない遺産分割協議は無効となる結果、協議に基づく相続登記も無効となるからです。

① 包括受遺者がいる場合

包括受遺者がいるかどうかは、遺言書によって確認できます。包括受遺者がいる場合は、連絡を取って、遺産分割協議に参加するか、包括遺贈を放棄するかを確認することが必要です。

② 胎児がいる場合

胎児がいる場合、とくに婚姻中の夫が死亡し、妻が第１子を

包括受遺者

遺言書で「遺産の3分の1を遺贈する」「遺産の30%を遺贈する」というように、遺産に対する比率で遺贈を受けている人が包括受遺者にあたる。

夫の親が妻とともに相続人となる

32ページ参照。

死後認知と遺産分割協議（協議）の効力

夫が死亡した場合の例

	成立前の死後認知	成立後の死後認知
妻と子が相続人として協議	協議を成立させても無効（相続登記も無効）	成立した協議は有効のまま（相続登記も有効） →相続人は認知された子に価額弁償
妻と夫の親が相続人として協議	協議を成立させても無効（相続登記も無効）	成立した協議は無効（相続登記も無効） →親は相続権を失うので遺産を相続人に返還

妊娠しているときには注意が必要です。夫の死亡時は、夫婦に子がいないので、夫の親が妻とともに相続人となるようにも見えます。しかし、その後に子が生まれると、夫の親は相続権を失います。子が第１順位で相続人となる資格を持っており、第２順位である夫の親（直系尊属）に優先するからです。このような場合は、胎児の出産を待って遺産分割協議を行うべきでしょう。

③ 認知された子がいる場合

認知された子も「子」として相続権を持つので、認知された子を参加させない遺産分割協議は無効となるのが原則です。

ただし、被相続人の子が相続人として参加した遺産分割協議の成立後、死後認知によって被相続人の子となった者がいる場合は、遺産分割協議が無効となりません。この場合、認知された子は、自己の相続分に相当する価額の支払いを、相続人に対し請求できるだけとなります。

これに対し、親や兄弟姉妹が遺産分割協議に参加して遺産を取得していた場合は、子の死後認知で相続権を失う結果、遺産分割協議も無効となります。この場合、認知された子からの請求によって親や兄弟姉妹は遺産を返還しなければなりません。

相続人中に未成年者がいる場合の遺産分割協議

原則として家庭裁判所に特別代理人選任の申立をする必要がある。胎児が出産してから行う遺産分割協議でも同様である。

包括遺贈の放棄

遺贈は放棄することができる。特定遺贈（特定の財産の遺贈を受けること）はいつでも放棄できるが、包括遺贈を放棄するには相続放棄手続きが必要である（79ページ）。

死後認知

未婚の男女間に生まれた子を男性が認知せずに死亡した場合、法的な父子関係を成立させるための制度。父の死後3年以内であれば認知請求訴訟を提起できる（民法787条）。

PART1
5

相続発生と登記が必要になる場合

不動産登記法改正の概要

相続登記と住所氏名変更登記が義務化された

■ 相続登記はなされないことが多い

不動産の所有者が亡くなった場合、相続が発生して相続人へと不動産の所有権が承継されます。しかし、相続登記（相続人への不動産の名義変更）の申請は義務ではなく、これを行うには申請書や戸籍謄本などのさまざまな書類を提出する必要があります。提出書類を調べて集めていくことは時間や手間がかかりますし、登録免許税の負担や、司法書士などの専門家に依頼した場合には費用もかかることから、預金や保険金などの手続きだけ済ませて相続登記の申請が行われないケースも多くあります。

こうして相続登記が行われないまま何年も経過して、当初相続人だった人が亡くなって相続が繰り返されると、相続人の地位にある人が数十人に膨れあがります。そうなると、相続登記の手続きを進めようとしても、協力してもらえない人や所在がわからない人などが出てしまい、遺産分割協議をまとめることが困難となり、さらに相続登記は放置されてしまいます。

放置された不動産は所有者がわからないため、売買などができずに凍結状態となり、公共事業や復旧・復興事業、民間取引などに支障をきたします。

放置不動産についての問題点

放置されて不動産登記簿上で所有者の所在が確認できない土地（所有者不明土地）の割合は、平成28年の地籍調査では約20％存在し、面積に換算すると九州を上回るとされている。今後も都市部への人口移動や少子高齢化などにより、地方部を中心に所有者不明土地が増加することが予想され、大きな問題となっている。

■ 相続登記の義務化

所有者が不明となってしまう問題の解決策を長年検討されてきましたが、「民法等の一部を改正する法律」及び「相続等により取得した土地所有権の国庫への帰属に関する法律」が令和

相続登記をしないとどんな問題があるのか

不動産や預金などの相続財産の帰属を決め、遺産分割協議書を作成、各財産の名義変更を行うのが原則

↓ ただ、不動産の名義変更は…

① 提出書類の収集に時間や手間がかかる
② 登録免許税の負担や司法書士などへの依頼費用もかかる
③ 不動産が遠方の場合や子の不在などで相続人が遠縁となる場合、相続人間が不仲で取得する人が決まらない

↓

預金や保険金などの手続きだけ済ませて不動産の名義変更（相続登記）をしないことがある

↓

相続登記をしていない土地や住所・氏名の変更などの登記がされていない土地は空き家問題や不法投棄など、不動産の利活用を阻害する！

3年4月21日に成立しました（公布は令和3年4月28日）。不動産登記法の改正もこの改正法に含まれています。

これらの法律は、主として所有者不明土地の発生を予防する方策と、すでに発生している所有者不明土地の利用の円滑化の方策から構成され、所有者不明土地の発生予防の方策として、これまでは申請の義務がなかった相続登記が義務化されました。

相続登記の義務化の施行日
令和6年頃となる予定。

・相続登記の義務化の具体的な内容

不動産の所有者に相続の開始があったときは、相続人は、相続の開始と所有権の取得を知った日から3年以内に所有権の移転登記を申請しなければなりません。これは、遺言や遺産分割で決められた相続人への相続登記または遺産分割前の法定相続分での相続登記をすることで義務を履行したことになります。

さらに、法定相続分による相続登記をした後に遺産分割で法定相続分を超える所有権を取得することになった相続人は、遺

産分割の日から３年以内に所有権の移転登記を申請しなければなりません。この登記申請を正当な理由がなく怠った場合は10万円以下の過料の罰則があります。

しかし、いったん法定相続分で登記申請する場合（前述したように２段階での申請が必要）は別として、遺産分割をする予定が容易に協議がまとまらないなどが理由で、期限内に申請義務を履行するのが難しい場合があります。

そのような場合には、新たに創設される「相続人申告登記（仮称）」を利用できるようになります。これは、相続人が単独で登記簿上の所有者に相続が発生したこと、自身が相続人であることを申し出た相続人は、申請義務の履行を行ったとみなされる制度です。この申出を受けた法務局は職権でその旨（報告的な内容）を登記します。申出は登記申請よりも簡易な手続きとなりますが、申告した人がその後の遺産分割により所有権を取得した場合は、遺産分割の日から３年以内に所有権の移転登記を申請しなければなりません。

この他、新たな方策として相続人に対する遺贈による所有権の移転登記などは、単独で申請することができるようになります。また、相続登記を義務化する際に、相続人の負担を考慮して申請時に必要となる登録免許税の負担を軽減することが予定されています。

住所氏名変更登記の義務化の施行日

令和8年頃となる予定。

■ 住所氏名変更登記の義務化

相続登記の未了に次いで所有者が不明となる要因として、所有者の住所や氏名（法人の場合は名称）に変更があった場合に、その変更登記がされていないため、登記された後の転居先などがわからず、所有者の所在が不明となることが挙げられます。

今回の改正により、住所や氏名などの変更登記も義務化されることになりました。

・変更登記の義務化の具体的な内容

相続登記・住所氏名変更登記の義務化

	相続登記	住所氏名変更登記
期限	相続があったこと・所有権の取得を知った日から３年以内	住所・氏名（名称）の変更の日から２年以内
罰則	正当な理由なく申請しない場合は10万円以下の過料	正当な理由なく申請しない場合は５万円以下の過料
関連する制度	・相続人申告登記（仮称）制度 ・所有不動産記録証明制度 ・遺贈や法定相続分での相続登記がされた場合の登記手続の簡略化 ・登録免許税の軽減（予定）	登記官による登記名義人の住所・氏名（名称）の変更情報を不動産登記に反映させる制度
施行日	令和６年頃	令和８年頃

※施行日については、相続登記義務化関係の改正については公布後３年以内の政令で定める日、住所変更登記義務化関係の改正については公布後５年以内の政令で定める日とされています（公布日は令和3年4月28日）。

不動産の所有者の住所や氏名（法人の場合は名称）に変更があったときは、２年以内にその変更登記を申請しなければなりません。また、登記申請の際に、登記名義人が個人（自然人）の場合は生年月日等の検索用情報の申出を行い（検索用情報は登記されません）、法人の場合は会社法人等番号が登記事項となります。相続登記の義務化と同様に罰則があり、正当な理由がなく申請を怠った場合は５万円以下の過料となります。そして、新たな方策として登記名義人の住所や氏名（法人の場合は名称）の変更情報を不動産登記に反映させるしくみが創設される予定です。その具体的な内容は次のとおりです。

個人（自然人）の場合は、登記官が提供された検索用情報に基づいて住民基本台帳ネットワークシステムへ定期的に照会を行い、登記名義人の住所や氏名の変更情報を取得し、登記名義人に変更登記について確認をとって登記をします。

法人の場合は、会社法人等番号を登記事項に追加し、法人・商業登記システムから不動産登記システムに対して本店（住所）や名称が変更された情報を通知し、通知された情報に基づいて登記官が職権で変更登記をします。

■ その他（所有不動産記録証明制度の創設など）

相続登記や住所氏名変更登記の義務化以外にも、さまざまなしくみの創設や見直しが行われる予定です。

・所有不動産記録証明制度

特定の人や会社が所有者として登記名義人となっている不動産の一覧を証明書として発行してもらえます。これにより相続登記をしなければならない不動産を把握することが可能となり、登記漏れを防止することができます。ただし、請求された登記名義人の氏名または名称及び住所等の情報に基づき検索するので、過去に登記をし、その後登記上の情報を更新していなければ（住所や氏名の変更の登記をしていなければ）すべての所有不動産の証明書が発行されるとは限らないので注意が必要です。

・登記名義人の死亡等の事実の公示

登記官が住基ネットなどの公的な機関から死亡等の情報を取得し、職権で死亡等した旨を登記に符号で表示します。これにより登記事項証明書などで死亡したかどうかを確認することができます。

・相続等により取得した土地所有権を国庫に帰属させる制度

相続等により望まず取得した土地を、利用する予定もなく手放したいと考える相続人のため、そのような土地を国庫に帰属させる制度です。帰属させるためには承認を受ける必要があり、どのような不動産でもよいわけではなく、通常の管理または処分をする際に必要以上に費用や労力を要する以下のような場合には認められません。

① 建物等が建っている土地

所有者不明土地の発生を予防する方策

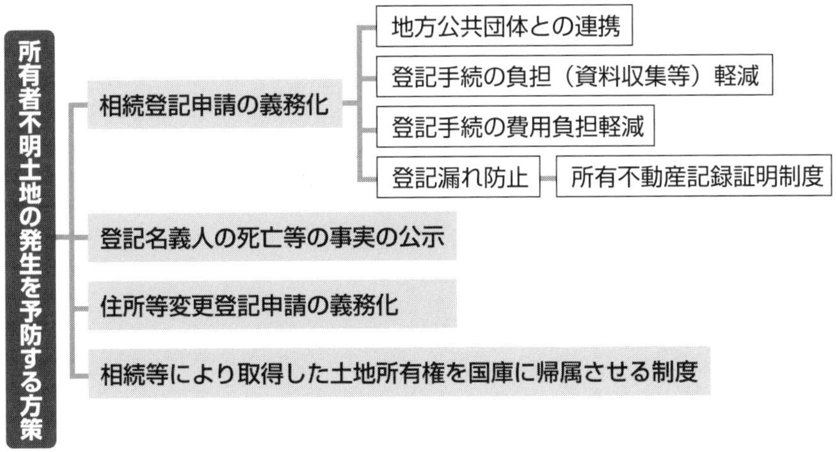

② 土壌汚染や埋没物がある土地

③ 崖がある土地

④ 権利関係に争いがある土地

⑤ 担保権等（抵当権など）が設定されている土地

⑥ 通路など他の人に利用される土地

また、国へ帰属させるためには審査手数料以外にも、各土地の性質などを考慮して定められた10年分の土地管理費用相当額が徴収されます。これにより、管理されず放置される土地や将来的な所有者不明土地の発生を防止することができます。

この他、所有者不明土地の利用の円滑化を図る方策として、相続開始から10年を経過した場合に画一的な遺産分割を行うしくみが創設される予定です。また、共有不動産について所在不明の共有者がいる場合、裁判所の関与により共有不動産の変更・管理、処分が可能となる制度が創設されるなど、所有者不明土地に関するさまざまな新たな制度が創設される予定です。

所有者不明土地の利用の円滑化を図る方策

他に、所有者不明土地・建物の管理制度の創設などの財産管理制度の見直しやライフラインの設備設置権等の規律の整備などが予定されている。

Column

法務局はどんなところにあるのか

登記をつかさどるのは、法務局（または地方法務局およびこれらの支局、出張所）であり、登記簿は法務局に備えられています。当然、登記は法務局に申請することになります。これら法務局のことを「登記所」ともいいますが、混乱を避けるために、本書では必要がある場合以外は、「登記所」ではなく「法務局」という言葉を使います。「○○法務局」の本局だけでなく、地方法務局や支局、出張所も「法務局」に含まれると考えてください。

法務局や地方法務局の名称や位置及び管轄区域は、法務省組織令という政令により定められています。支局や出張所は基本的に法務大臣が設置します。法務局は、札幌・仙台・東京・名古屋・大阪・広島・高松・福岡といった大都市に設置されており、法務局についで規模の大きな地方法務局は、これら以外の県庁所在地と北海道の函館・釧路・旭川に設置されています。支局や出張所は、これらの法務局と地方法務局の管内に置かれています。

■ 法務局の組織

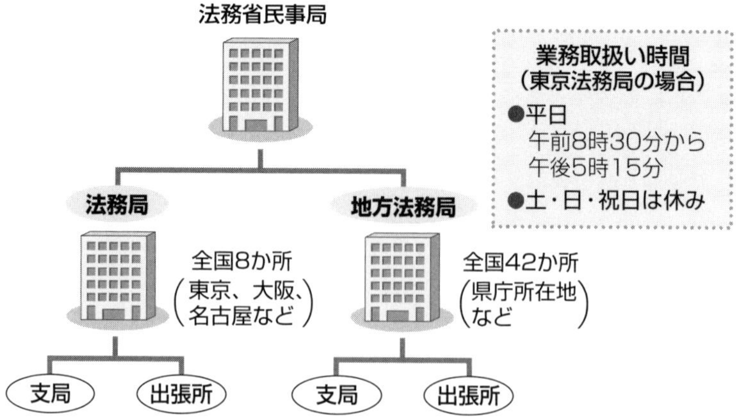

PART 2

相続の基本ルール

PART2
1

相続人の範囲

相続の基本ルール

相続人の範囲は法定されている

■ 相続人になれるかどうかは法律で定められた順位による

亡くなった人の財産を承継するわけですから、その人の家族や身内など、親族に相続権があります。民法は、相続人になれる人の範囲を明確に定めています（範囲内の人を法定相続人ともいいます）。つまり、民法が定めた範囲内の人だけが相続人となり、それ以外の者は相続人にはなれません。

相続人の範囲は、次ページの図のとおりです。配偶者が相続権を有することになるのですが、相続人になるのは相続開始時の配偶者だけで、離婚した元配偶者は相続人には含まれません。配偶者とは、婚姻届を提出して法律上の婚姻関係にある夫または妻のことです。

では、「子と兄弟姉妹とが並んで相続する」ということはあり得るのでしょうか。これについては、順位が定められており、上の順位の者がいるときは、下の順位の者に相続権はありません（被相続人の生存中に相続順位にある人を推定相続人といいます）。

被相続人に子がある場合には、子が相続人となり、たとえ直系尊属がいても、また、被相続人に兄弟姉妹がいてもこれらの者に相続権はありません。被相続人に子がいないときは、直系尊属がいれば相続人となります。兄弟姉妹が相続人になるのは、被相続人に子も直系尊属もいないときに限られます。

相続人のうち、配偶者はどのような立場にあるのでしょうか。民法は、「被相続人の配偶者は、常に相続人となる」と定めています（民法890条）。つまり第1順位の子がいる場合は、子と配偶者とが相続人となり、第2順位の直系尊属が相続人となる

内縁の配偶者

相続権がある配偶者とは、婚姻届が出されている戸籍上の配偶者のことである。婚姻届を出していない内縁の配偶者には相続権がない。たとえ長年いっしょに生活し、周りの者が夫婦であると認めていても内縁の配偶者には相続権はなく、戸籍上の配偶者であればどんな冷めた関係にあっても相続権があるということになる。

相続人の順位

第1順位は子であるが、相続開始前に、子が死亡・相続権喪失のときは、子の直系卑属が相続人となる（代襲相続）。
第2順位は直系尊属であり、相続開始前に、父母が死亡・相続権喪失のときは、祖父母が相続人となる。
第3順位は兄弟姉妹であるが、相続開始前に、兄弟姉妹が死亡・相続権喪失のときは、兄弟姉妹の子が相続人となる（代襲相続）。
ただし、兄弟姉妹の子の子つまり孫は相続人にならない（再代襲相続はない）。

相続人の範囲

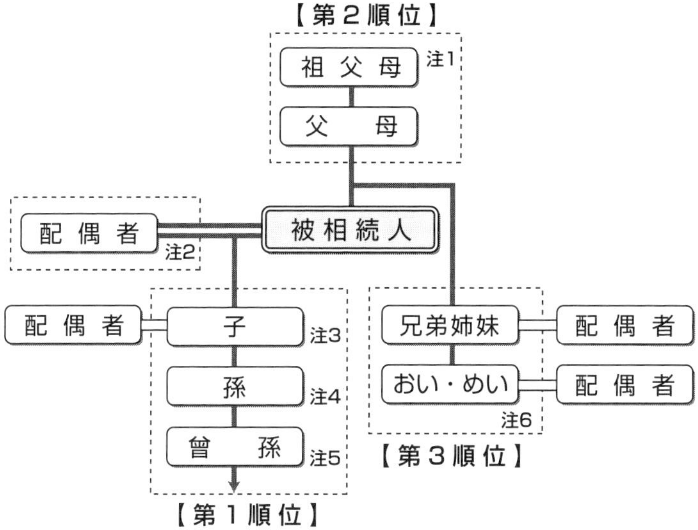

注１ 父母が死亡・相続権を失ったとき相続人となる
注２ 他の相続人と同順位で常に相続人となる
注３ 胎児も含まれる
注４ 子が死亡・相続権を失ったとき相続人となる
注５ 孫が死亡・相続権を失ったとき相続人となる
（曽孫以降も再代襲が生じる）
注６ 兄弟姉妹が死亡・相続権を失ったとき相続人となる
（おい・めいの子以降の再代襲は生じない）

ときは、配偶者と直系尊属が相続人となり、第３順位の兄弟姉妹が相続人になったときは、兄弟姉妹が相続人となるということです。もちろん、子も直系尊属も兄弟姉妹もいなければ、全財産は配偶者が相続する事になります。

なお、配偶者や血族が同時に死亡した場合は、相続人にはなりません。たとえば、飛行機事故で親子が同時に死亡しても、子は親を相続できませんし、親も子を相続できません。

再婚した場合

被相続人が死亡したときに配偶者であれば、その時点で相続したことになる。配偶者がその後再婚しても相続には影響はない。

PART2
2

相続の基本ルール

相続権を失う場合

相続欠格や相続廃除がある

■ 相続人となるはずの人が相続権を失うことがある

相続人となるはずであったのに、相続権を失う場合として、相続欠格と相続廃除の制度があります。

① 相続欠格

本来は相続人になるはずの人（推定相続人）でも、法に触れる行為をしたなどの一定の事情があると、相続人になれません。このことを相続欠格といいます。相続欠格に該当した場合は、特別な手続がなくても相続権をすべて失います。相続欠格は遺言よりも強い効力があるので、遺贈を受ける資格も失います。

しかし、被相続人の子または兄弟姉妹の相続欠格が確定したとしても、相続欠格者の子は代わって相続権を得ます。つまり、被相続人の子Ａが相続欠格となった場合、Ａの子（被相続人の孫）が相続権を得るということです（代襲相続）。

相続欠格となる事情は、以下のように定められています。

ⓐ 故意に（わざと）、被相続人または先順位あるいは同順位にある相続人を死亡させたり、死亡させようとした（未遂）ために、刑に処せられた者

ⓑ 詐欺・強迫によって、被相続人が相続に関する遺言をし、撤回し、取消し、または変更することを妨げた者

ⓒ 詐欺・強迫によって、被相続人に相続に関する遺言をさせ、撤回させ、取り消させ、または変更させた者

ⓓ 被相続人の遺言書を偽造、変造、破棄、隠匿した者

ⓔ 被相続人が殺されたことを知って、これを告発、告訴しなかった者（ただし、告訴などができない小さな子の場合や殺

遺　贈

遺言によって、遺産の全部または一部を譲与すること。自分が死んだ後、特定の者に財産を与えたいと考えた場合に遺贈が行われる（民法964条）。

代襲相続

本来相続人になるはずだった者が死亡、相続廃除、相続欠格の事情で相続権を失った場合に、その子孫が代わって相続人となること（民法887条２項）。相続放棄の場合は、はじめから相続人でなかったことになるため、代襲相続は生じない。

告　発

犯罪の被害者やその親族などの告訴できる権利を持つ者以外の者が、捜査機関に対して犯罪事実を申告し、犯人の訴追を求めること。

告　訴

犯罪の被害者やその親族などの告訴できる権利を持つ者が、捜査機関に対して犯罪事実を申告し、犯人の訴追を求めること。

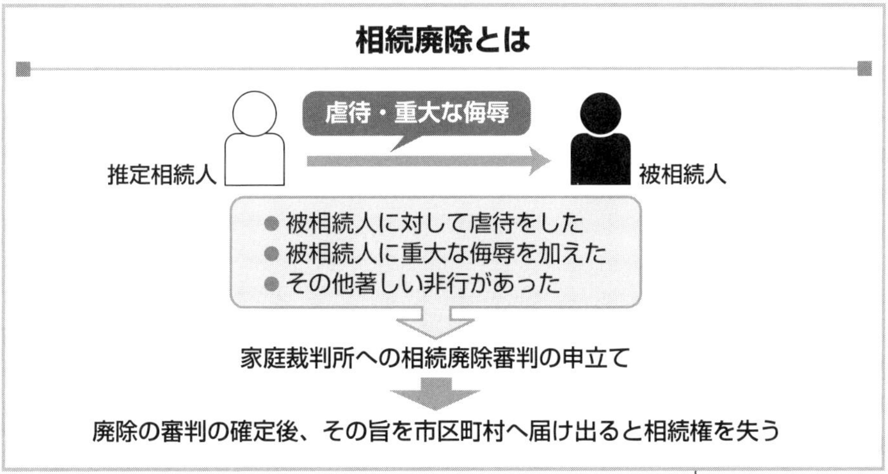

害者が配偶者や子や孫などの場合は除く）

② **相続廃除**

相続欠格ほどの理由がない場合でも、被相続人の意思で相続権を奪う相続廃除という制度があります。相続廃除の対象になるのは、遺留分を持つ推定相続人（配偶者、子、直系尊属）だけで、遺留分を持たない兄弟姉妹は廃除の対象になりません。兄弟姉妹は遺言によって相続させないことができるからです。そして、廃除の請求をするかどうかは、被相続人の自由ですが、相続人としての資格を否定する制度なので、法的な手続きが必要です。

相続廃除ができるのは、以下の３つの事情がある場合です。

ⓐ 被相続人に対して虐待をしたとき

ⓑ 被相続人に対して重大な侮辱をしたとき

ⓒ その他の著しい非行があったとき

これらの事情に該当するかどうかは、家庭裁判所の審判によって判断されます。家庭裁判所による廃除の審判が確定し、市区町村にその旨を届け出ると、その相続人は相続権を失います。そして、被相続人の子が相続廃除されたときでも、廃除者の子が代わって相続権を得ることは、相続欠格の場合と同じです。

相続廃除の審判申立て

家庭裁判所への相続廃除の審判を申し立てるには、①被相続人が生前に請求する方法、②遺言書に推定相続人の廃除の意思表示をする方法、の２つがある。②の場合には、遺言執行者が、廃除の審判申立の請求を行う。

廃除の取消し

相続廃除の取消しを請求することも可能である。被相続人の気持ちが変わり、廃除を取り消したい場合には、廃除の取消しを家庭裁判所に申し立てることができる。遺言で相続廃除の取消しを求めることも可能である。家庭裁判所の審判で廃除が取り消されると、相続権は元に戻る。

PART2
3

相続分

相続の基本ルール

遺言のないケースでは法定相続分による

■ 相続分といってもいろいろある

被相続人が死亡したとき、子も親も兄弟姉妹もなく、遺されたのが配偶者１人だけだったという場合には、その人が全財産を相続するだけです。これに対して、相続人が２人以上いる場合には相続分が問題になります。相続分とは、それぞれの相続人が持っている遺産（相続財産）に対する権利の割合です。

相続人が２人以上いる場合、相続分については、被相続人の遺言で定められた割合（指定相続分）が優先し、遺言がなければ民法で定められた割合（法定相続分）に従うのが原則です。

① 指定相続分

被相続人が、相続人ごとの相続分を自由に決めて、遺言で指定した相続の割合のことです。具体的な割合を示さずに、特定の人を遺言で指名して、その人に相続分の決定を一任することもできます。

② 法定相続分

実際には、遺言のない相続の方がケースとしては多く、この場合は民法が相続分を定めているので、これに従って相続することになります。これを法定相続分といいます。法定相続分の割合は、次ページの図のようになっています。実際に誰が相続人になるかによって、法定相続分の割合が変化します。

■ 全血兄弟と半血兄弟

法定相続分の例外的な取扱いとして「全血兄弟」と「半血兄弟」の区別があります。全血兄弟とは、被相続人と父母の双方

遺言書の作成

相続をめぐる遺族間の争いを防止する有効な手段は、遺言書を作成することである。遺言書を作成すれば、法定相続分とは異なる形で、遺産を分配することが可能になる。

先妻の子と後妻の子がいる場合

たとえば被相続人に先妻と後妻があり、いずれの間にも子がいるとする。先妻の子も後妻の子も、被相続人の子であることに変わりはないので、相続分は均等になる。なお、先妻は生きていても相続時に配偶者ではないので、相続権をもたない。

非嫡出子の相続格差の廃止

従来は、嫡出子と非嫡出子との間に相続分の区別があり、非嫡出子は嫡出子の２分の１の相続分しかなかった。しかし、2013年の民法改正により区別は撤廃され、相続分は均等になった。

法定相続分

<配偶者>		<血族>
	第1順位	
配偶者 相続分 $\frac{1}{2}$		相続分 $\frac{1}{2}$ 子
		※子の直系卑属が代襲相続する場合あり
	第2順位	
配偶者 相続分 $\frac{2}{3}$		相続分 $\frac{1}{3}$ 直系尊属
	第3順位	
配偶者 相続分 $\frac{3}{4}$		相続分 $\frac{1}{4}$ 兄弟姉妹
		※兄弟姉妹の子が代襲相続する場合あり

を同じくする兄弟姉妹をいうのに対し、半血兄弟とは、父母の一方だけが同じ兄弟姉妹をいいます。

この場合の相続分は「全血兄弟：半血兄弟＝２：１」という割合になります。この区別は子が相続人になる場合ではなく、兄弟姉妹が相続人になる場合だけの話ですので注意しましょう。

■ 相続分を指定しても遺留分は減らせない

遺言による相続分の指定は自由ですが、兄弟姉妹以外の相続人には遺言によって影響されない遺留分があります。全体の遺留分は、直系尊属だけが相続人である場合は遺産の３分の１、それ以外の場合は遺産の２分の１です。

この遺留分に配慮しながら相続分を指定しなければ、遺留分よりも少ない割合で指定された相続人は遺留分侵害額請求をする可能性があります。遺言を作成するときは注意しましょう。

全血兄弟／半血兄弟の具体例

被相続人からみて、Aは父も母も同じだが、BとCは父の後妻の子であるため、父は同じだが母は異なる場合、Aを全血兄弟と呼び、BとCを半血兄弟と呼ぶ。この場合の相続分は、全血兄弟が2であるのに対し、半血兄弟はその半分の1という割合になる。

遺留分

38ページ参照。

遺留分侵害額請求

39ページ参照。

PART2
4

相続の基本ルール

遺留分

妻と子が相続人である場合の総体的遺留分は２分の１である

■ 遺留分とは何か

遺留分とは、兄弟姉妹以外の相続人（遺留分権利者）に保障された、遺言によっても影響を受けない、法律上決められている最低限の相続できる割合です。遺言による相続分の指定や遺贈、さらに生前贈与は、被相続人（遺言者）の自由ですが、すべての財産を被相続人が他人に譲渡するようなことがあれば、残された相続人の生活や相続への期待が守られません。そこで遺留分として、相続分の一定の割合が保障されています。

遺留分権利者全体に保障された遺留分（総体的遺留分）は、直系尊属だけが相続人の場合は相続財産の３分の１、それ以外の場合は相続財産の２分の１です。遺留分権利者が複数いる場合は、法定相続分に基づいて各人の遺留分（具体的遺留分）を決めます。なお、相続人が遺留分を放棄することも可能ですが、相続人が相続開始より前に遺留分を放棄するためには、家庭裁判所の許可が必要です。

遺留分の放棄
40ページ参照。

■ 遺留分算定方法について

遺留分算定の基礎となる財産は、相続開始時点の被相続人の積極財産に、相続開始前の１年間にした贈与および相続開始前の10年間にした特別受益となる贈与を加えて、相続開始時点の被相続人の消極財産を差し引いたものになります。ただし、贈与者・受贈者の双方が遺留分権利者に損害を与えることを知ってなされた贈与については、相続開始前の１年間や10年間よりも前の時期の贈与であったとしても、遺留分算定の基礎となる

ケース別で見る遺留分

	配偶者	子	直系尊属	兄弟姉妹
①配偶者と子がいる場合	(1/4)	(1/4)		
②子だけがいる場合		(1/2)		
③配偶者と父母がいる場合	(1/3)※1		(1/6)※2	
④父母だけがいる場合			(1/3)	
⑤配偶者だけがいる場合	(1/2)			
⑥配偶者と兄弟姉妹がいる場合	(1/2)			(0)
⑦兄弟姉妹だけがいる場合				(0)

※1　1/2（総体的遺留分）×2/3（配偶者の法定相続分）＝1/3
※2　1/2（総体的遺留分）×1/3（直系尊属の法定相続分）＝1/6

財産に含まれます。たとえば、15年前の特別受益にあたる贈与は、贈与者・受贈者の双方が遺留分権利者に損害を与えることを知ってなされた場合のみ、遺留分算定の基礎となる財産に含まれます。

■ 遺留分侵害額請求とは

遺留分が侵害されたとわかったときは、遺贈や贈与を受けた相手方に遺留分侵害額に相当する金銭の支払いを請求できます。この請求のことを遺留分侵害額請求といいます。ただし、遺留分権者が遺言どおりでよいと考えるのであれば、請求しなくてもかまいません。

なお、この遺留分侵害額を計算するとき、遺留分から遺留分権利者が受けた遺贈や特別受益に該当する生前贈与の額を引く必要があります。つまり、41ページの図の妻Bが100万円の遺贈や特別受益に該当する生前贈与を受けていた場合、支払いを請求できる額は400万円になるということです。この場合の贈与に

負担付贈与がなされた場合

遺留分算定の基礎財産に算入するのは、その目的の価額から負担の価額を控除した額となる。さらに、不相当な対価による有償行為がなされたときは、当事者双方が遺留分権利者に損害を与えることを知っていた場合に限り、不相当な対価を負担の価額とする負担付贈与がなされたとみなす。

特別受益

46ページ参照。

は、遺留分算定の基礎となる財産を計算する場合と異なり、10年等の期限はないということにも注意が必要です。

■ 遺留分侵害額請求権の消滅

遺留分侵害額請求は、受遺者や受贈者に対して意思表示をすれば権利を行使したことになります。遺留分侵害額請求権の行使の期限は１年以内です。この１年の計算については、相続開始および遺留分を侵害する贈与または遺贈があったことを知った日から数え始めます。相続の開始は知っていたものの贈与や遺贈があったことを知らずにいた場合でも、相続開始から10年を経過したときは、権利が消滅します。

■ どのように請求するのか

請求したい権利者は、各自で意思表示をしなければなりませんが、時効による権利の消滅を防ぐため、通常は、配達証明付内容証明郵便で請求します。そして、交渉が困難な場合は、家庭裁判所の調停や訴訟を通じて請求することになります。なお、遺留分侵害額請求を受けた者がすぐに金銭を支払えないなどの場合、裁判所は受遺者等に請求されれば支払いについて相当の期限を許与（許可を与える）することが可能です。

遺留分侵害額請求がされた場合、負担する者の順序は決まっています。まず、受遺者が負担します。それでも不足しているときは次に受贈者が負担します。また、生前贈与が複数行われていた場合は、一番新しく行われた贈与の受贈者が負担します。

遺贈が複数ある場合（受贈者が複数おり、その贈与が同時にされた場合も同じ）は、目的物の価格の割合に応じて負担します。

■ 遺留分の放棄とは

相続人は、被相続人の生前に遺留分を放棄することもできます。その場合、家庭裁判所の許可が必要になります。

遺留分の放棄

被相続人が遺言で相続人の遺留分を侵害することが明らかである場合、その遺言の効力を有効にするためのものである。

遺留分侵害額請求

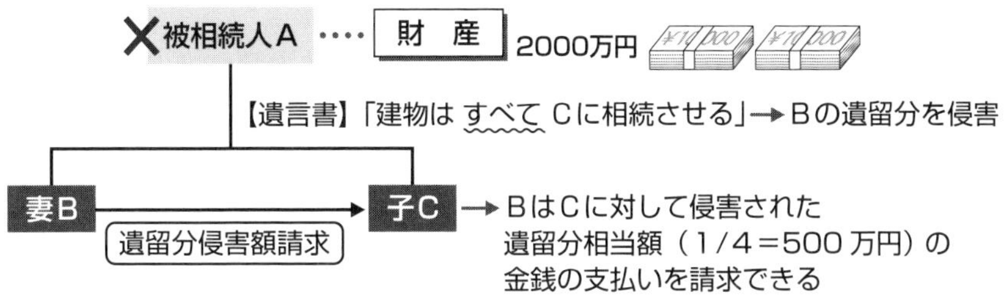

どのような場面で生前に遺留分の放棄を行うのかというと、ある人が生前に、配偶者におもな財産を残したいと思った場合です。相続人になる見込みの人たちと話し合って遺留分を放棄してもらうと遺留分侵害額請求をされる心配はなくなるからです。遺留分を放棄したい場合には、家庭裁判所に「遺留分放棄許可審判申立書」を提出して、許可を得なければなりません。家庭裁判所は審問期日に放棄者本人の出頭を求め、審判官（裁判官）が真意を審問します。具体的には、遺留分とその放棄についての質問があります。そして、放棄が遺留分権利者の自由意思によるものなのかどうかや放棄する理由などについての質問があります。その理由が妥当と判断されれば、遺留分放棄の審判があり、審判書が交付されます。

遺留分放棄の撤回や取消し

撤回や取消しをすることは原則としてできない。

■ 相続開始後の遺留分の放棄

相続開始後には、遺留分を自由に放棄することができます。この放棄の方法については、とくに規定はありません。遺留分を放棄することを遺産分割協議の場で意思表示しても有効です。

ただ、遺産の存在など事実関係についての誤った認識や他の相続人の作為的な偽りなどがあれば、遺留分の放棄も含めて、遺産分割協議の合意の無効や取消が問題になる場合があります。

相続放棄

相続人は相続を承認することも放棄することもできる

■ 相続する財産にはプラスもマイナスもある

相続財産には積極財産（プラスの財産）と消極財産（マイナスの財産）があります。つまり、土地、預貯金、宝石などのプラスの財産と、借金などのマイナスの財産によって、相続財産が構成されています。たとえば、ローンで高級な車を買った場合、車とともにローン返済分も相続します。「車は相続するが、ローンはいやだ」というわがままは許されません。「相続する」「相続しない」の選択は自由ですが、相続する以上はプラスの財産もマイナスの財産も相続しなければなりません。

■ 相続するかどうかは選択できる

借金も相続財産ですから、被相続人の死亡によって、相続人は借金も承継します。しかし、数千万円の借金があるような場合であっても、それを背負って、遺族は一生借金地獄の苦しみに耐えなければならないというのは、酷な話です。

そこで、民法は相続財産を受け入れるか否かを、相続人の自由な選択にまかせることにしています。借金も含めた相続財産を受け入れることを相続の承認、借金はもちろん相続財産の受け入れを一切拒否することを相続の放棄といいます。

制限行為能力者
単独で法律行為（契約など）を行う能力が制限されている人。

■ 誰かが相続の放棄をすると他の相続分が増える

相続の放棄には、手続上の期限があります。原則として、自己のために相続の開始を知った時から３か月以内に、相続放棄をするか否かを決めなければなりません。相続人が未成年者や

相続人である子が相続放棄した場合の相続分の例

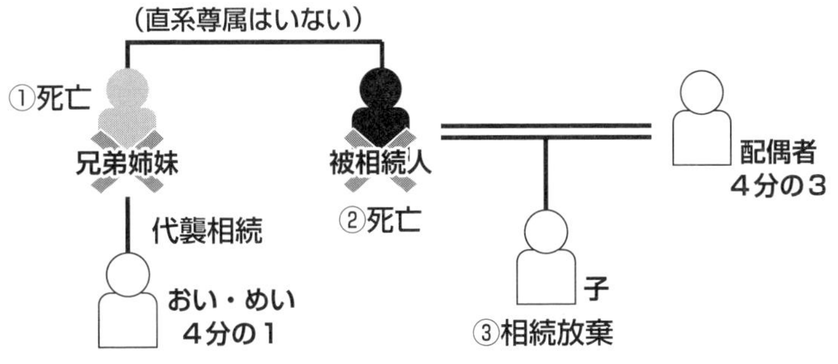

成年被後見人の場合は、その法定代理人が相続人のために相続の開始があったことを知った時から3か月以内に、相続放棄をするか否かを決めなければなりません。

相続放棄をする場合は、被相続人のすべての財産（プラス分とマイナス分の両方）を放棄します。ただ、相続の放棄をする前後に相続財産を管理する義務が民法で規定されているので、相続を放棄した人は、相続放棄後も新たに相続人となった人が管理を始めるまでは、相続財産を管理する必要があります。

また、相続放棄をすると初めから相続人とならなかったものとみなされるので、相続の放棄によって、相続人の順位に変更が生ずることもあります。たとえば、子の全員が相続の放棄をすると、被相続人に子がなかったとみなされるので、直系尊属が相続人になります。直系尊属の全員がすでに死亡していたり、生きていても相続の放棄をすると、今度は兄弟姉妹に相続権が移ります。

初めから相続人とならなかったものとみなされるということは、相続欠格や相続廃除と異なり代襲相続（34ページ参照）は発生しないということでもあります。つまり、被相続人の子が相続の放棄をすると、孫も相続人になれません。

法定代理人

未成年者の法定代理人は親権者（原則として父母）、成年被後見人の法定代理人は成年後見人である。

相続放棄の手続き

相続放棄の手続きの際には、「相続放棄申述書」を被相続人の最後の住所地の家庭裁判所に提出する。相続放棄の申述があると、実質的な要件を欠いている ことが明白である場合でない限り、相続放棄は認められるとされている。

相続放棄をするか否か

各相続人の自由。たとえば長男は相続をし、次男は相続の放棄をする、ということも可能。

PART2
6

相続の基本ルール

相続の承認

財産が多いか債務が上回るかで選択肢が変わることもある

■ 相続承認には単純承認と限定承認がある

相続の承認には単純承認と限定承認という２つの方法があります。被相続人の財産（プラスの財産）と債務（マイナスの財産）の両方を無条件、無制限に承認する場合を単純承認といいます。一般に「相続する」というのは単純承認を指します。単純承認した場合は被相続人の権利義務をすべて引き継ぎます。たとえマイナスの財産であっても、相続分の割合に応じて責任を負うので、相続人には借金などの返済義務が生じます。

なお、以下の３つのどれかにあてはまる場合には、単純承認をしたものとみなされます。

① 相続人が自己のために相続の開始があったことを知った時から３か月以内に、限定承認か相続の放棄をしなかった場合

② 短期賃貸借（３年以内の建物賃貸借など）や保存行為（未登記建物の登記などといった相続財産の価値を現状維持する行為）を除いて、相続人が相続財産の全部または一部を処分した場合

③ 相続人がマイナスの財産を相続しないため、相続の放棄や限定承認をした後に、財産の全部あるいは一部を隠匿する、ひそかに消費する、事実を把握しておきながら財産目録中に記載しないといった不正行為を行った場合

限定承認の手続き

限定承認の手続きは、自己のために相続の開始があったことを知った時から3か月以内に家庭裁判所へ「相続限定承認申述書」を提出して行う。家庭裁判所で書類が受理されてから5日以内に、債権者や受遺者に相続の限定承認をしたこと及び一定の期間内に請求の申出をすべきであることを公告する必要がある(民法927条)。
限定承認をすると、家庭裁判所によって相続財産管理人が選ばれ、清算手続をすべて行う。相続財産管理人には、相続人のうちの1人が選任される。

■ 条件つきで相続するのが限定承認

相続によって得た財産（積極財産）の範囲内で被相続人の債務（消極財産）を負担する、という条件つきの相続を限定承認

限定承認の手続き

限定承認

申述書	家庭裁判所に備え付けの「相続限定承認申述書」の用紙に必要事項を記入して作成する（用紙は「家事審判申立書」でも可能）
申述先	相続開始地（被相続人の最後の住所地）を管轄する家庭裁判所
申述する人	相続人全員。相続放棄をした人がいる場合はその人を除く全員
期　限	自己のために相続の開始があったことを知った時から３か月以内 ただし、相続財産の調査に時間がかかるような場合は、家庭裁判所に期限の伸長を請求することも可能
添付書類	被相続人の出生から死亡までの戸籍（除籍、改製原戸籍）謄本、被相続人の住民票除票または戸籍附票、相続人全員の戸籍謄本、財産目録　など

といいます。債務が財産を上回るか、債務が財産を上回るかよくわからないときは、限定承認をする方が安全です。

しかし、限定承認は簡単にはできません。なぜなら相続人の全員がそろって行わなければならないからです。つまり１人でも「単純承認だ」という相続人があれば、他の相続人は限定承認できないのです。ただ、相続人の中に相続の放棄をした人がいる場合は、その人を除く全員が合意すれば限定承認ができます。

限定承認においては、相続人が自分の財産から借金返済額の不足分を支払う義務はありませんし、包括遺贈を受けた者も遺産の範囲内でしか責任を負いません。つまり、限定承認は予想以上の借金などの債務を返済するリスクを回避できるというメリットがあるのです。しかし、限定承認をしても債務はいったんは全部引き継ぎます。債務を引き継がない相続放棄とは違い、返済義務や強制執行が認められてしまうのです。ただ、その範囲は相続財産に限定されることになります。

包括遺贈

遺産の全部または何分の１という割合で遺贈する方法（民法964条）。たとえば、「Aに全財産の３分の１を、Bに４分の１を与える」あるいは「全財産の30％を○○に与える」というように、遺産に対する比率によって遺贈すること。

強制執行

裁判所や執行官といった公的機関によって、強制的に権利内容を実現する手続。

PART2
7

相続の基本ルール

特別受益

特別受益と扱われる贈与は婚姻・養子縁組・生計資本に限る

■ 特別受益とは

相続人が被相続人から特別に財産をもらうなどした利益のことを特別受益といいます。特別に財産をもらい利益を得た相続人が特別受益者です。特別受益者がいるにもかかわらず法定相続分のまま遺産を分割すると不公平な結果となる可能性があります。そこで特別受益の持戻しという処理を行います。

特別受益の持戻しとは相続開始時の財産（遺贈を含む）に特別受益にあたる贈与（生前贈与）を加えることです。この加えたものをみなし相続財産とし、その上でみなし相続財産を基準として具体的相続分を計算します。これにより公正を図るのです。特別受益を受けた相続人の具体的相続分を計算する際には、特別受益を前渡し分として差し引きます（次ページ図）。

ただし、被相続人が遺言で特別受益の持戻しをしないなどと決めていた場合は、その遺言に従うことになります。このとき、特別受益が遺留分を侵害していれば、遺留分を有する相続人は、特別受益者に対して遺留分侵害額請求を行うことが可能です。

また、特別受益として扱われるのは以下の贈与や遺贈です。被相続人から受け取ったすべてのものが特別受益となるわけではないので注意しましょう。

① 婚姻または養子縁組のために相続人が受けた贈与

② 生計資金として相続人が受けた贈与

③ 特定の相続人が受けた遺贈（目的は問わない）

遺　贈

遺贈とは、遺言によって、遺産の全部または一部を与えること。自分が死んだ後、特定の者（相続人以外でもよい）に財産を与えたいと考えた場合に遺贈が行われる（民法964条）。

遺留分

兄弟姉妹を除く相続人に認められた法律上最低限相続できる割合のこと（民法1042条）。

生計資金として受けた贈与

たとえば、住宅の購入資金の援助金や特別な学費など、他の相続人とは別に、特別にもらった資金がこれにあたる。ただし、新築祝いなど交際費の意味合いが強いものや、その場限りの贈り物などは含まれないことが多い。

特定の相続人が受けた遺贈

遺言によって財産を遺贈された場合、その遺贈を受けた受遺者の相続分から遺贈分が差し引かれる。遺贈されたものは、相続分の中に含まれるからである。

特別受益者の具体的相続分の算定方法

（特別受益にあたる贈与 ＋ 相続開始時の財産（遺贈を含む））× 相続分（民法900条～902条）

みなし相続財産（＝全相続財産） － 特別受益 ＝ 具体的相続分

（設　例）

被相続人Ａの子ＢＣＤの３人が相続人として存在し、相続財産が1000万円ある場合で、ＢがＡから200万円の特別受益に当たる生前贈与を受けていた場合、ＢＣＤ各自の具体的相続分はいくらとなるか。

相続開始時の財産 1000万円	Ｂの受けた贈与 （特別受益）200 万円

みなし相続財産

Ｂの具体的相続分：(200 万円＋1000 万円) × $\frac{1}{3}$ − 200 万円 ＝ 200 万

C・Ｄの具体的相続分：(200 万円＋1000 万円) × $\frac{1}{3}$ ＝ 400 万

■「持戻し免除の意思表示」の推定

被相続人が、自分の死後、残された配偶者が安心して暮らしていけるように、居住用不動産を贈与・遺贈するケースがあります。被相続人から相続人である配偶者が居住用不動産の贈与・遺贈を受けることは「特別受益」に該当します（前ページの②・③に該当します）。そのため、特別受益の基本的な考え方に従えば、配偶者が贈与・遺贈を受けた居住用不動産の価額分を相続開始時点で被相続人が実際に持っていた相続財産に加えるという処理（持戻し）を行い、各相続人の具体的相続分を算出します。これは本来相続人間の公平を図る趣旨なのですが、被相続人からの遺贈や贈与によって居住不動産を取得した生存配偶者が、この処理（持戻し）をすることによって生活資金となる現金や預貯金を相続できなくなり、生活が苦しくなること

贈与額や遺贈額が相続分を超える場合

特別受益にあたる贈与や遺贈が多すぎて、計算上の具体的相続分がマイナスになることがある。遺留分に反しない限り、この場合は、自らの具体的相続分がゼロになるだけである。

特別受益及び寄与分の期限

相続開始の時から10年を経過した後にする遺産分割では原則主張することができなくなるとする改正が行われた（施行は未定）。

が少なくありません。

■ 具体例で考えてみる

たとえば、妻A、子Bが相続人の場合で、被相続人から妻Aへ居住用不動産（評価額2000万円）が贈与され、相続開始時の財産は預貯金2000万円のみとします。ABの具体的相続分を算定する際は、贈与された居住用不動産2000万円も相続開始時の財産に含めて計算しなければならず、「居住用不動産2000万円＋預貯金2000万円＝4000万円」が全相続財産となります。そして、4000万円を法定相続分に応じて分配すると、Aは2000万円、Bは2000万円となる結果、Aの具体的相続分は特別受益（2000万円）を控除した「ゼロ円」となるので、Aは預貯金をまったく相続できません（次ページ図）。これでは、居住用不動産を確保できても、その後の生活に支障をきたしかねません。

しかし、生存配偶者は、被相続人の生前、長年に渡りさまざまな点で被相続人に貢献してきました。また、老後の生活保障の一端として、生存配偶者が、被相続人の死亡後も、居住用不動産に安心して使用し続けることができる環境を整えるのが望ましいといえます。そのためには、相続財産の対象から生存配偶者に遺贈・贈与された居住用不動産を外す（持戻しが行われないということ）のが適切だと考えられます。

そこで、民法では、婚姻期間が20年以上の夫婦の間でなされた遺贈・贈与のうち居住不動産（居住建物とその敷地）については「持戻し免除の意思表示」があったと推定するという規定を置き、生存配偶者の生活の安全を保障しています。

本来、生存配偶者に遺贈などがなされた居住用不動産も、その他の相続財産に追加して（持戻しによって）、相続の対象になるのが原則です。しかし、これにより実際の相続分の計算において持戻しが行われた場合、その居住用不動産の価額が生存配偶者の相続分から控除される結果、前述した妻Aのように、

配偶者の保護

本文記載の、配偶者に対する居住用不動産の贈与・遺贈に対する「持戻し免除の意思表示」の推定は、相続における生存配偶者の保護を目的とする規定である。同じ目的から生存配偶者の居住権がある。

居住用不動産の「持戻し免除の意思表示」の推定

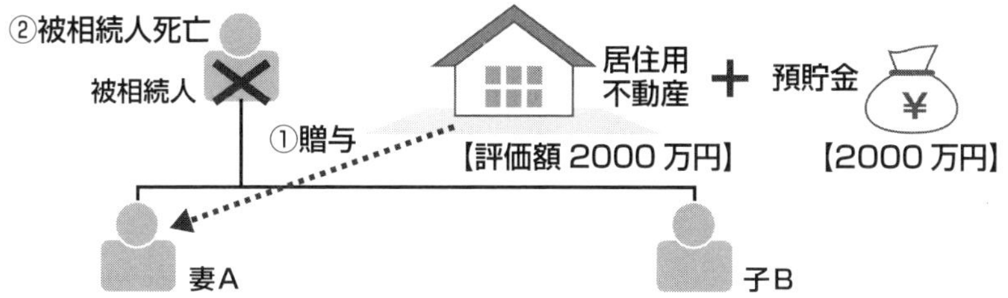

〈具体的相続分〉（原則）

相続財産：「居住用不動産 2000 万円＋預貯金 2000 万円＝4000 万円」
⇒特別受益として相続財産に含めて計算する（持戻し）

妻A　2000 万円（相続分）－ 2000 万円（特別受益）＝0円
∴A は預貯金を相続できない ⇒ その後の生活に不安が・・・・

子B　2000 万円（相続分）

◎【居住用不動産の贈与・遺贈に対する「持戻し免除の意思表示」の推定に関する改正】により
⇒居住用不動産 2000 万円は相続財産に原則含めない（持戻しを行わない）

相続財産：「預貯金 2000 万円」

妻A　居住用不動産 2000 万円の他に 1000 万円（預貯金の相続分）
の相続が可能 ⇒ただし、婚姻期間が 20 年以上であることが必要

子B　1000 万円（相続分）

生存配偶者がその他に相続できる財産の価額が少額になる恐れがあります。しかし、居住用不動産を相続財産の対象から外すことが認められると、生存配偶者は、居住用不動産に関係なく、その他の相続財産を相続することが可能になります。

本ケースでも、婚姻期間が20年以上であれば、夫から生存配偶者である妻Aに生前贈与された居住用不動産2000万円の持戻しは不要になり、全相続財産は「預貯金2000万円」となるとともに、特別受益の控除も行われませんので、妻Aは1000万円を相続します。これにより、生存配偶者の最終的な相続財産の取得分が増加しますので、生活の安定が図られるというわけです。

寄与分

寄与分は相続分にプラスされる

■ 財産形成に対する特別な貢献を評価する

相続人には相続分の他に寄与分という制度があり、相続分に加えられることがあります。寄与分とは、被相続人の財産の維持または増加に「特別の寄与」(財産形成に対する特別な貢献)をした相続人(貢献者)に対して、本来の相続分とは別に、寄与分を相続財産の中から取得できるようにする制度です。

寄与分制度は、特別受益者の相続分と同様に、相続分の計算方法を修正して、相続人同士の実質的な公平を図ることを目的としています。

たとえば、配偶者としての貢献や子による親孝行などは、特別の寄与とは認められず、寄与分制度の対象になりません。しかし、被相続人に事業資金を提供したことで被相続人が倒産を免れた場合や、長期療養中の被相続人の看護に努めたことで被相続人が看護費用の支出を免れた場合などは、特別の寄与と認められ、寄与分制度の対象となります。

また、寄与分は相続人だけに認められる制度ですから、相続人でない人には寄与分が認められません。ただし、寄与分とは異なりますが、相続人がいない場合に、貢献者が「特別縁故者」(内縁関係の夫や妻、療養看護に努めた者など、被相続人との間に一定の特別の縁故があった者)に該当するとして、貢献者の申立てを受けた家庭裁判所の審判により、相続財産の一部または全部の取得が認められることはあります。

特別受益及び寄与分の期限

相続開始の時から10年を経過した後にする遺産分割では原則主張することができなくなるとする改正が行われた(施行は未定)。

特別縁故者

本文記載のような、特別縁故者にあたると考えられる者は、必ずしも被相続人の相続財産が分与されるとは限らない。「特別縁故者に対する相続財産分与の申立て」を受けた家庭裁判所の判断により、分与することが相当であるか否かが判断されることになる。

寄与分のしくみ

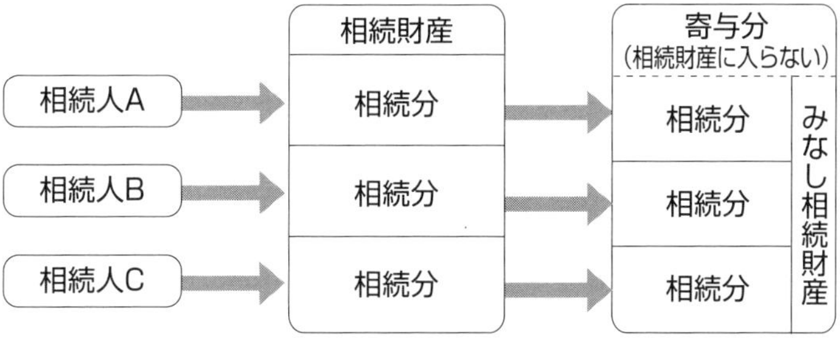

※寄与が認められた相続人Aは寄与分＋相続分を受け取ることができる

■ 寄与分の具体的な計算方法

寄与分の算出方法は、まず、相続財産の総額から寄与分を差し引いた「みなし相続財産」を決定します。次に、みなし相続財産を相続分に応じて分けて、寄与分は貢献者に与えます（上図参照）。

たとえば、妻と長男、二男、長女の４人が相続人で、相続財産が2000万円、長男の寄与分が200万円である場合は、下記のように、貢献者である長男の相続分は500万円となります。

・みなし相続財産…2000万円－200万円＝1800万円
・妻の相続分………1800万円× ２分の１＝900万円
・長女の相続分…（1800万円－900万円）× ３分の１＝300万円
・二男の相続分…（1800万円－900万円）× ３分の１＝300万円
・長男の相続分…（1800万円－900万円）× ３分の１＝300万円
300万円＋200万円（寄与分）＝500万円

なお、寄与分の金額をいくらにすべきかについて特段の定めはありませんが、相続財産の総額から遺贈の価額を控除した残額を超えることはできないとされています。

寄与分の決定方法

寄与分は相続人間の協議で決める。協議が調わないときや、協議ができないときは、家庭裁判所が、特別の寄与をした者の請求に基づき、一切の事情を考慮して寄与分を定める。

■ 相続人以外の親族の特別の寄与

前述のように、相続財産の維持や増加に貢献を果たした相続人は、自身の相続分に寄与分を加えて相続することが可能です。

しかし、寄与分は相続人のみに認められるため、たとえば、相続人の妻が、被相続人である夫の父親の療養看護に努めた場合であっても、寄与分として考慮されません。とくに、被相続人の死亡時点で相続人がすでに亡くなっている場合、その配偶者は、被相続人死亡によって、相続人を介して財産を相続することもできませんので、被相続人の療養看護に努めていたときは、ますます不公平感は大きくなります。

たとえば被相続人Ａには相続人として子Ｂ、Ｃ、Ｄがいたが、Ａが亡くなる前にＢが死亡しており、亡Ｂの妻ＥがＡの生前の療養看護を担当していたという場合を考えてみましょう。

仮にＡの財産が1000万円であったとすると、法定相続分に従うならば、相続人ＣとＤが各500万円ずつを相続します（ＢとＥの間に子がいなかった場合）。しかし、日常生活におけるＡの世話を見てきたのはＥです。にもかかわらず、ＥはＡの相続に関して、何らかの主張ができないのでしょうか。

上記のように、被相続人を献身的に介護したり、被相続人の家業に従事するなどして、被相続人の財産の維持・増加に特別な貢献をした場合は、その貢献を寄与分として考慮して、相続分に上乗せすることが認められます。しかし、寄与分の対象は相続人に限定されることから、たとえ亡相続人の妻が被相続人を献身的に介護しても、その貢献は寄与分として認められず、本ケースにおけるＥは寄与分を主張することができません（ただし、もしＢが生きていればＥの貢献を相続人Ｂの貢献と考えて、相続人Ｂの寄与分として認められる可能性はあります）。

こうした不公平な取扱いを解消するため、民法では相続人以外の親族が、相続人に対し特別寄与料を請求することができると定めています。

特別寄与料の請求の法的性質

特別の寄与をしたと考えられる「相続人以外の親族」は、遺産分割協議に参加するわけではない。遺産分割協議が複雑になる恐れがあるため、あくまでも相続人に対する金銭の支払請求権として規定が置かれていることに注意が必要である。

相続人以外の親族（特別寄与者）の貢献を考慮する方策

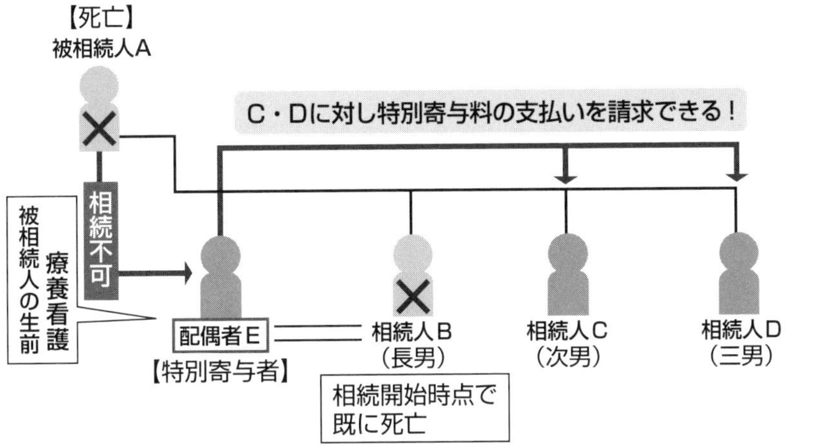

この規定により、前述のケースにおけるＥのように、相続人でない親族が、無償で被相続人の療養看護等を行って、被相続人の財産の維持・増加に特別の寄与（貢献）をしたと認められる場合、相続人に対して金銭（特別寄与料）の支払いを請求することが可能になります。

特別寄与料の請求ができるのは「被相続人の親族」です。具体的には、①６親等内の血族、②３親等内の姻族（妻の兄弟などの配偶者の血族や姉の夫などの血族の配偶者のこと）を指しますが、相続人、相続放棄をした者、相続欠格事由に該当する者、相続廃除された者は除外されます。本ケースのＥは、１親等の姻族で②にあたるので、相続人Ｃ・Ｄに対して特別寄与料の支払いを請求できます。また、当事者間で特別寄与料についての協議が調わない場合は、家庭裁判所に処分の請求（特別寄与料を定める請求）をすることができます。

被相続人の親族

民法上親族とは①6親等内の血族②配偶者③3親等内の姻族のこと。しかし、②の配偶者は相続人となるので特別寄与料の請求はできず、寄与分の主張をすることになる。

相続人以外の親族

相続人とならない場合の兄弟姉妹は、本文の①に該当するので、特別寄与料の請求ができる。しかし、内縁の配偶者は親族にあたらないので、特別寄与料の請求はできない。

PART2
9

養子縁組

相続の基本ルール

養子は実子と同様に第１順位の相続人となる

■ 養子とは

自然的な血縁関係がある子のことを実子といいます。これに対して、養子とは、養子縁組という法律上の手続きによって、血縁関係のない者同士が養親と養子の関係を結んだ場合の子のことです。養子縁組の届出をすることで養親子関係が生まれ、養子には嫡出子と同じ身分が与えられます。届出は養親となる者がしても養子となる者がしてもかまいません。養子は原則として養親と同じ姓を名乗り、未成年の養子は養親の親権に服します。相続権も嫡出子と同様に認められます。

養子縁組には、普通養子縁組（当事者の合意と届出で成立するもの）と特別養子縁組（原則15歳未満の子の福祉を目的に家庭裁判所の審判によって成立するもの）の２種類があります。

普通養子縁組では、当事者同士が合意していること（縁組の意思の合致）が必要です。合意がなければ養子縁組は無効です。

養親となる者は成年者でなければならず、自分の尊属や年長者を養子にすることはできません。

養親が夫婦で成年者を養子とする場合は、夫婦の一方が単独で養子縁組ができますが、他方の配偶者の同意が必要です。養子となる者が夫婦である場合も、夫婦の一方が他方の同意を得て単独で養子縁組ができます。これに対し、養親が夫婦の場合に未成年者を養子とする場合は、配偶者の嫡出子を養子とする場合などを除き、夫婦が共同で養子縁組をすることが必要です。

未成年者を養子とするには、未成年者の利益を守るため、自己または配偶者の直系卑属を養子とする場合を除き、家庭裁判

嫡出子

法律上の婚姻関係ある父母の子。

特別養子縁組

特別養子縁組の養子となる者は、原則として請求の時に満15歳未満であり、特別養子縁組成立するまでに18歳未満であることを要する。ただし、満15歳未満から養親となる者に監護されており、特別養子縁組を成立させるための養親からの請求がされなかったことについてやむを得ない事情がある場合は、可能である。
一方、養親となる者は、①婚姻している、②原則として夫婦双方で養親となる、③夫婦の一方が25歳以上・他方が20歳以上である、④原則として養子となる者の実父母の同意がある、という要件を充たすことが必要である。ただし、実父母が意思を表示できない場合や、実父母による虐待、悪意の遺棄（故意に子の養育をしない）など、養子の利益を著しく害する事情がある場合は、④の父母の同意は不要である。

普通養子縁組手続きの流れ

当事者の意思の合致 → 届出用紙への記入 → 市区町村役場に届出 → 養子縁組の効力発生

所の許可が必要です。15歳未満の子を養子にする場合は、法定代理人（親権者など）の承諾も必要となります。

■ 養子の相続分は嫡出子と同じ

養子は実子と同様に第１順位の相続人となり、相続分も実子と同じです。連れ子がいる配偶者と再婚した者は、婚姻によっては連れ子との間に親子関係が生じず、連れ子と養子縁組をしなければ、連れ子は自分の相続人となることができません。

普通養子縁組をした養子は、養親と実親の両方の遺産について相続権があります。この意味では、二重の相続権をもっているといえます。これに対し、実親との親族関係を終了させる特別養子縁組によって養子になった特別養子は、養親の遺産の相続権はありますが、実親の遺産の相続権はありません。

では、孫が祖父母の養子になる場合はどうでしょうか。たとえば、孫が祖父母の養子になり、その孫が子（養子）としての相続権と、孫としての代襲相続権と両方を持つ場合は、二重資格の相続人となり、二重に適法な相続をすることになります。祖父母の養子になっても孫としての資格は失いません。

連れ子との養子縁組

普通養子縁組でも特別養子縁組でも構わない。連れ子が原則15歳未満であれば、特別養子縁組の選択を検討できる。一方、普通養子縁組の場合、連れ子が未成年でも、家庭裁判所の許可が不要である。また、嫡出子であれば配偶者の同意を得て単独で縁組ができるが、非嫡出子であれば夫婦が共同して縁組をする必要がある。

代襲相続権の発生するケース

祖父母よりも先に孫の実親が死亡していた場合などがある。

ケース別　相続分早わかり

Case1　妻と子が相続するケース

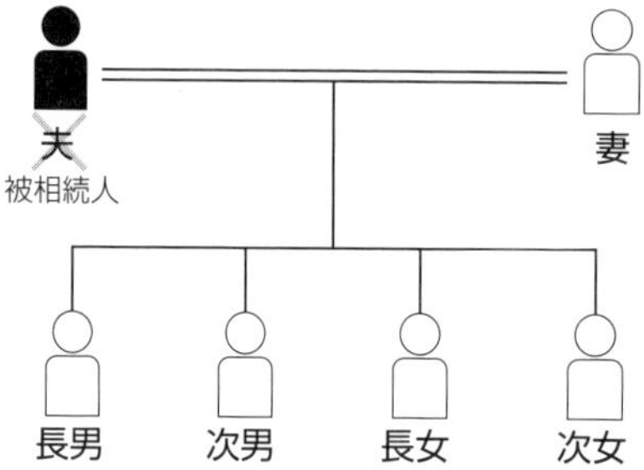

各自の相続分		
	妻	$\frac{1}{2}$
	長男	$\frac{1}{2}\times\frac{1}{4}=\frac{1}{8}$
	次男	$\frac{1}{2}\times\frac{1}{4}=\frac{1}{8}$
	長女	$\frac{1}{2}\times\frac{1}{4}=\frac{1}{8}$
	次女	$\frac{1}{2}\times\frac{1}{4}=\frac{1}{8}$

夫が死亡して、妻と４人の子が残されたというケースです。配偶者と子が相続人となる場合には、配偶者の相続分は２分の１ですから、妻の相続分は２分の１となります。反対に妻が死亡した場合は夫の相続分が２分の１です。

また、子の相続分も２分の１で、子が複数いる場合には２分の１を均等に分け合います。本ケースでは４人の子がいますので、各人の相続分は８分の１ずつとなります。

Case2　親・妻・子が残されたというケース

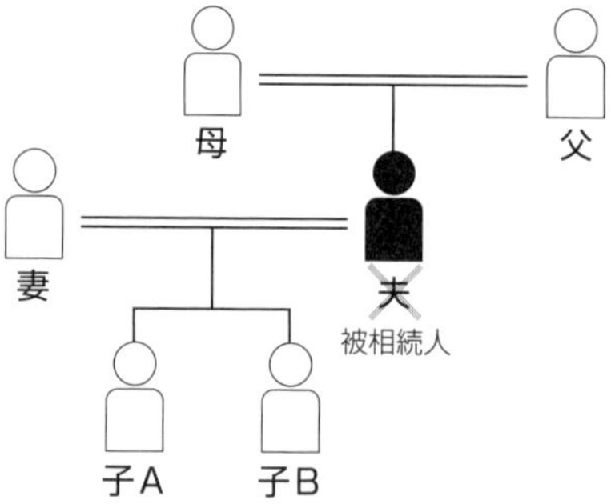

各自の相続分		
	妻	$\frac{1}{2}$
	子A	$\frac{1}{2}\times\frac{1}{2}=\frac{1}{4}$
	子B	$\frac{1}{2}\times\frac{1}{2}=\frac{1}{4}$

このケースは、夫が死亡して、その親と妻そして子が残されたというケースです。

この場合、夫の親がまだ生存していますが、相続人にはなりません。相続人は、妻と子だけということになります。そして、相続分は、妻が２分の１、残りの２分の１を複数の子がいる場合には均等に分け合います。この場合には、子ＡＢの間で４分の１ずつ均等に分け合うことになります。

Case3　被相続人に先妻と後妻がいて、どちらにも子がいるケース

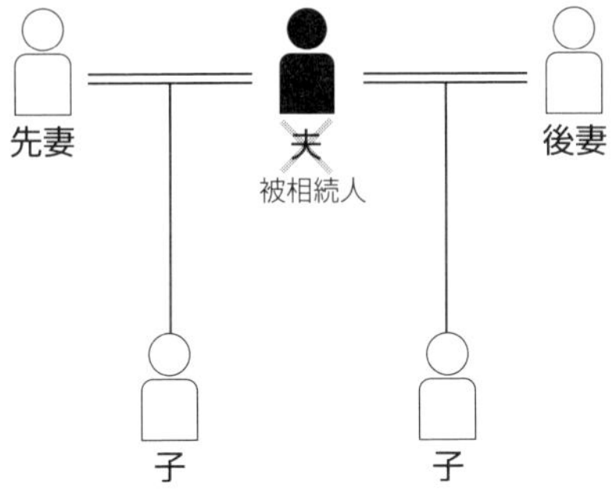

各自の相続分	先妻の子	$\frac{1}{2}\times\frac{1}{2}=\frac{1}{4}$
	後妻の子	$\frac{1}{2}\times\frac{1}{2}=\frac{1}{4}$
	後　妻	$\frac{1}{2}$

被相続人に先妻の子と後妻の子がいる場合、相続分はどうなるのでしょうか。先妻の子も後妻の子も「子」であることに変わりはありませんから、相続分は均等です。配偶者（後妻）の相続分は２分の１で、残りの２分の１を子２人が均等に（４分の１ずつ）分け合います。なお、先妻が生きていても相続の時点では被相続人の配偶者ではありませんから、相続権はもちろんありません。

Case4　妻と兄弟姉妹がいる上に、妻が妊娠中のケース

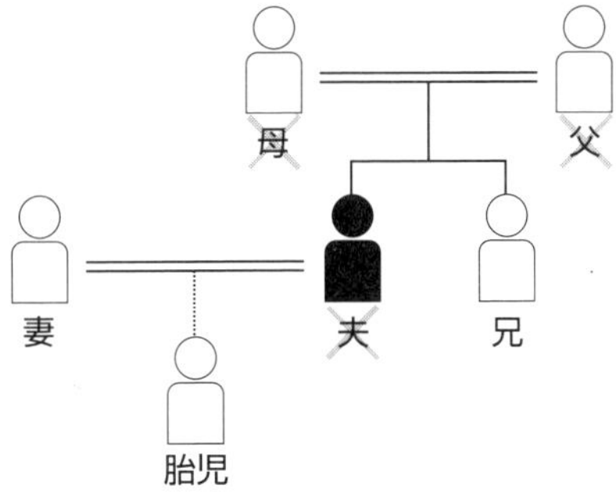

各自の相続分	①出産	妻	$\frac{1}{2}$
		胎児	$\frac{1}{2}$
	②死産	妻	$\frac{3}{4}$
		兄	$\frac{1}{4}$

胎児は相続については、すでに生まれたものとみなされます。ただ、胎児の時点から相続人として扱うのか、生きて生まれた場合に遡って相続人として扱うのか、については議論されています。

いずれにせよ、胎児が生きて生まれると、相続人は妻と子だけになります。死産であった場合は、妻と兄が相続人になります。出産があるまでは、遺産分割はすべきではないでしょう。

Case5　妻と親が相続するケース

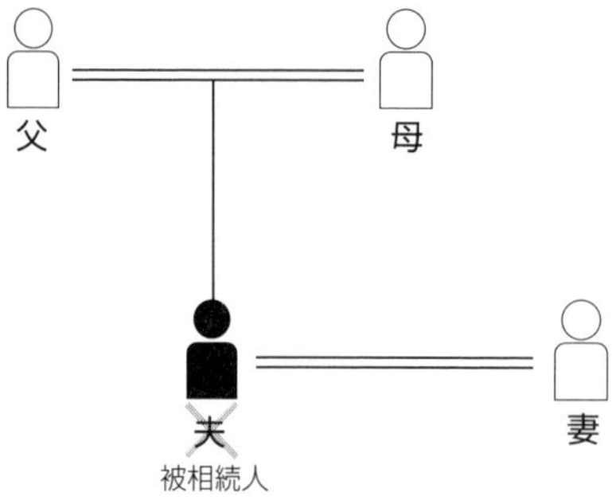

各自の相続分	妻	$\frac{2}{3}$
	父	$\frac{1}{3}\times\frac{1}{2}=\frac{1}{6}$
	母	$\frac{1}{3}\times\frac{1}{2}=\frac{1}{6}$

被相続人に子や孫などの直系卑属がいる場合は親や祖父母などの直系尊属が相続人になることはありませんが、いない場合は直系尊属が配偶者とともに相続人になります。

この場合、配偶者の相続分が３分の２で、直系尊属の相続分が３分の１となります。父母が健在の本ケースでは、妻が３分の２を相続し、親の相続分である３分の１は父と母で６分の１ずつ均等に分け合います。

Case6　妻と兄弟姉妹が相続するケース

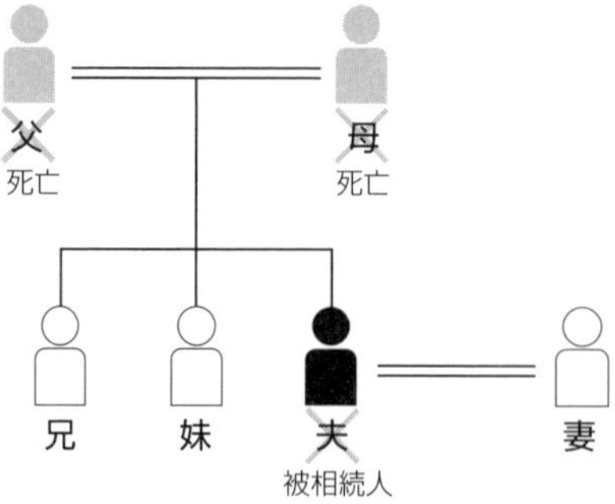

各自の相続分	妻	$\frac{3}{4}$
	兄	$\frac{1}{4}\times\frac{1}{2}=\frac{1}{8}$
	妹	$\frac{1}{4}\times\frac{1}{2}=\frac{1}{8}$

夫が死亡したが、子や孫などの直系卑属も父母や祖父母などの直系尊属もいないという場合には、兄弟姉妹が配偶者とともに相続人になります。この場合、配偶者の相続分が４分の３で、兄弟姉妹の相続分が４分の１となります。兄弟姉妹の相続分は親よりもさらに少ないのです。本ケースでも妻が４分の３を相続し、兄と妹は４分の１を均等に分け合って８分の１ずつを相続することになります。

Case7 子だけが相続するケース

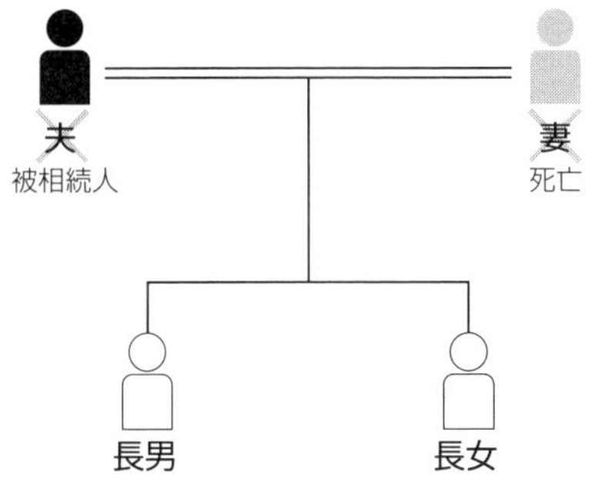

各自の相続分		
	長男	$\frac{1}{2}$
	長女	$\frac{1}{2}$

夫が死亡したが、それより前に妻も死亡していて、残されたのは子だけというケースです。この場合、妻が相続することはもちろんあり得ません。夫の遺産はすべて子が相続します。被相続人に親や兄弟姉妹がいても同じです。子が複数いる場合には、均等に遺産を分け合います。本ケースでは長男と長女の２人の子がいますので、それぞれの相続分は２分の１ずつということになります。

Case8 親だけが相続するケース

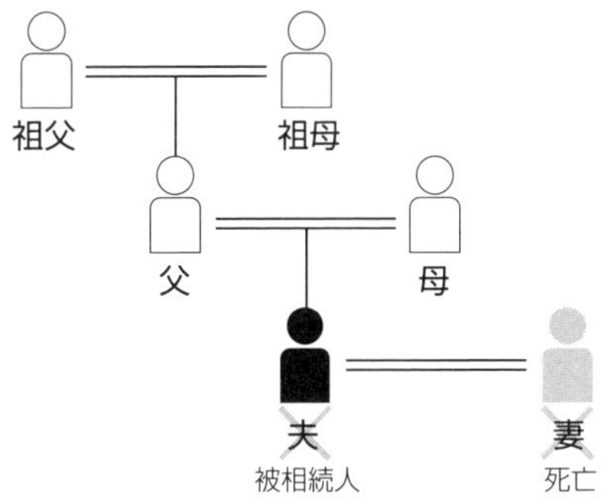

各自の相続分		
	父	$\frac{1}{2}$
	母	$\frac{1}{2}$
	祖父	0
	祖母	0

夫が死亡したが、すでに妻も死亡していて２人の間に子や孫もいないというケースです。この場合には、直系尊属のうち親等の最も近い者が相続人となります。本ケースでは祖父母よりも親等の近い親が相続人となりますので、父と母がそれぞれ２分の１ずつの相続分をもつことになります。なお、被相続人に子や孫などの直系卑属がいる場合には、親などの直系尊属が相続人となることはありません。

Case9　兄弟姉妹だけが相続するケース

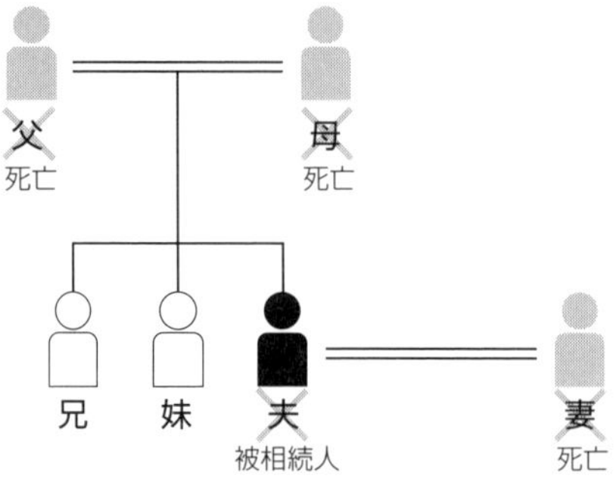

各自の相続分		
	兄	$\frac{1}{2}$
	妹	$\frac{1}{2}$

夫が死亡したが、すでに妻も死亡しており、子や孫などの直系卑属もおらず、親や祖父母などの直系尊属もいないというケースです。この場合には、兄弟姉妹だけが相続人となります。本ケースでは被相続人に兄と妹がいますので、それぞれの相続分は２分の１ずつとなります。なお、被相続人に直系卑属または直系尊属の誰かがいる場合には、兄弟姉妹が相続人となることはありません。

Case10　子と兄弟姉妹がいるケース

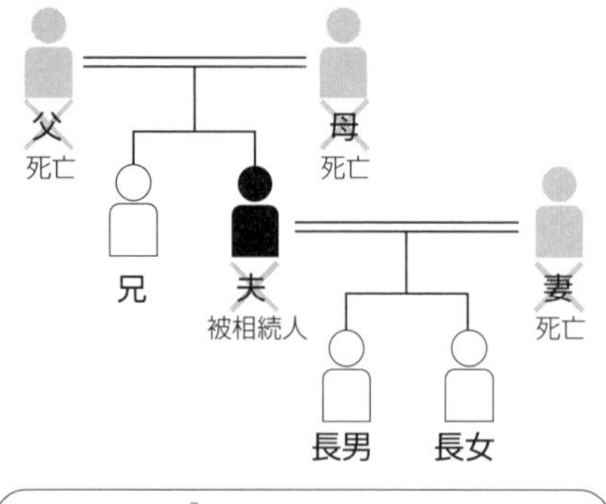

各自の相続分		
	長男	$\frac{1}{2}$
	長女	$\frac{1}{2}$
	兄	0

夫が死亡したが、すでに妻も死亡していて、残されたのは２人の子と兄だけであるというケースです。この場合、相続の時点ですでに死亡している妻に相続分が認められないのは当然です。また、子がいる以上、被相続人の親や兄弟姉妹が相続人となることもありません。親や兄弟姉妹が相続人となるのは先順位の相続人がいない場合だけです。長男と長女が遺産を２分の１ずつ相続します。

Case11　親と兄弟姉妹がいるケース

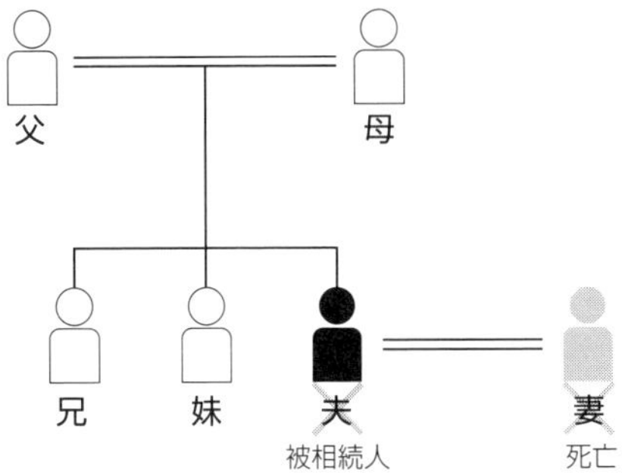

各自の相続分	
父	$\frac{1}{2}$
母	$\frac{1}{2}$
兄	0
妹	0

夫が死亡したが、すでに妻も死亡しており、子や孫などの直系卑属もいないというケースです。この場合、第2順位の相続人である直系尊属が遺産のすべてを相続することになります。第2順位の相続人がいる以上、第3順位の相続人である兄弟姉妹に相続権が認められることはありません。本ケースでも直系尊属である父母がそれぞれ2分の1ずつの相続分をもち、兄と妹の相続分はありません。

Case12　子と親がいるケース

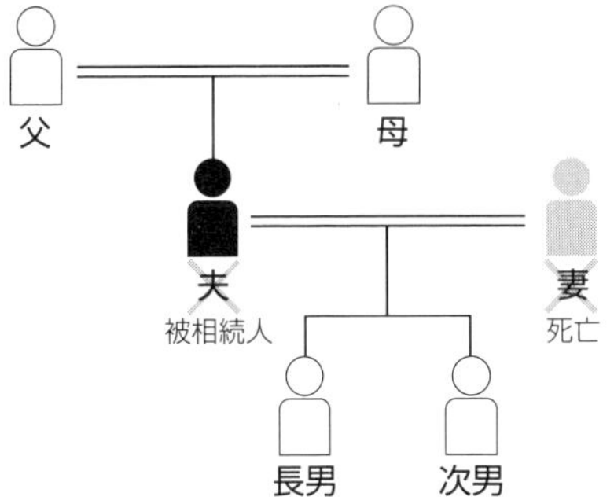

各自の相続分	
長男	$\frac{1}{2}$
次男	$\frac{1}{2}$
父	0
母	0

夫が死亡したが、すでに妻も死亡しており、長男と次男だけが残されたというケースです。この場合、妻の相続分が認められないのはもちろんです。また、第1順位の相続人である子がいる以上、第2順位の直系尊属が相続人となることもありません。夫の遺産はすべて子が相続するということになります。長男と次男の相続分は、それぞれ2分の1ずつということになります。

Case13 孫が子を代襲相続するケース

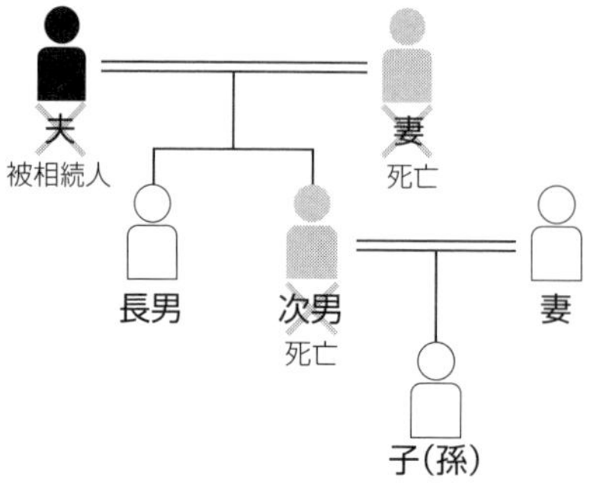

各自の相続分	
長男	$\frac{1}{2}$
孫	$\frac{1}{2}$
次男の妻	0

夫が死亡したが、すでに妻が死亡しており、2人の息子のうち次男も死亡していたというケースです。この場合、次男に子（被相続人の孫）がいなければ、長男が遺産のすべてを相続することになりますが、次男に子（孫）がいる場合には、その子が次男に代わって相続（代襲相続）します。長男の相続分が2分の1で、孫の相続分が2分の1ということになります。次男の妻に相続権はありません。

Case14 妻と実子と養子がいるケース

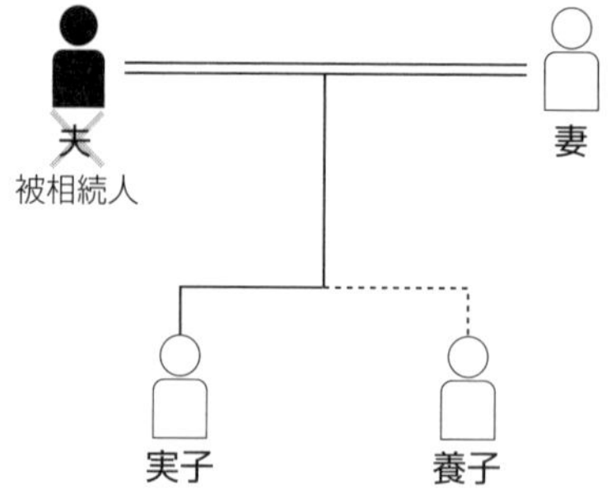

各自の相続分	
妻	$\frac{1}{2}$
実子	$\frac{1}{2}\times\frac{1}{2}=\frac{1}{4}$
養子	$\frac{1}{2}\times\frac{1}{2}=\frac{1}{4}$

養子は実子と同様に第1順位の相続人となり、相続分も同じです。本ケースでは妻の相続分が2分の1で、実子と養子の相続分はそれぞれ4分の1ずつとなります。なお、普通養子縁組の場合、養子は養親と実親の両方の遺産について相続権があるため、二重の相続権をもっているといえます。特別養子縁組の場合は実親との親族関係が消滅しますので、実親の遺産は相続できません。

Case15 妻と子と相続放棄した子がいるケース

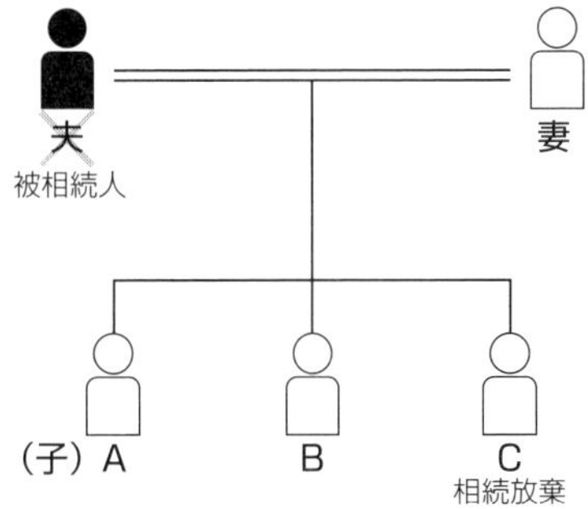

各自の相続分

妻	$\frac{1}{2}$
子A	$\frac{1}{2}\times\frac{1}{2}=\frac{1}{4}$
B	$\frac{1}{2}\times\frac{1}{2}=\frac{1}{4}$
C	0

夫が死亡して、妻と子が相続人となり、3人の子のうちC1人が相続を放棄したというケースです。子が3人いれば、本来それぞれの相続分は6分の1ずつとなるはずです。ところが、相続を放棄した人は最初から相続人ではなかったこととみなされますので、妻の相続分は2分の1、AとBの相続分はそれぞれ、4分の1ずつとなります。もちろん、相続を放棄したCに相続分はありません。

Case16 内縁の妻と認知された子がいるケース

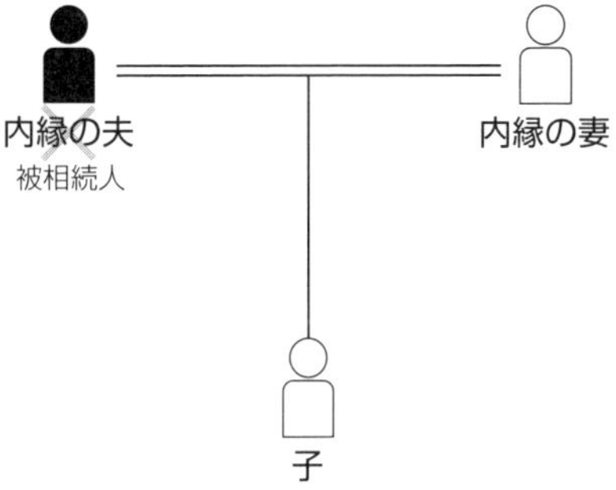

各自の相続分

内縁の妻	0
認知された内縁の妻の子	1(全部)

内縁とは、夫婦同様の生活をしているのに婚姻届が出されていない場合です。内縁の妻は法律上の配偶者とはいえませんから、相続権がありません。

ただ、内縁関係の夫婦から生まれた子であっても、夫から認知されれば、法律上の子として扱われます。夫が死亡すれば、認知された子が遺産全部を相続することになります。夫の親などの直系尊属には相続権がありません。

Case17 妻と子と養子に出した子がいるケース

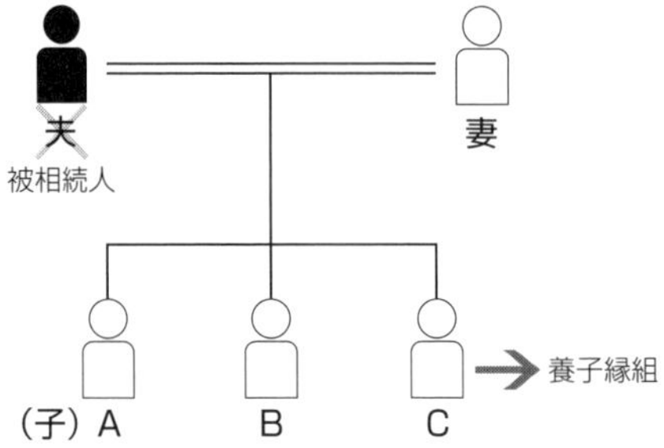

各自の相続分		
	妻	$\frac{1}{2}$
	子A	$\frac{1}{2}\times\frac{1}{3}=\frac{1}{6}$
	B	$\frac{1}{2}\times\frac{1}{3}=\frac{1}{6}$
	C	$\frac{1}{2}\times\frac{1}{3}=\frac{1}{6}$

普通養子縁組として自分の子を他人の養子に出した場合でも、実の親子関係が消滅することはありません。血のつながりがある以上、親子関係がなくなることはないのです。他人の養子になったＣも、ＡやＢと同様に、実親を相続することができます。妻の相続分が２分の１ですから、残りの２分の１をＡＢＣの３人で均等に割ります。子の相続分はそれぞれ６分の１ずつとなります。

Case18 妻と子と嫁に出した娘がいるケース

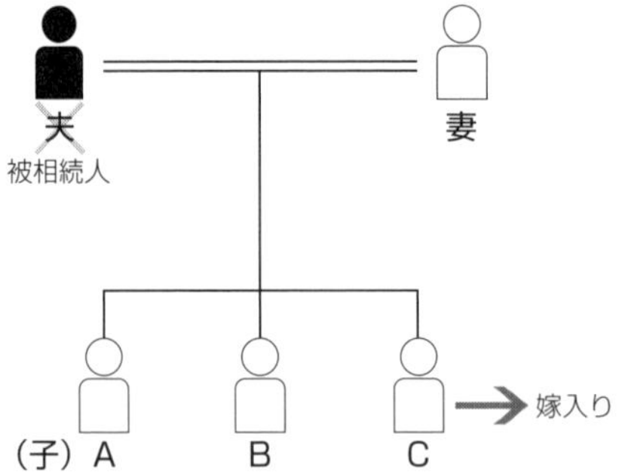

各自の相続分		
	妻	$\frac{1}{2}$
	子A	$\frac{1}{2}\times\frac{1}{3}=\frac{1}{6}$
	B	$\frac{1}{2}\times\frac{1}{3}=\frac{1}{6}$
	C	$\frac{1}{2}\times\frac{1}{3}=\frac{1}{6}$

「嫁に行く」というと実の親子関係を断って夫の家に入るというイメージでとらえがちです。ましてや結婚後に嫁ぎ先の姓を名乗ることになると、実の親子関係がなくなってしまうような気がします。しかし、娘が結婚したからといって、子であることにまったく変わりはありません。CはA、Bと同じように6分の１の相続分をもっていることになります。妻の相続分は2分の１です。

Case19 妻と娘と養子である娘むこがいるケース

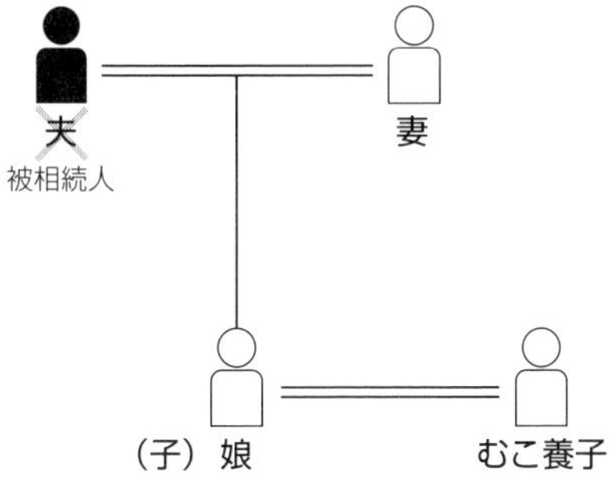

各自の相続分		
	妻	$\frac{1}{2}$
	娘	$\frac{1}{2}\times\frac{1}{2}=\frac{1}{4}$
	むこ養子	$\frac{1}{2}\times\frac{1}{2}=\frac{1}{4}$

一人娘がむこ養子をとっていたというケースです。むこ養子とは、単に娘と結婚しただけでなく、娘の親とも養子縁組をした夫のことです。養子になると実子と同じように相続権が認められます。夫が死亡した場合、妻の相続分は２分の１で、娘とむこ養子の相続分はそれぞれ４分の１ずつとなります。なお、たとえ娘の姓を名乗っていても、養子縁組をしていなければ、むこに相続権はありません。

Case20 孫だけが相続するケース

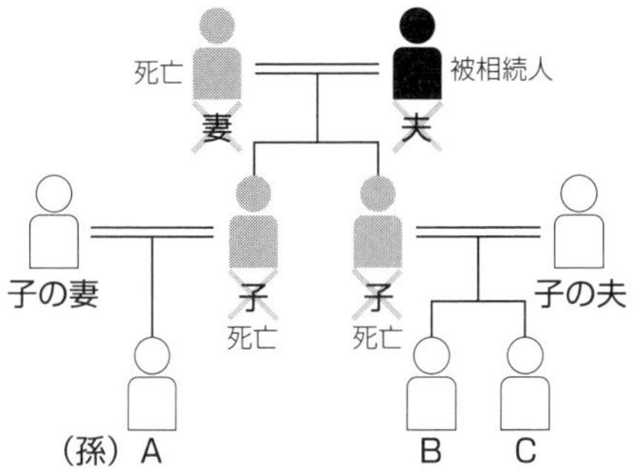

各自の相続分		
	孫A	$\frac{1}{2}$
	B	$\frac{1}{2}\times\frac{1}{2}=\frac{1}{4}$
	C	$\frac{1}{2}\times\frac{1}{2}=\frac{1}{4}$
	子の妻	0
	子の夫	0

夫が死亡したが、それより前に妻と子の全員が死亡しており、残っているのは孫だけであるというケースです。この場合、孫は自分の親つまり被相続人の子に代わって相続（代襲相続）することになります。そうすると、Aの相続分は2分の１、BとCの相続分はそれぞれ4分の１ということになります。子の配偶者は被相続人と法律上の親子関係にあるわけではありませんから相続権はありません。

Case21 子と妻の連れ子がいるケース

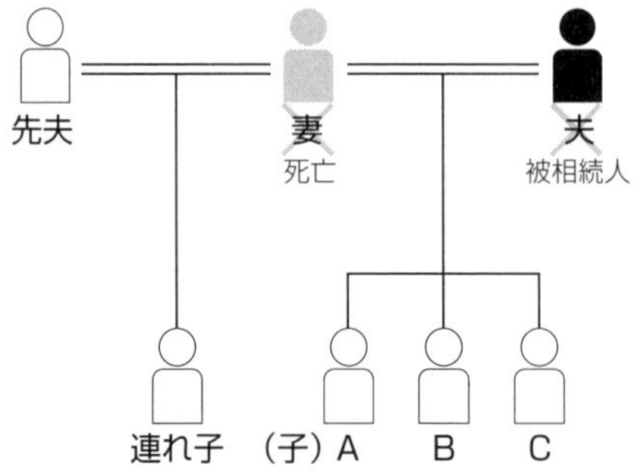

各自の相続分		
	子A	$\frac{1}{3}$
	B	$\frac{1}{3}$
	C	$\frac{1}{3}$
	連れ子	0
	先夫	0

夫が死亡したが、それより前に死亡した妻との間にABCという３人の子がいる他、妻の連れ子もいるというケースです。この場合、妻の先夫に相続権がないのは当然ですが、連れ子にも相続権はありません。妻の子ではあっても、死亡した夫から見れば実子でも養子でもないからです。ABCが３分の１ずつ相続します。連れ子にも相続させたい場合には、生前に養子縁組を結んでおくことが必要です。

Case22 養親と実親がともに相続するケース

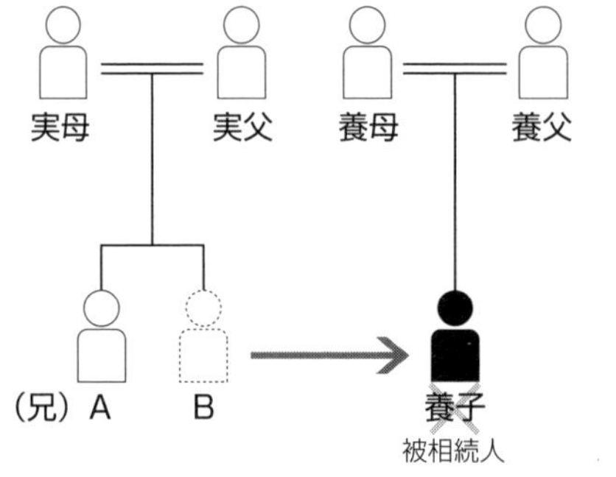

各自の相続分		
	養母	$\frac{1}{4}$
	養父	$\frac{1}{4}$
	実母	$\frac{1}{4}$
	実父	$\frac{1}{4}$
	兄A	0

養子に出された子Bが死亡したが、配偶者も子もおらず、養父母と実父母、そして兄弟のAが残されたというケースです。養子と養父母は実の親子に準じた関係になります。また、養子に出したからといって実の親子関係が消滅するわけではありません。つまり、養父母も実父母も等しくBの相続人になるということです。相続人として親がいる場合には、兄弟姉妹は相続人になれません。

Case23 兄弟姉妹とおい・めいが相続するケース

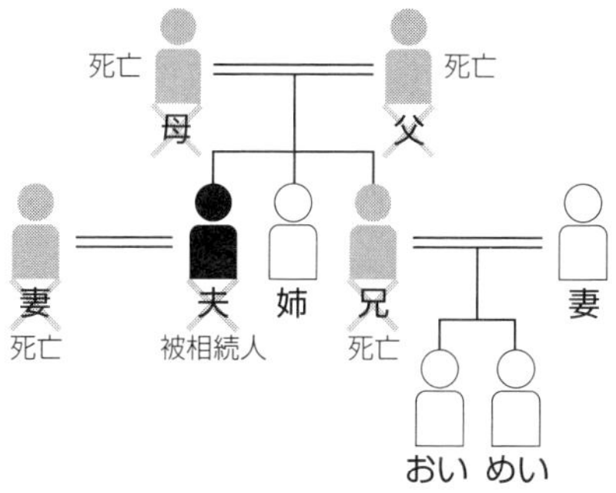

各自の相続分		
	おい	$\frac{1}{4}$
	めい	$\frac{1}{4}$
	姉	$\frac{1}{2}$
	兄の妻	0

夫が死亡して、その姉と、すでに死亡した兄の妻子がいるケースです。被相続人に子も親もいなければ兄弟姉妹が相続人となります。兄弟姉妹がすでに死亡している場合には、その子（おい・めい）が代襲相続します。

本ケースの相続人は姉に加えて兄を代襲相続するおい・めいとなります。兄の妻（義理の姉）は法律上の兄弟姉妹ではありませんから、相続権はありません。

Case24 胎児が代襲相続するケース

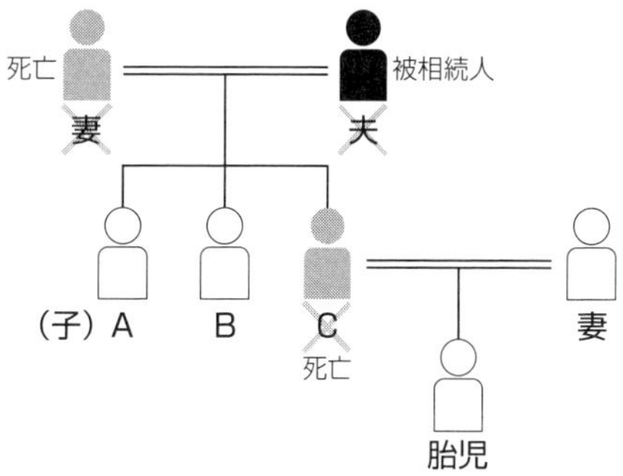

各自の相続分		
	子A	$\frac{1}{3}$
	B	$\frac{1}{3}$
	胎児	$\frac{1}{3}$（Cを代襲相続）
	Cの妻	0

被相続人の妻と子Cはすでに死亡しているが、Cの妻が懐胎していたというケースです。胎児も相続に関してはすでに生まれたものとして扱われますので、すでに死亡しているCを代襲相続することができます。ただ、胎児の相続権は生きて産まれた場合に限られますから、死産であった場合にはAとBが2分の１ずつの割合で相続することになります。Cの妻（義理の姉妹）に相続権はありません。

Case25 親子が同時に死亡したケース

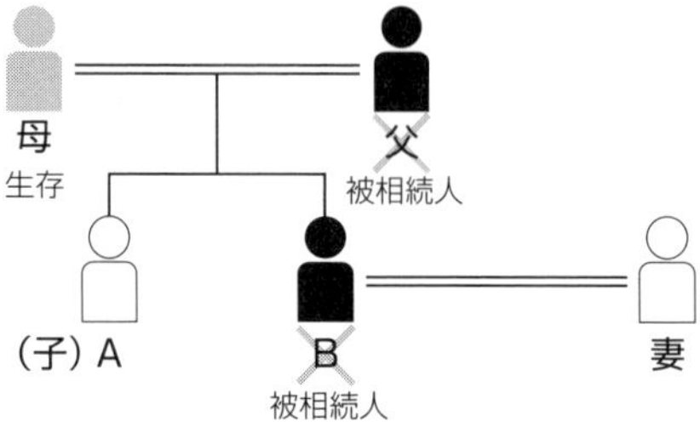

各自の相続分

<父の遺産について>
母……………………………… $\frac{1}{2}$
子A…………………………… $\frac{1}{2}$
<子Bの遺産について>
妻……………………………… $\frac{2}{3}$
母……………………………… $\frac{1}{3}$

親子がまったく同時に死亡するというのは稀ですが、交通事故などで死亡の先後が不明の場合などは同時に死亡したものと推定されます。この場合、父の遺産とBの遺産それぞれについて別個に相続が生じます。父の遺産については母とAが2分の1ずつ相続し、Bの遺産について妻が3分の2、母が3分の1ずつ相続します。父とBとの間では相続は生じませんので注意が必要です。

Case26 親子が同時に死亡し孫もいるケース

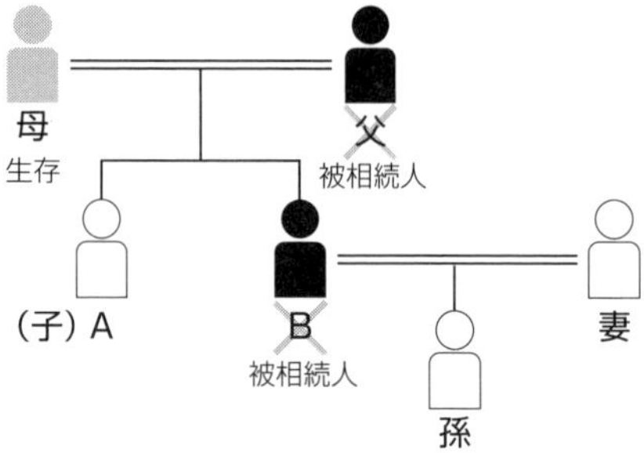

各自の相続分

<父の遺産について>
母……………………………… $\frac{1}{2}$
子A…………………………… $\frac{1}{4}$
孫……………………………… $\frac{1}{4}$
<子Bの遺産について>
妻……………………………… $\frac{1}{2}$
孫……………………………… $\frac{1}{2}$

Case25と同じく親子が同時に死亡したが孫がいる場合、父の相続についてBを孫が代襲相続します。よって父の相続については母が2分の1、Aが4分の1、孫が4分の1で分け合います。Bの相続については妻2分の1、孫2分の1が相続分となります。つまり同時死亡の場合、お互いは相続しないのですが代襲相続は発生するということです。

Case27 子の１人に相続分の指定があるケース

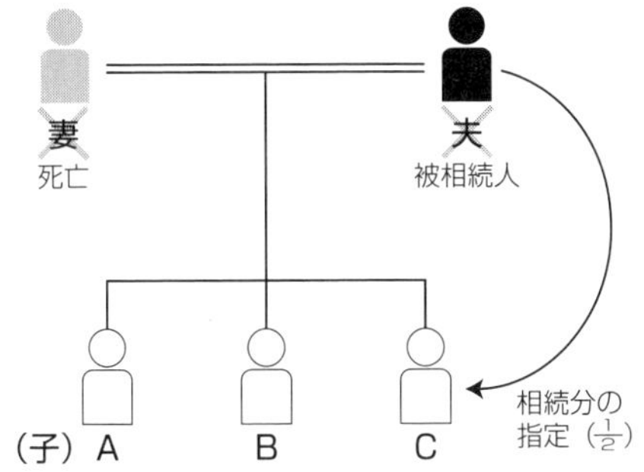

各自の相続分		
	子A	$\frac{1}{2}\times\frac{1}{2}=\frac{1}{4}$
	B	$\frac{1}{2}\times\frac{1}{2}=\frac{1}{4}$
	C	$\frac{1}{2}$

被相続人の妻はすでに死亡しており、遺族として子ＡＢＣの３人がいるというケースです。本来なら、ＡＢＣはそれぞれ３分の１ずつの法定相続分をもっているはずです。しかし、被相続人がＣの相続分を２分の１とする遺言を残していた場合、被相続人の意思を尊重しなければなりません。つまり、Ｃの相続分は２分の１となり、ＡとＢの相続分は残りの２分の１を等分して４分の１ずつとなるのです。

Case28 遺留分を侵害する相続分の指定があるケース

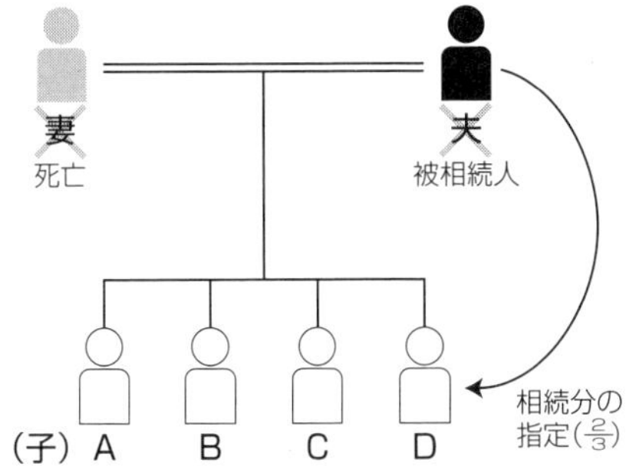

各自の相続分		〈相続分〉	〈遺留分〉	〈侵害分〉
	子A	$\frac{1}{9}$	$\frac{1}{8}$	$\frac{1}{72}$
	B	$\frac{1}{9}$	$\frac{1}{8}$	$\frac{1}{72}$
	C	$\frac{1}{9}$	$\frac{1}{8}$	$\frac{1}{72}$
	D	$\frac{2}{3}$	$\frac{1}{8}$	—

被相続人の妻はすでに死亡しており、４人の子のうちＤに対してだけ相続分を３分の２とする遺言を残していますので、ＡＢＣの相続分は９分の１ずつとなります。

ただ、ＡＢＣの最低限の取り分である遺留分（法定相続分× ２分の１）を侵害しているので、ＡＢＣにはＤに対してその侵害分（72分の１ずつ）の金額を支払うように請求する権利（遺留分侵害額請求権）があります。

Case29 遺留分を侵害する遺贈があるケース

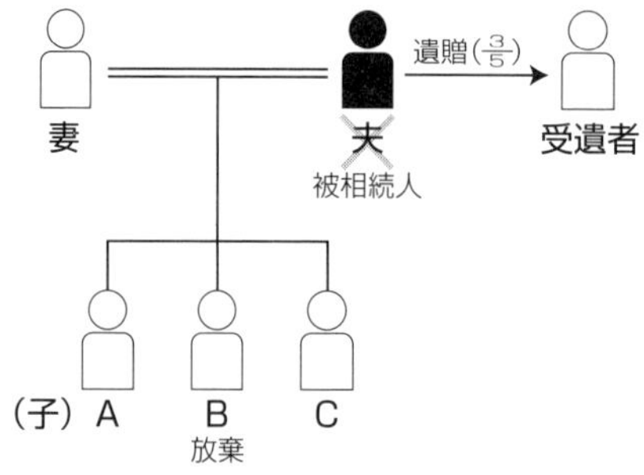

各自の相続分

	〈相続分〉	〈遺留分〉	〈侵害分〉
妻	$\frac{2}{10}$	$\frac{1}{4}$	$\frac{1}{20}$
子A	$\frac{1}{10}$	$\frac{1}{8}$	$\frac{1}{40}$
B	—	—	—
C	$\frac{1}{10}$	$\frac{1}{8}$	$\frac{1}{40}$

本ケースでは、被相続人が遺言で遺産の５分の３を第三者（受遺者）に贈与（遺贈）しています。また、子Ｂは相続を放棄しているので、相続人ではなかったことになります。よって、相続人は妻と子ＡＣであり、遺産から遺贈分を除いた残り５分の２を法定相続分に従って相続します。

ただ、妻と子Ａ・Ｃの遺留分を侵害するので、侵害分について受贈者に対して遺留分侵害額請求権を行使できます。

Case30 相続人が１人もいないまま死亡したケース

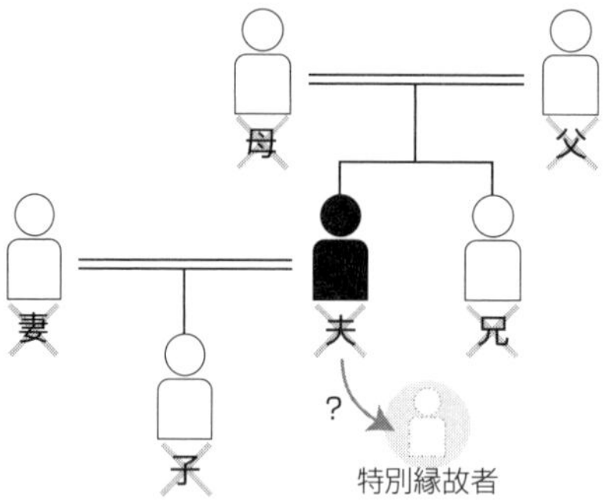

各自の相続分

国庫	0～1
特別縁故者	0～1

通常は死亡者がいると、その者の相続人が相続財産を管理します。しかし、相続人の有無が不明の場合は、相続財産を１つの法人（相続財産法人）として、家庭裁判所が管財人を選任して管理します。そして、相続人が１人もいないことがわかれば、相続財産は国庫に帰属します。ただ、被相続人に内縁の妻や療養看護に努めた者など（特別縁故者）がいる場合、その人に遺産の全部または一部が与えられます。

Case31 子どもがいるができるだけ多く妻に相続させたいケース

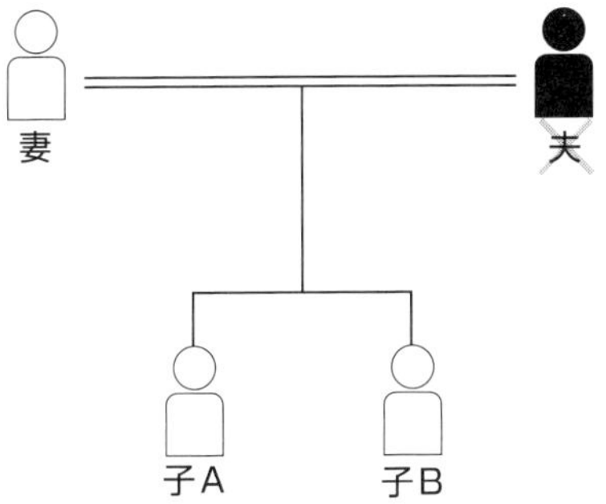

各自の相続分		
妻	$\frac{1}{2}$	(指定相続分 $\frac{3}{4}$)
子A	$\frac{1}{2} \times \frac{1}{2} = \frac{1}{4}$	(遺留分 $\frac{1}{8}$)
子B	$\frac{1}{2} \times \frac{1}{2} = \frac{1}{4}$	(遺留分 $\frac{1}{8}$)

被相続人である夫が生前から、何らかの理由によって、自分の財産をできるだけ多く妻に相続させたいと望むこともあります。子の承諾が得られない場合は、子の遺留分を侵害しない範囲で、妻への相続分を指定する遺言を残します。

本ケースでは、子の相続分は各々4分の1、全体の遺留分も2分の1なので、子1人につき8分の1は残します。妻には4分の3を相続できるよう遺言を残します。

Case32 養子がいても実子だけに全財産を相続させたいケース

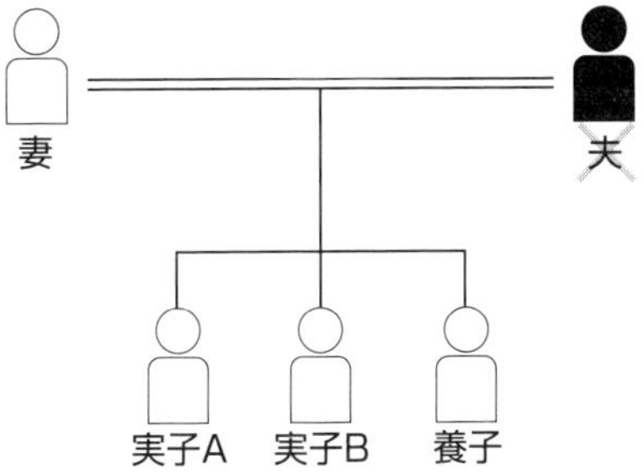

各自の相続分		
妻	$\frac{1}{2}$	(遺留分 $\frac{1}{4}$)
実子A	$\frac{1}{2} \times \frac{1}{3} = \frac{1}{6}$	(指定相続分 $\frac{1}{2}$)
実子B	$\frac{1}{2} \times \frac{1}{3} = \frac{1}{6}$	(指定相続分 $\frac{1}{2}$)
養子	$\frac{1}{2} \times \frac{1}{3} = \frac{1}{6}$	(遺留分 $\frac{1}{12}$)

被相続人に、妻に加えて実子と養子がいるが、養子には遺産を相続させたくないケースです。生前に養子と離縁していれば、養子に相続権はありませんが、そうでなければ遺言で相続分を指定します。

本ケースは実子が2人なので、1/2×1/3×1/2=1/12が養子の遺留分です。実子に各1/2を指定して相続させても、養子から1/12につき遺留分侵害額請求を受ける可能性はあります。

Column

相続と戸籍

戸籍とは、簡単にいえば、「日本国民であるその人の存在を証明するための制度」です。日本国民は、いったん戸籍に記載されると、その人が死亡するか、他国へ国籍を移すといった事情がない限り、ずっと戸籍との付き合いが続きます。戸籍には本籍の他、その戸籍に記載されている各人について、氏名、出生年月日、戸籍に入った原因および年月日、実父母の氏名および実父母との続柄などの情報が記載されています（戸籍法13条）。

相続が発生した場合に、相続登記や被相続人の預貯金の名義変更などの各種手続きをする際に、被相続人の戸籍が必要になります。その場合、被相続人が出生届によって初めて入籍した戸籍から、その後の婚姻や養子縁組、転籍などで変動しているなど、生まれてから死亡するまでの履歴のすべてがわかる戸籍謄本が必要になります。たとえ知らなくても、他に認知した子などの相続人がいた場合、その相続人を除いて行った遺産分割協議は、一部の例外を除いて無効になってしまうので注意しましょう。

また、相続人は通常、親族同士で確認可能ですが、念のために相続人を確認したいという場合にも、被相続人の戸籍を取り寄せることになります。なお、相続に関する手続きや請求をする場合に、被相続人の戸籍謄本の他、相続人を確認できる範囲の戸籍謄本の提出も今はいっしょに求められますので、相続人の戸籍謄本も必要です。被相続人・相続人の戸籍謄本は、本籍のある市区町村役場に郵送や窓口にて請求していますが、戸籍法の改正により令和５年度中には本籍地が遠くでも最寄りの市区町村役場で取得可能となる予定です。

戸籍の情報が記載された書類には、全部事項証明書（謄本）と個人事項証明書（抄本）があります。全部事項証明書にはその戸籍に入っている人全員の情報が記載されています。一方、個人事項証明書には、特定の個人の情報しか記載されないため、手続に必要な情報が記載された書類を取得するよう注意が必要です。

PART 3

遺贈・遺言の法律知識

PART3
1

遺贈と相続の違い

遺贈・遺言の
法律知識

遺言で相続分の指定があればそれに従う

■ 遺言による指定相続分と遺贈

指定相続分とは、被相続人が遺言で指定した相続人間の相続分のことです。相続人への遺贈が特別受益となるのに対し、指定相続分が法定相続分より多くても、その多い分が特別受益として扱われることはないとされています。

これに対し、遺贈というのは遺言により遺産を与えることです。遺贈を受ける者を受遺者といいます。遺贈は第三者にをすることもできますし、相続人にもすることができます。つまり、相続人以外の者には相続分はなく、遺贈があるだけです。

指定相続分も遺贈も遺留分を侵害すると、後で遺留分侵害額請求権の行使を受ける可能性があります。

特別受益

被相続人から相続人が特別に財産をもらうこと。遺贈と婚姻・養子・生計資本のための贈与が特別受益にあたる。特別受益により得た財産は相続財産とみなされるため、特別受益者は本来の相続分から特別受益分が減らされる。特別受益の額が本来の相続分を超えている場合は、他の財産を相続できない。

遺留分侵害額請求権

39ページ参照。

■ 法定相続分と異なる遺産承継と第三者との関係

遺言は法定相続分に優先することから、原則として、遺言者は自ら望む形で財産を承継させることができます。遺言などにより法定相続分とは異なる遺産の承継がなされた場合に、第三者との間でどのような法律上の効果が生ずるかについて権利や債務の承継について見ていきましょう。

① 不動産などの相続財産を承継した場合

遺言や遺贈など、相続財産の取得方法を問わず、法定相続分を超える部分の相続財産の取得については、登記や引渡しなどの対抗要件を備えない限り、第三者に対抗することができません。たとえば「甲不動産を相続人Aに相続させる」との遺言書があるのに、他の相続人BがAに無断で第三者Cに甲不動産を

対抗要件

当事者間で行った法律行為の効果を当時者以外の第三者に主張するために必要な要件のこと。

権利の承継

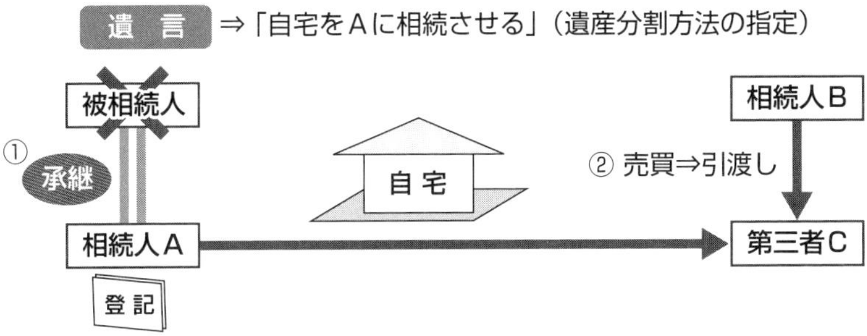

法定相続分を超える部分の相続財産の取得を第三者に主張するには登記や引渡しなどの対抗要件を備える必要がある

売却した場合、AはCよりも先に甲不動産の相続登記を備えなければ、Cに対し甲不動産の所有者が自分だけであると主張できなくなります。

ただし、Aは法定相続分である２分の１の持分については、相続登記がなくても第三者に主張できます。そのため、AがCに対して甲不動産の単独所有を主張できなければ、甲不動産はAとCの共有（持分は各２分の１）となります。

②　債権を承継した場合

法定相続分を超える債権を承継した場合、「債務者に対する対抗要件」と「第三者に対する対抗要件」のいずれも備えなければ対抗することはできません。たとえば、被相続人がAに対し1000万円の金銭債権を持っており、相続人B・CのうちBが遺言によりこの金銭債権を単独で取得した場合、B・CからAに対して譲渡通知を送る必要があるということです。しかし、この場合Cは債権の譲渡を受けていないので協力してくれず、第三者に対抗することができない、という不都合が生じる可能性があります。そこで民法は相続により債権を承継した相続人

債務者に対する対抗要件

債権譲渡の事実を通知する、もしくは債務者の承諾を得る。

第三者に対する対抗要件

債務者に対する対抗要件（債務者への通知または承諾）を確定日付のある証書によって行う。

が、遺言や遺産分割の内容を明らかにして債務者に通知したときは、相続人全員が債務者に譲渡通知をしたとみなすという規定を置いています。それによりＢが遺言の内容を明らかにしてＡに通知すれば、Ｂ・Ｃが譲渡通知をしたとみなされ第三者に主張できるのです。

確定日付による対抗要件

債権を承継した場合、本文記載の例で、ＢがＡに対する通知を確定日付のある証書（内容証明郵便など）によって行うことで、第三者への対抗要件も同時に備えることができる。

③　義務を承継した場合

被相続人が負っていた借金などの債務について、遺言書で承継の割合が指定されていた場合であっても、相続債権者（相続債務の債権者）の承諾がない限り、相続債権者は、法定相続分に応じて、各相続人に対して債権を行使できます。相続債権者の知りえないところで、資力のない相続人にすべての債務を承継すると指定された場合など、相続債権者にとって不利益を被る可能性があるからです。

■ 遺贈について

遺贈とは、遺言による財産の贈与のことです。遺言の制度は、被相続人の生前における最終意思を法律的に保護し、死後にその意思の実現を図るために設けられています。

財産の多少にかかわらず、人は誰しも自分の死んだ後のことが気になりますし、財産の行先などは思いどおりになってもらいたいと願うものです。しかし、生前に財産分けを口にするのはかえってトラブルになることもありますし、生前に伝えたくないこともあります。そこで、民法は遺言の制度を設けたわけです。

遺言といっても、死の間際になって家族を呼び寄せ「自分が死んだら、こうしろ、ああしろ」と口頭で指示しても、法律的には何の効果もありません。民法が定めた一定の方式を備えた遺言を行った場合にだけ、法律上の効果が与えられます。

財産を与える人（遺言をした人）を遺贈者といい、財産をもらう人を受遺者といいます。遺贈は遺贈者から受遺者への財産

遺言での「相続させる」と「遺贈する」との違い

	相続させる	遺贈する
相続人に対して	可	可
相続人以外の者に対して	不可	可
法人に対して	不可	可
遺留分侵害額請求の可能性	有	有
単独での登記申請	可	不可 ※1
登録免許税	4／1000	20／1000 ※2

※1 不動産登記法改正により相続人に対する遺贈の場合単独申請が可能になります。
※2 相続人に対する遺贈の場合4／1000になります。

の贈与ですが、人の死亡を原因として財産を取得する点では相続と同じですから、受遺者には贈与税ではなく相続税が課税されます。

■ 受遺者は遺贈者が自由に決める

受遺者は誰でもかまいません。遺贈者が自由に決めればよいのです。妻や子といった相続人はもちろん、相続権のない孫や兄弟、血縁関係のない第三者でもかまいません。会社など法人に対して遺贈をすることもできます。ただし、受遺者が被相続人よりも先に死亡していた場合や、事故などで被相続人と同時に死亡した場合は、その受遺者への遺贈は無効になり、受遺者の子にも代襲相続（34ページ）の権利は生じません。そして、遺贈される予定だった財産の扱いは、遺産分割協議で話し合われることになります。

また、遺贈をする際には、遺留分にも注意しなければなりません。遺留分を侵害した財産処分は、後日、遺留分侵害額請求権が行使される可能性があり、かえってトラブルが生ずる恐れがあります。

遺留分

兄弟姉妹を除く法定相続人に決められた法律上最低限相続できる割合のこと（民法1042条）。被相続人の財産により生活をするという相続人の期待を保護するために、法定相続分の2分の1（相続人が、父母などの直系尊属のみのときは3分の1）の財産は、兄弟姉妹以外の相続人が入手することが保障されている。

遺留分侵害額請求権

遺留分が侵害されたとわかったときに、遺贈や贈与を受けた相手方に、遺留分侵害額に相当する金銭の支払を請求すること（民法1046条）。遺留分侵害額請求をするかどうかは、各相続人にまかせられている。被相続人の意思を尊重したいと考える相続人は、遺留分侵害額請求権を行使しないことになる。

PART3
2

遺贈・遺言の法律知識

特定遺贈と包括遺贈

特定の物や額を与えるのが特定遺贈、割合で分割するのが包括遺贈

■ 遺贈には２種類ある

遺贈には以下のように特定遺贈と包括遺贈とがあり、遺言の内容によっては、遺産分割協議が必要になることがあります。

①　特定遺贈の場合

「不動産はＡに、株式はＢに」というように、遺産のうち特定の財産を与える遺贈のことを特定遺贈といいます。特定遺贈の遺言がある場合は、被相続人が死亡して相続が開始された時点で、指定されたとおりに財産が遺贈されたことになります。

遺言による指定により被相続人の財産がすべて相続人や第三者の手に渡れば、遺産分割協議は必要ありません。しかし、一部の財産に対する指定しかなければ、残りについては遺産分割協議が必要です。その際、特定遺贈がなされた分（遺贈額）は特別受益として扱われる点に注意しなければなりません。

②　包括遺贈の場合

遺産を割合で分割する方法を包括遺贈といいます。たとえば、「Ａに全財産の３分の１を遺贈する」「Ａに全財産の30％を遺贈する」というように、遺産に対する比率によって遺産分割の方法を指定する遺贈です。すべての遺産を１人に遺贈していれば、遺産分割協議は必要ありません。しかし、通常は指定された割合に従って、遺産の中の何をどのような形で取得するのかを、遺産分割協議をして決める必要があります。

包括遺贈で財産を取得する者を包括受遺者といいます。包括受遺者は相続人と同一の権利義務を持ちますから、相続人以外の包括受遺者も含めて遺産分割協議が行われます。包括受遺者

遺言が無効となる場合

方式違反に加えて、他人に脅されて遺言書を書いたなど、遺言が遺言者の意思によらない場合も遺言が無効になる。方式違反の例には、自筆証書遺言について、氏名の自書や押印がない、財産目録以外をワープロ書きしているなどがある。

特定遺贈と債務の負担

特定遺贈によって財産を取得する特定受遺者は包括遺贈とは異なり、遺言で指定された財産を取得する権利が発生するだけで、債務についてはとくに指示がない限り負担する義務はない。

遺贈の概要

内容	遺言による財産の一方的な贈与
受遺者	遺贈者が自由に決定可（受遺者との合意は不要）
受遺者の死亡	受遺者が被相続人よりも先に死亡 ➡ 遺贈は無効
遺贈の放棄	特定遺贈の場合、被相続人の死亡後ならいつ放棄しても可。包括遺贈の場合、受遺者となったことを知った時から3か月以内であれば放棄可

が参加しない遺産分割協議は無効です。さらに、包括受遺者は遺贈の比率分の借金も引き受けることになります。

■ 包括遺贈の放棄は3か月以内にする

包括受遺者は相続人と同一の権利義務を持ちますから、相続分という一定の割合を持つ相続人と立場上は同等です。このため、包括受遺者は財産だけでなく借金があった場合はそれも承継します。しかし、相続人が相続放棄できるのと同じように、包括遺贈も放棄することが可能です。

包括遺贈の放棄の手続は相続放棄と同じです。つまり、包括受遺者となったことを知った時から３か月以内に、家庭裁判所に放棄を申し出なければなりません。包括遺贈の対象である財産を処分したり隠匿すると、単純承認したとみなされ、放棄ができなくなります。これに対し、特定遺贈の場合は、被相続人の死亡後であれば、いつ放棄してもかまいません。遺贈の放棄は遺言者の死亡時点から効力を生じます。遺贈の放棄が認められた財産の扱いは、遺産分割協議で話し合われます。

遺言の種類

遺言は人の最終意思である

■ 遺言とは何か

相続といえば、民法が定める法定相続分の規定が原則と考えている人が多いようです。しかし、それは誤解です。遺言による相続分の指定がないときに限って、法定相続分の規定が適用されます。つまり民法では、あくまでも遺言者の意思を尊重するため、遺言に基づく相続を優先させています。

相続分の指定だけでなく、遺言で遺産の分割方法を指定することや、相続人としての資格を失わせること（相続廃除）もできます。この他、子を認知することや未成年後見人を指定することも、遺言でできる事柄です。

これらの事柄について書かれた遺言には、「法律上の遺言」として法律上の効果が認められます。しかし、「兄弟仲良く暮らすように」「自分の葬式は盛大にやってくれ」といった遺言を書いたとしても、法律上は何の効果もありません。法律上の効果が認められるのは、民法で定められた一定の事柄について書かれた遺言だけなのです。

法定相続分

民法で定められた相続分の割合のこと（民法900～901条）。被相続人が遺言により相続分の指定（指定相続分という）をしていない場合には、法定相続分に基づいて相続がなされる。

相続廃除

遺留分をもつ推定相続人が被相続人を虐待した場合や著しく侮辱した場合などに、被相続人の請求または遺言に基づいて家庭裁判所がその推定相続人の相続権を失わせること（民法892条）。

遺言における法律上の効果

法律上の効果が認められるとは、遺言に書いたとおりの効果が生じることを意味する。たとえば、Xが「Aを認知する」との遺言を書いていれば、そのとおりにXA間に親子関係が生じる。反対に、法律上の効果がないとは、遺言に書いたとおりの効果が生じないことを意味する。

■ 遺書にはどんな種類があるのか

遺言には、「普通方式」と「特別方式」がありますが、一般的には「普通方式」によることになります。普通方式の遺言は、自分でいつでも自由に作成できます。一方、特別方式の遺言は、「死期が迫った者が遺言をしたいが普通方式によっていたのでは間に合わない」といったケースで認められる遺言です。具体的には、死亡の危急に迫った者の遺言、伝染病隔離者の遺言、

遺言の種類

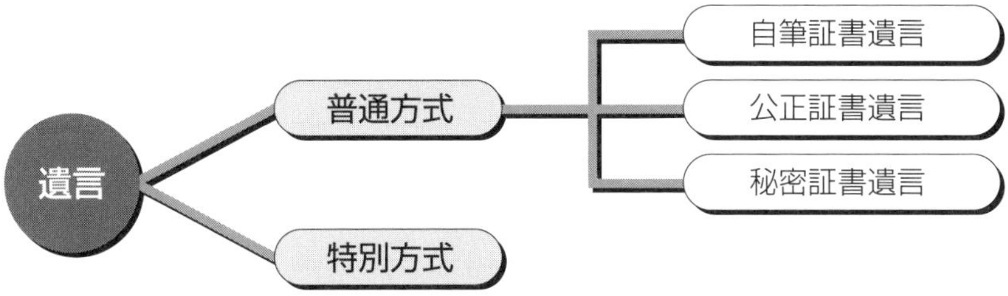

在船者の遺言、船舶遭難者の遺言があります。

普通方式の遺言にはさらに自筆証書遺言、公正証書遺言、秘密証書遺言の３つがあります。このうち秘密証書遺言とは、遺言状を封じ、その封書を公証人と証人の前に提出して公証人に一定の事項を書き入れてもらい、証人と遺言者が署名する形式の遺言ですが、実務上秘密証書遺言はほとんど利用されていません。そのため、遺言書を作成する場合には、自筆証書遺言か公正証書遺言によることになります。

①　自筆証書遺言

遺言者自身が、自筆で遺言の全文、日付、氏名を書き、押印したものです。他人の代筆やワープロで作成したものは無効です。ただし、遺言書に添付する財産目録については、署名押印を条件に自書は不要です。簡単で費用もかかりませんが、紛失や偽造・変造の危険がありますし、原則遺言書の検認が必要になります。

②　公正証書遺言

公証人が作成する遺言状です。証人２人の立ち会いの下で遺言者が口述した内容を公証人が筆記し、遺言者と証人が承認した上で、全員が署名押印して作成したものです。方式の不備を理由に無効になる可能性がほぼないのが長所です。

特別方式による遺言

危急時遺言などの特別方式による遺言には、遺言者本人の口述による遺言を認めるものや、本人が署名押印できない場合の特別規定もあり、方式が緩和されている。しかし、遺言の正確性を担保するため、証人の署名押印は必要とされている。

遺言書の検認

遺言書を見つけた場合、勝手に開封せずに、速やかに家庭裁判所に提出して、検認の申立てをする。遺言書の検認は、一種の証拠保全手続で、家庭裁判所が遺言の存在と内容を認定するための手続である。遺言書が遺言者の作成によるものであることを確認し、検認後の偽造や変造を防いで保存を確実にすることができる。

遺言の効力

法的な強制力を持つおもなものは10項目ある

■ 遺言できる内容は

遺言は法定相続分よりも優先されますが、その他にも以下の事項を遺言により行うことができます。

① 財産処分

遺留分を持つ相続人（遺留分権利者）がいる場合は、その者の遺留分を侵害すると遺留分侵害額請求をされる可能性がありますが、遺産を特定の相続人にすべて相続させたり、相続人以外の第三者にすべて遺贈したりという遺言は可能です。

② 相続廃除・相続廃除の取消し

相続廃除とは、被相続人の意思により、相続人になるはずの者（推定相続人）の相続権を失わせることです。いったん決まった相続廃除の取消しも可能です。遺言によって相続廃除やその取消しの請求を行うこともできます。

③ 認知

認知とは、非嫡出子との間に法律上の親子関係を創設することです。

④ 後見人・後見監督人の指定

子が未成年者の場合、被相続人が信頼している人を後見人や後見監督人に指定できます。これは遺言によって指定できますが、指定できるのは、最後に親権を行う人だけです。

⑤ 相続分の指定または指定の委託

遺言によって民法で決められた相続分の変更が可能（指定相続分）なのはもちろんのこと、相続分の変更の指定を第三者に委託することも可能です。ただし、①と同じく遺留分を侵害す

法定相続分

民法で定められた相続分の割合のこと。被相続人が遺言により相続分の指定（指定相続分という）をしていない場合には、法定相続分に基づいて相続がなされる。

遺留分を侵害する遺言

遺留分を侵害する遺言も有効であるが、遺留分権利者は遺留分侵害額請求権を行使することができる。

相続廃除

35ページ参照。

非嫡出子

婚姻届が提出されていない男女間に生まれた子のこと。内縁の夫婦間に生まれた子があてはまる。非嫡出子について、母との親子関係は分娩により当然に生じるが、父との親子関係は認知がなければ生じない。

遺言できる行為

①	財産処分	⑥	遺産分割方法の指定・その委託
②	推定相続人の廃除・取消	⑦	遺産分割の禁止
③	認知	⑧	相続人の担保責任の指定
④	後見人・後見監督人の指定	⑨	遺言執行者の指定・その委託
⑤	相続分の指定・その委託	⑩	遺留分侵害額請求権の行使方法の指定

※祭祀承継者の指定や信託（信託法３条２項）や財産の拠出（一般法人法158条２項）も可能です。

ると遺留分侵害額請求をされる可能性はあります。

祭祀承継者
家系図や仏壇やお墓などの財産を受け継ぐ者。

⑥　遺産分割方法の指定または指定の委託

遺産の分割方法について、あらかじめ遺言で指定をしておくこともできます。第三者への指定の委託も可能です。

⑦　遺産分割の禁止

遺産分割をめぐりトラブルになりそうな場合は、被相続人の死後５年以内に限って遺産分割を禁止することができます。

⑧ 相続人相互の担保責任の指定

相続人は、他の相続人に対して、お互いに公平な分配を行うために、その相続分に応じて担保責任を負います。この相続人の負う担保責任を遺言によって変更することができます。

担保責任
ある相続人の相続財産に数量不足や一部滅失などの問題があった場合に、他の相続人が相続分に応じて負う責任のこと。遺言によって担保責任の範囲を制限することや、担保責任を負わないことを定めることができる。

⑨　遺言執行者の指定、または指定の委託

遺言では、遺産の登記など手続きが必要となるため、遺言の内容を確実に実行するための遺言執行者の指定ができます。

⑩　遺留分侵害額請求権の行使方法の指定

贈与・遺贈が遺留分を侵害する場合は、遺留分権利者が遺留分侵害額請求権を行使することができますが、遺贈への行使方法（遺留分の負担の順序）を遺言によって指定することが可能です。

公正証書遺言の作成方法

証人２人の立会いが必要である

■ 公正証書遺言を作りたいときは

公正証書遺言は、遺言者が公証人に対して、直接遺言を口述して遺言書を作成してもらいます。公正証書遺言は、その原本が作成時から20年間または遺言者が100歳に達するまでのどちらか長い期間、公証役場で保管されます（実際は遺言者が120歳に達するまで保管する公証役場が多いとされています）。

公正証書遺言の作成は、まず証人２人以上の立会いの下で、遺言者が遺言の趣旨を公証人に口述します。遺言者に言語機能の障害がある場合は、通訳または筆談によって公証人に伝えます。公証人はその口述を筆記し、遺言者と証人に読み聞かせ、または閲覧させます。そして、遺言者と証人は、正確に筆記されていることを承認した上で、署名押印します。最後に、公証人が正しい方式に従ったものであることを付記して、署名押印します。遺言者が署名できないときは、公証人はその事実を付記して署名に代えることもできます。なお、公正証書遺言に押印する印鑑は、実印が一般的です。

この方式では、遺言者は遺言の趣旨を公証人に口述し、署名するだけです。しかも口述するのは遺言の趣旨だけでよいのです。細かいことを全部述べる必要はありませんし、文章になるように述べる必要もありません。

■ 公正証書遺言作成の準備について

公正証書遺言の作成を依頼するときは、遺産のリスト、不動産の所在・地番・家屋番号がわかる資料などを準備します。

公正証書遺言と秘密証書遺言の違い

ともに公証役場での手続が必要という点で共通するが、公正証書遺言の場合、立ち会った証人に遺言の内容を知られるのに対し、秘密証書遺言の場合、遺言の内容を秘密にできる点が大きな違いである。ただし、秘密証書遺言は遺言の内容を公証人が確認しないので、公正証書遺言に比べて遺言が無効となるリスクが高い。

公正証書作成の実際

一般的に公証人は、あらかじめ公正証書の下書きを用意しているので、作成当日にはこれを参考にして遺言書を作成する。
完成した公正証書遺言は、公証役場に保管されるが、遺言の正本１通は遺言者に渡される。遺言書を作成した公証役場で請求すれば、必要な通数の謄本をもらえる。

公正証書遺言を作成するための資料

遺言者本人を確認するための資料

- ①運転免許証と認印
- ②パスポートと認印
- ③住民基本台帳カード（写真つき）と認印
- ④マイナンバーカードと認印
- ⑤印鑑証明書と実印

①②③④⑤のいずれかを用意する（原則は⑤）

＋

公正証書遺言の作成に特有の資料

- ・遺言者と相続人との続柄がわかる戸籍謄本
- ・財産を相続人以外の人に遺贈する場合には、その人の住民票
- ・証人の確認資料
- ・遺産に不動産が含まれる場合には、登記事項証明書または固定資産評価証明など

遺言の作成を公証役場に依頼する時点では、証人の同行は不要です。証人の氏名と住所を伝えるだけで大丈夫です。証人は作成日に公証役場に行くだけですが、本人確認などのため、当日は住民票の写しと認印を持参しましょう。

準備する資料
公証役場により若干準備する資料等が異なることもあるので事前に公証役場に確認しておく方がよい。

■ 公正証書遺言作成の際に注意すること

公正証書遺言を作成する際は、嘱託先、証人、遺言内容、遺留分などに注意することが必要です。

①　どこの公証人に嘱託するのか

遺言者自身が公証役場に行き、公正証書遺言を作成してもらう場合は、どこの公証役場の公証人に嘱託してもかまいません。

ただ、遺言書の作成を思い立つときには、遺言者の体が自由にならないケースがよくあります。そのときは、自宅や病院まで公証人に出張してもらうことになります。このように出張してもらう場合は、公証人が所属する法務局の管内に管轄が限定されています。なお、出張してもらう場合は事前の打ち合せが必要ですし、出張分の費用もかかります。

内容をメモしておく
方式にとらわれない自由なメモでかまわないので、遺言者本人のメモ程度のものを残しておくべきである。
本人が公正証書と同じ意思を持っていたことが確認できるようなものであれば、それでかまわない。録音データをDVDに収録したものでもよい。

② 証人を用意しておく

公正証書遺言を作成するには、証人が２名立ち会わなければなりません。「証人」と聞くと、何か後で面倒なことが起きるような印象を受けますが、作成時にただ立ち会ってもらうだけです。証人は印鑑を持参します（認印でもよい）。証人は誰でもなれるわけではなく、未成年者、相続人になるであろう人（推定相続人）、推定相続人の配偶者・直系血族などは、証人になることができません。利害関係がなく思慮分別のある成人に、遺言の作成について証明してもらうためです。

③ 必要な書類を用意しておく

身分関係や財産関係を証明するための書類を事前に用意しておきましょう。

・本人性を証明する

遺言者本人であることを証明するために、実印と３か月以内に発行された「印鑑証明書」などを用意します。

・遺言の内容を明らかにする

遺言の内容には相続人や受遺者、財産が登場します。それらの存在を明らかにするための書類も、事前に用意しておかなければなりません。具体的には、相続人や受遺者の「戸籍謄本」や「住民票」を用意します。また、相続財産については、「財産目録」を作成しておきましょう。不動産については、登記事項証明書を法務局（登記所）で交付してもらっておきます。

④ 遺言すべき内容を決定する

遺言として法律上の効力を持つのは、法律上の身分関係や財産関係の事項に限られます。具体的には、誰にどの財産を（または財産をどのような割合で）相続させるか、遺贈するか、誰が遺言を実行するのか、といった内容です。

法律上の効力がある遺言の内容は限定されているので、不明な場合は弁護士などの専門家と事前に相談するとよいでしょう。

⑤ 「相続させる」「遺贈する」という記載

直系血族

父母や祖父母もしくは子や孫などの親子関係でつながっている血族のこと。

手数料算定のための資料も用意する

公証人に支払う手数料は、相続される財産の価値によって決まる。そのため、不動産などの固定資産評価証明書（市町村役場で交付を受ける）などを準備しておく。

住民票

正式には「住民票の写し」という。「住民票の写し」の持参を求められたときは、市町村役場などから交付を受けた「住民票の写し」の書面をそのまま持参しなければならない。

遺言すべき内容

「兄弟仲良くするように」といった倫理的な訓示は、法律上の効力を持たない。つまり、遺言の関係者を拘束する効力がない。
遺言をするに至った感情や事情は、直ちに法律上の効力を持たないが、不明確な遺言の内容を確定する上で意味を持つこともあるので、簡潔に記載しておくとよい。

遺言の証人になれない人

1. 未成年者
2. 推定相続人、受遺者、推定相続人や受遺者の配偶者や直系血族
3. 公証人の配偶者や４親等内の親族、公証人の書記や使用人

遺産を誰かに譲る場合、その誰かが相続人であれば、原則として「相続させる」と表現します。相続人以外であれば、相続させることができないので「遺贈する」と表現します。

たとえば、Ａさんが、遺言で「六甲の別荘を敷地・建物ともにＢに相続させる」と表現した場合には、これにより遺産の分割方法を指定したことになるので、遺産分割協議を経ることなく、六甲の別荘はそのままBのものとなります。

⑥　遺留分

兄弟姉妹以外の相続人には「遺留分」といって、最低限相続できる割合が法律で保障されています。ただ、遺留分を侵害する遺言がなされたとしても、遺言自体は有効です。遺留分を侵害された者は、「遺留分侵害額請求権」を行使して、侵害額に相当する金銭の支払いを請求できるからです。

もっとも、紛争の火種を残さないように、公証人とも相談して、遺留分に配慮した遺言をしておいた方が無難でしょう。

⑦　遺言執行者

公正証書遺言の中でも、相続財産を管理し、遺言の執行を行う「遺言執行者」を指定できます。遺言の執行をスムーズにするために、信頼できる人物や弁護士などの専門家を指定しておくと安心でしょう。

遺留分侵害額請求権

遺留分が侵害されたときに、遺贈や贈与を受けた相手方に、侵害された遺留分相当額の金銭の支払いを請求すること（民法1042条）。たとえば、被相続人の唯一の財産が第三者に遺贈されたとすると、遺留分権利者（兄弟姉妹以外の相続人）は、その第三者に対して金銭の支払いを請求することになる。
ただし、遺留分侵害額請求権を実際に行使するかどうかは、各遺留分権利者の意思にまかせられている。

遺言執行者の権限

遺言執行者が、遺言執行者であることを示して行った権限内の行為が、相続人に対して直接に法律上の効力が生じるなど、遺言執行者の権限が民法により規定されている。

PART3
6

遺贈・遺言の
法律知識

自筆証書遺言の要件の緩和

財産目録については署名押印を条件に自書でなくても認められている

■ 自筆証書遺言の要件

自筆証書遺言においてもっとも重要なのは、記載内容が遺言者の真意であるということを、どのように保証するのかという点です。そのため、厳格な方式の下での作成が要求されます。具体的には、自筆証書遺言は原則、全文・日付・氏名を自書（手書き）し、これに押印することによって作成することが要求されています。パソコンなどによる自筆証書遺言の作成は基本的な部分には認められておらず、自筆証書遺言の作成に際しては自書能力が必要になります。しかし、判読不能な部分は無効となることから、せっかく自書で遺言書を作成しても、その効力について争いが生じるケースも少なくありません。

とくに自筆証書遺言は死期が差し迫った状況で作成されることが多く、そうした中で全文自書を要求するのは厳しすぎることから比較的容易に自筆証書遺言を作成できるように、民法では一部について自署を要求していません。

遺言書において、ある財産を特定の人に相続させ、または遺贈するためには、その財産を特定することが必要です。たとえば、土地の場合には、可能であればその土地の所在、地番、地目、地積といった事項を登記事項証明書を参考にして記載し、特定した方が正確です。また、銀行預金の場合には、銀行名だけでなく、支店名、口座の種類（普通または当座）、口座番号、口座名義人などを記載して特定した方が正確です。ただし、その口座に入っている金額までは記載しなくてもかまいません。その金額は相続発生までに変動する可能性があるからです。

自書しなくてよい部分の注意点

1	財産目録を別紙として添付する場合は、自書でなくてもよく、パソコンなどで入力しても有効である
2	第三者の代筆や、登記事項証明書、通帳のコピーなどを添付してもよい
3	財産目録が複数ページに及ぶ場合や両面にある場合は、すべてのページに署名押印が必要である

これらをすべて自書することは非常に煩雑であることから、財産目録を別紙として添付する場合、その財産目録への署名押印を条件として自書を不要とし、他人による代筆やパソコンによる入力の他、登記事項証明書や通帳の写しを添付しても有効です。

つまり、自筆証書遺言を遺言事項と財産目録とに分けて、遺言事項（全文・日付・氏名）については、必ず自書を必要とし、財産目録（添付書類）については、必ずしも自書でなくても有効ということです。

ただし、自書によらない財産目録が複数ページに及ぶ場合は、すべてのページに署名押印が必要です。これは自書ではない部分について偽造や変造が容易になることを懸念しての措置です。

なお、自書によらない財産目録の内容を変更（追加・除除・訂正）する場合は、遺言者が変更場所を指示し、その内容を変更したことを付記し、これに署名押印しない限り、変更の効力は生じないとする規定が置かれています。

財産目録が両面に記載された場合

財産目録が1枚の書面の表裏の両方に記載（コピー）されている場合は、両方に署名押印が必要である。署名押印が片方だけのときは、形式的要件を満たさず、遺言が無効となるので注意が必要である。

注意すべき遺言書

日付は遺言書の絶対要件である

■ 遺言書の代筆は認められるのか

自筆証書遺言については、遺言者本人の自筆であることが絶対条件ですから、代筆は一切認められません。たとえ署名が遺言者本人によるもので、押印が実印であったとしても、他の箇所が他人の手によって書かれていれば、その遺言は無効となります。遺言者本人が委任したものだとしても無効です。

自筆証書遺言は、添付資料を含め、すべてを自筆しなければならないと考えておく必要があります。ただし、財産目録については全ページへの署名押印を条件に自筆は不要とされています。自筆による遺言であることが証明されなければ、その遺言は無効です。また、自筆かどうかが争われた場合は、作成時の状況、遺言内容の合法性、筆跡などを総合的に判断します。

介添えによる遺言

自筆で遺言を書く意思はあっても、病気のために文字がうまく書けず、他人に介添えをしてもらって書いた、といった場合は、介添えの程度によって、遺言が有効かどうか判断される。介添えがあくまでも遺言者が文字を書くためのものであり、しかも遺言の内容に介添人の意思が介入した形跡がない場合は、遺言が有効とされる。

■ 遺言書の文字が判読できないとき

遺言書が判読できない状態としては、遺言書の破損・摩滅により文字がうすれて物理的に読めない場合と、書き方が乱筆で文字自体が読みにくい場合の２つの状態が考えられます。

遺言書の文字が判読できない場合、それが遺言者の意思による破棄であれば、その破棄された部分については遺言が取り消されたとみなします。汚れなどの原因により判読不可能となっている場合は、その箇所は無効となります。

これに対し、遺言者以外の相続人や受遺者による意図的な破棄であるときは、その人は相続欠格（民法891条５号）とされ、遺産を受け取る権利を失いますが、破棄された部分は遺言とし

相続欠格

本来相続人となるはずだった者（推定相続人）に、故意に被相続人などを殺害したなどの、一定の欠格事由が生じた場合に、当然に相続人になる資格を失うこと（民法891条）。

遺言書を書くときの注意点

- 法律上の形式に従って書く
- 用紙は自由
- 筆記用具も自由
  自筆証書ではワープロ使用や代筆などは不可（財産目録を除く）
- 使用文字は漢字・ひらがな・カタカナ・ローマ字のすべてがOK
- 人名や動産・不動産など遺産の記載は正確に
- 相続人名簿と財産目録を作る
- 意思能力を立証できる資料を用意する

ての効力は失われずに有効のままとなります。

相続人が遺言書の文字を判読できないときや、遺言書が破棄されたとき、さらには「くせ字」で文字が判読困難であるときなどには、筆跡鑑定が必要になる場合も考えられます。

摩滅・汚損している文字については、科学的鑑定方法もあります。ただし、まったく判読できない遺言は、遺言者の意思表示が完成していないものとして無効とするしかありません。

もっとも、直ちに無効と結論づけることなく、作成時の状況や遺言者の真意から、可能な限り判読するよう相続人間で協議することが基本です。しかし、協議が調わなければ、家庭裁判所での調停・審判を試み、それでも結論が出ない場合は、訴訟を提起して裁判所に判断してもらうべきでしょう。

筆跡鑑定
筆跡から本人が書いたものかどうかを判断する作業のこと。訴訟で争いになった場合に裁判所によって筆跡鑑定人が選任されることもある。ただし、裁判所は筆跡鑑定を絶対視していない。
筆跡鑑定で争いが生じたときは、相続人間の協議により、一定の結論を出して妥協するケースもある。

■ 日付の記載がないときは

自筆証書遺言においては、遺言書の全文（財産目録は除く）を自書した上で、日付、氏名を自書して押印しなければなりませんが、その際に記入する日付は実際に存在する特定の日を表示する必要があります。遺言書に日付の記載が要求されるのは、遺言を作成した時点でその遺言者に遺言するだけの能力があったかどうかを判断するポイントにもなるからです。

遺言書に記載する日付は「令和○年○月○日」という具合に、明確な年月日を用います。元号でも西暦でもかまいませんし、漢数字でも算用数字でもかまいません。

なお、「令和○年○月吉日」のような書き方は、「吉日」という記載では日付を特定できないため無効とされます。「令和○年の誕生日」や「満60歳の誕生日」という書き方であれば、年月日を特定できるので有効です。日付は遺言の正当性を証明するための絶対要件ですから、令和○年○月○日ときちんと書くのが一番よいでしょう。

数字の表記

「二十三」でも「二三」でもよく、「十」「拾」「10」のいずれの書き方でも認められる。

■ 遺言の年月日が間違っているときは

原則として遺言に記載された年月日が遺言の月日ですが、明らかに月日が間違っているケースもあります。たとえば、「2月30日」というように暦に存在しない日付の表記です。

次に、たとえば明治7年などというように事実上あり得ない古い日が記載されている場合です。さらに、たとえば遺言者が手術中であったというように、その日に遺言者が遺言を書くということがありえない場合もあります。

遺言に年月日の記載が要求される一番大きな理由は、最終的な真意確認のためです。したがって、遺言に記載された内容や趣旨に照らし合わせて、日付が誤記であることが明白であり、特定の年月日の記載があると認められる場合には、その遺言は有効であると判断される可能性もあります。

最高裁の判例では、手術日に内容を書いておいて、後日、日付だけを遡らせて書いた遺言について有効であるとしたケースがありますが、もちろん正確な日付を記入する方がよいということは言うまでもありません。

遺言書が複数枚にわたるとき

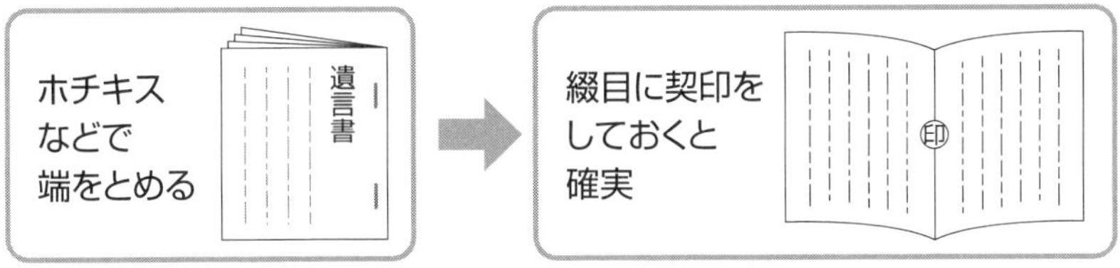

■ 遺言書が2通見つかったときはどうしたらよいのか

遺言書が数通ある場合であっても、それぞれの遺言書は有効です。たとえば、遺産分割における不動産の扱いについての遺言を書いて、その遺言書とは別にその他の財産の分割について書くというケースなどが考えられます。

法律的に正しく作成されている遺言書であれば、いずれの遺言書も有効です。ただし、相互に内容の矛盾がみられる場合、矛盾している部分については、新しい日付の遺言書が有効になります。

しかし、遺言書が２通見つかったが、その２通の作成日が同じであれば、時刻でも書かれていない限りどちらが新しい遺言書であるのかがわかりません。この場合、内容について矛盾する部分については、両方の遺言書が無効とされる可能性もあります。もっとも、遺言が無効となるのは矛盾する部分についてだけですから、当然に遺言全体が無効となるとは限りません。

さらに、１通は公正証書遺言でもう１通は自筆証書遺言という場合も考えられます。この場合も効力は作成日の前後によります。公正証書遺言だからといって、後から自筆証書遺言を作っても取り消せないということではありません。きちんと法律上の形式などを備えていれば、後から作成する遺言書がどんな方式であっても、前にした遺言を取り消すことができます。

遺言書が2通作成される場合

遺言書が2通作成される恐れがある場合には、本文記載のケース以外にも、それぞれ相続人別に遺言書を書く場合や、遺言者の気が変わって新しく書き直したが、前の遺言書を破棄していなかった場合などが考えられる。

PART3
8

法律上の形式に反する遺言の効力

遺言は必ず遺言者の意思によらなければならない

■ DVDやビデオテープなどに記録した遺言

本人が登場して遺言内容を述べた動画や音声は、遺言として認めてもよさそうです。しかし、これは遺言の法律上の形式を満たしませんので、DVDやビデオテープなどに動画や音声を記録した遺言は、法律上の効力をもつ遺言となりません。

ただ、本人の自発的意思による遺言であることがわかるように、病床での遺言作成の模様を録画してDVDなどに記録しておくということでしたら、後日のトラブルを予防する効果があるでしょう。また、遺言内容を述べた動画や音声をDVDなどに記録しておけば、第三者に遺言書が破棄されても、遺言書が存在したことや、その内容についての証拠になることもあります。

■ 障害のある人がする遺言について

公正証書遺言は、従来、遺言者から公証人への口述、公証人による読み聞かせが厳格に要求されていたため、障害者にとっては非常に不便な制度でした。そこで、平成11年の民法改正により、遺言者の聴覚・言語機能に障害がある場合には、手話通訳か筆談で公証人に伝えること、公証人による内容の確認は通訳か閲覧の方法ですることが認められるようになりました。

また、点字機による自筆証書遺言は認められませんが、秘密証書遺言の場合は、点字機によることもできます。ただし、内容を点字で記載する場合でも封紙への署名は必要です。これに対し、全盲の遺言者であっても、普通の文字で自筆証書遺言を書くことができれば有効です。

動画や音声による遺言

遺言の内容は最終的に書面にしなければならないので、書面でない遺言は法律上の形式（方式）を満たさず無効となる。自筆証書遺言の場合は、氏名の自書などの法律上の形式を満たさないことになる。

無理に書かされた遺言

遺言は遺言者の真意によることが必要なので、真意でなかった場合（強迫・詐欺により書かれた遺言など）は無効である。
そして、無理に書かせた者が相続人・受贈者である場合には、書かせた者は相続欠格者となり、相続や遺贈を受ける権利を失う。
遺言者が気を失っていたり病気のため、判断能力や手を動かす能力がないのに、手を取って無理に書かせた遺言は、本人が書いたとは言えないので無効となる。書かせた者は遺言の偽造者として相続欠格者になる。ただ、現実的には無理に書かされたことの立証は非常に困難である。

法律上の形式に反する遺言

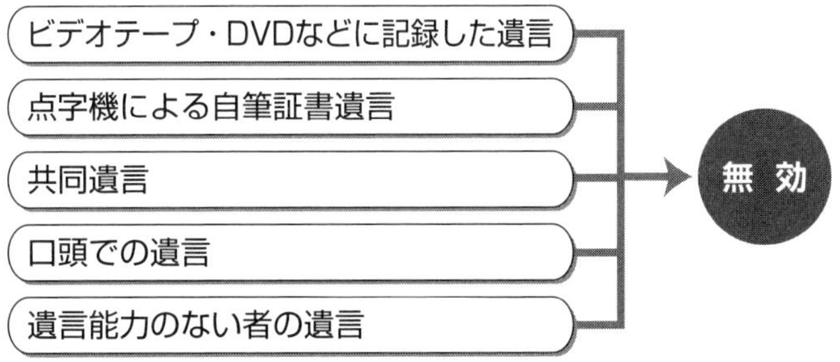

■ 共同遺言は認められるか

共同遺言とは、２人以上の者が、１つの遺言書によって遺言をすることです。共同遺言は禁止されていますので（民法975条）、夫婦がお互いの自由意思に基づいているとしても、２人で１つの遺言書によって遺言することはできません。

そもそも遺言というものは、遺言をする本人の真意が大切です。ましてや夫婦でない者同士が共同遺言をするというのは、弊害が大きいでしょう。

財産をどのように処分するかについて、夫婦で相談をして決めるのは自由ですが、遺言書は別々に書く必要があります。別々に書くのであれば同じ日に作成してもかまいません。

最高裁の判例では、夫婦が共同名義で作成した遺言書で、妻がその作成に何ら関与しておらず、その内容も妻の財産には一切触れていないものについて、夫だけの遺言とみなされたケースがあります。ただし、どの程度の内容であれば共同遺言でなく、単独の遺言とされるかは明確でありません。

共同遺言の弊害

２人以上が同じ遺言書に遺言をしてしまうと、どの部分が誰の遺言であるのかを特定することが困難になる。そうすると、遺言者の死後に、遺言の内容をめぐってトラブルが生じかねない。

■ 口頭による遺言の効力は

遺言が有効に成立するためには、民法が定めた方式（法律上の形式）に従って作成する必要があります。単に遺言者が口頭で述べただけのものは、有効な遺言ではありません。

ただ、遺言者が口頭で述べて成立する遺言もあります。たとえば、公正証書遺言は、遺言者が署名できないときは、公証人がそのことを付記することで有効に成立します。また、特別方式による遺言には、遺言者の口述を認めるものもありますし、署名押印ができない場合の特別規定もあります（証人や立会人の署名押印は必要です）。民法が定めた方式に従って作成されれば、その遺言は原則として有効となります。

最終的には書面にする

公正証書遺言は、遺言者の口述を公証人が書面にすることで成立する。特別方式による遺言のうち遺言者の口述を認める方式でも、証人が書面にしなければならない。最終的には書面化が必要で、遺言者の口頭だけでは遺言は有効にならない。

■ 遺言書の改ざん

遺言書を訂正することができるのは、遺言者本人だけです。

遺言者以外の人が遺言書を改ざんしたとしても、その改ざんした部分は無効です。そのため、遺言書が改ざんされても、もとの遺言書自体は有効で、改ざんされていないものとして扱われます。改ざんは遺言者の意思ではないわけですから、遺言が取り消されることはありません。

相続人が被相続人の遺言を改ざんした場合、相続人は相続の開始時点に遡って相続人の資格を失います。

遺言者本人による訂正であっても、訂正前後の筆跡が違って見えるようであれば、改ざんしたと疑われる可能性もありますので、なるべく訂正はしない方がよいでしょう。さらに遺言書の保管には、細心の注意を払う必要があります。

遺言書の改ざん

遺言書を改ざんするのは、遺言書の変造または偽造にあたる。これを相続人が行うと相続欠格者となるので、相続人の資格を失う。

偽造はゼロからウソの物を作り出すこと、変造は既存の物を加工してウソの物に作り変えることである。

■ 遺言書に押す印鑑は実印がよい

遺言書の押印は、実印を使用しなければならないという制限はありませんし、拇印でもよいと考えられています。ただ、被相続人本人の指で押印したかどうかの判読が難しく、トラブルになりやすいため、できれば実印を押しておくべきでしょう。

遺言者の死後、遺言書に押印がないのを知った者が印鑑を押

拇　印

印鑑の代わりに親指の腹部に朱肉などをつけて、押すこと。

実　印

市区町村への印鑑登録により印鑑証明書の交付を受けることができる印鑑。

遺言書の訂正・改ざん

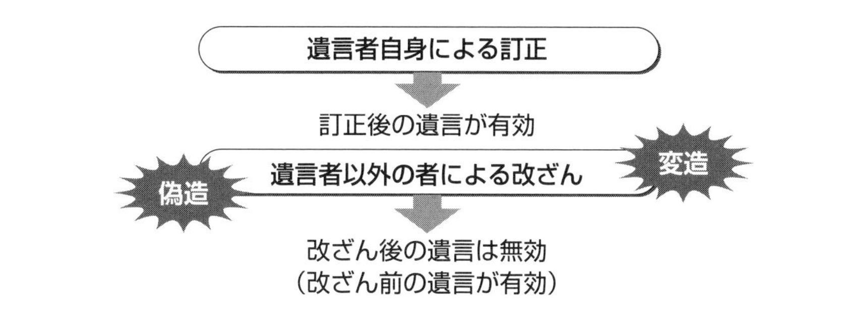

すと、遺言書を改ざんしたと扱われるとともに、印鑑を押したのが相続人の場合は相続欠格者になりかねません。遺言書にきちんと押印がなされているかどうか確認しておきましょう。

■ 署名だけで印が押されていなかったときは

公正証書遺言については、法律のプロである公証人が作成に関与しますので、遺言者の署名があって押印がない、ということは通常考えられないといえるでしょう。しかし、自筆証書遺言などについては、署名をしても押印を忘れるといったケースも十分にありえます。作成した遺言書には押印が必要不可欠ですから、押印のない遺言は無効になってしまいます。

なお、押印の種類には、その使用する印鑑によって、実印、認印などいくつかありますが、法律上は使用する印鑑についてとくに指定はありません。しかし、遺言者の意思を正しく伝えるためにも、前述のとおり、遺言書に使用する印鑑は実印を使うようにすべきです。

その他、サインのような手書きのものは、たとえ外国人が遺言を作成するときでも、押印としては原則認められません。

不正行為を行った場合

遺言書を発見した相続人が、自分に有利になるように、遺言書の削除、書き換え、隠ぺいなどの不正行為をした場合は、相続欠格者となるので、相続人の資格を失う（34ページ）。一方、遺言書を提出しなかったり、検認以前に勝手に遺言を執行したり、検認を受けずに開封していた場合は、相続欠格者とはならないが、５万円以下の過料に処せられる。

外国人も押印が必要となるか

最高裁の判例には、外国人である遺言者の押印を欠く自筆遺言証書を有効としたケースがある。しかし、これは日本語をほとんど話さず、日本人との交流もほぼない外国人のケースなので、一般化することはできない。外国人も遺言書には押印をしておくのがよい。

PART3
9

遺言書の検認と遺言保管制度

遺贈・遺言の法律知識

封印された遺言書は、家庭裁判所で相続人など立会いの下で開封するのが原則

■ 遺言書を勝手に開封できるか

被相続人が死亡したときは、まず遺言書の有無を確認します。遺言書を見つけたとして、封印がしてある場合は勝手に開封しないで、家庭裁判所で相続人またはその代理人の立会いの下で開封しなければなりません。この場合、遠隔地その他の事情でその全員または一部が立会いに出席できないとしても、開封の手続きを行うことができます。

なお、封印されている遺言書を勝手に開封した場合であっても、遺言書の内容が無効になるわけではありません。遺言書の開封前の状況が不明確になる恐れがあるだけです。ただ、遺言書を勝手に開封した場合は5万円以下の過料に処せられます。

遺言書の有無の確認について

遺言書について、被相続人から相続人が何も聞かされていない場合であっても、弁護士や司法書士などに託されている可能性もあるため注意が必要である。

■ 家庭裁判所による遺言書の検認

遺言書の検認とは、家庭裁判所が遺言の存在と内容を認定するための手続きのことで、一種の証拠保全手続きです。検認手続きは遺言の有効性を左右するものではありません。検認手続きは相続人に対し遺言の存在及びその内容を知らせるとともに検認の日における遺言書の状態（内容等含む）を明確にして、検認後の偽造や変造を防ぎ、遺言書の保存を確実にすることができます。また、検認は、自筆証書遺言などの場合において、民法が定める方式に従っているか否かを判断する上で、必要な事実を調査するという役割も果たします。

偽造や変造が行われる恐れがない公正証書遺言と呼ばれる方式に基づいて遺言書を作成している場合や自筆証書遺言保管制

遺言の確認

危急時遺言（死亡危急者や船舶遭難者の遺言）に関しては、遺言の確認という手続が必要になる。これは検認とは異なり、遺言書が遺言者の作成によるものかを判断するだけでなく、遺言者の真意に基づき行われたものであるのかまで判断するのが特徴である。
なお、遺言の確認を受けた遺言書についても、被相続人の死亡後は、遺言書の検認の手続きが必要である点に注意を要する。

遺言書の検認

遺言の種類	検認手続きの要否
自筆証書遺言	必　要 ※
秘密証書遺言	必　要
公正証書遺言	不　要

※法務局に保管された自筆証書遺言については検認手続き不要。

度を利用した場合を除き、すべての遺言書について検認手続きを経る必要があります。

遺言書の保管者、または遺言書を発見した相続人は、遺言書の検認を請求しなければなりません。保管者や相続人が、遺言書の提出を怠り、検認の手続きを経ずに遺言を執行したときは、５万円以下の過料に処せられます。また、遺言書の提出を怠ったことや、検認の手続きを遅滞したことにより、相続人や利害関係人が不測の損害を受けた場合は、損害賠償責任が生じることもあります。

■ 遺言書の検認の手続きの流れ

遺言書の検認手続きは、遺言者の最後の住所地を管轄する家庭裁判所に、遺言書の検認を請求することから始まります。

検認を請求するときは、家庭裁判所備え付けの申立書に遺言者の出生から死亡までの戸籍などを添付して提出します。請求を受けた家庭裁判所は、相続人に対して検認の期日を通知します。検認を行う当日は相続人やその代理人の立会いが求められますが、これは立会いの機会を与えるためであって、検認の要件とはされていません。検認を受けるためには、次の３つの条件を満たしていなければなりません。

①　申立人は、遺言書の発見者か保管者であること

検認手続きの必要書類

①遺言者の出生時から死亡時までの戸籍（除籍、改製原戸籍）謄本、②相続人全員の戸籍謄本、③遺言者の子（代襲相続人を含む）で死亡している者の出生時から死亡時までの戸籍（除籍、改製原戸籍）謄本、の3つが最低限必要である（③は該当者がいなければ不要）。その他、相続人が誰になるかによって必要書類が変わるので、事前に必要書類を確認して準備することが必要である。

② 申立てに必要な「申立人の戸籍謄本」「遺言者の除籍謄本」「相続人全員の戸籍謄本」「受遺者の戸籍謄本」などの書類と印鑑が用意されていること

③ 申立てが相続開始後遅滞なく行われたものであること

通知された検認を行う当日に、発見者や保管者が遺言書を持参します。そして、相続人、代理人、利害関係者の立ち会いの下で遺言の内容が確認されると、検認調書が作成されます。

検認が済んでいない遺言書

検認の手続きが済んでいない遺言書（公正証書遺言や自筆証書遺言保管制度を利用した場合を除く）では、相続登記や預貯金の名義変更などの手続きが行えない。

家庭裁判所での検認手続きが終了すれば、検認済証明書の交付を申請します。相続登記などの相続財産の名義変更を申請する際には、遺言書に検認済証明書を添付する必要がありますので、必ず交付を申請するようにしましょう。

検認手続きを経ても、遺言書自体の正当性が判断されるわけではないので、遺言書の内容に不服がある場合は、裁判で争うこともできます。また、遺言書を発見した相続人が、自分に有利になるように削除したり書き換えた（改ざんした）場合や、隠ぺいなどの不正行為を行った場合は、相続欠格に該当するため、相続人としての資格を失います。

■ 自筆証書遺言保管制度

自筆証書遺言保管制度

令和２年７月10日から制度が開始された。

自筆証書遺言の場合、検認手続きが必要であるという負担が大きい他、公正証書遺言のように遺言書を保管する制度がないため、紛失や偽造・変造の恐れが高いことが問題とされていました。また、相続人が遺言書の存在を把握しないまま遺産分割協議が成立し、後に遺言書が発見されたことでトラブルになるケースもあります。

これらを改善し、自筆証書遺言の利用を促進するため、自筆証書遺言を保管する制度が作られました。それを自筆証書遺言保管制度といい、自筆証書遺言の原本を法務局で保管する制度です。具体的な手続きは以下のようになります。

① 遺言者による遺言書の保管など

自筆証書遺言保管制度

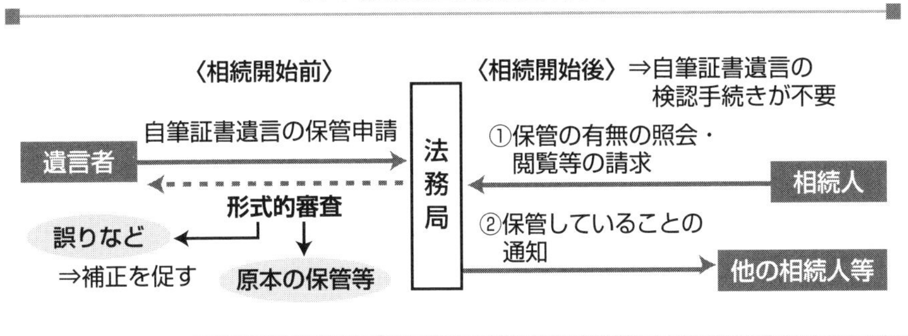

遺言者は、遺言者の住所地か本籍地または遺言者が所有する不動産の所在地を管轄する法務局に、自筆証書遺言の原本を封をしていない状態で持参し、保管申請をします。

申請を受けた遺言書保管官（法務局の担当官）は、遺言書の形式的審査を行い、誤りがあれば補正を促し、誤りがなければ原本を保管するとともに画像データ化して保存します。遺言者はいつでも保管された遺言書の閲覧と返還を請求できます。

形式的審査
申請書などが法定の形式を具備するか審査すること。

②　相続開始後の相続人等による手続き

相続が開始されると、相続人等（相続人、受遺者、遺言執行者など）は、法務局に対し、遺言書が保管されている法務局の名称等を証明する書面の交付請求ができます（これにより遺言書の保管の有無を照会することになります）。さらに、相続人等は、保管されている遺言書の閲覧と、遺言書の画像データ等の証明書の交付請求ができます。

原本の交付請求は不可
相続人等は、法務局に保管されている遺言書の原本の閲覧は請求できるが、原本それ自体の交付請求はできない。

法務局は、相続人等に対し遺言書の閲覧をさせたり画像データ等の証明書を交付した場合や、第三者請求により遺言書の閲覧をさせた場合は、他の相続人等に対し遺言書を保管していることを通知することになります。

なお、自筆証書遺言保管制度を利用した自筆証書遺言は、家庭裁判所による遺言書の検認手続きが不要になります。

遺言の撤回

遺言は遺言者だけが撤回できる

■ 遺言を撤回したいとき

遺言の撤回は遺言によって行います。ただ、日付の新しい遺言は古い遺言に優先しますから、この場合は撤回するという遺言をする必要がありません。その他、遺言者が遺言書を破棄すると、遺言を撤回したことになります。書面が偶然に破れた場合や、他人が破った場合は、ここにいう破棄にはあたらず、遺言があったことを証明できれば、遺言は有効なままです。

遺言が撤回となる場合は、次の３つに分かれます。

①　前の遺言と後の遺言とが矛盾するとき

前の遺言と異なる内容の遺言書を作れば、後の遺言が優先しますから、前の遺言は撤回したとみなされます。

②　遺言と遺言後の行為が矛盾する場合

別の遺言書を書かなくても、前の遺言の対象になっている目的物を売ってしまえば、遺言を撤回したとみなされます。遺言者が故意に遺贈の目的物を破棄したときも同じです。

③　遺言者が故意に遺言書を破棄したとき

遺言者が遺言書を故意に破棄すれば、破棄した部分について遺言を撤回したとみなされます。

遺言の撤回をさらに撤回することは、原則としてできません。たとえば、遺言の目的物を売ってしまった結果として、遺言が撤回された場合（上記②の場合）において、その後、その売買契約が取り消されたとしても、一度撤回された遺言の効力は回復しません。

例外的に遺言の効力が回復するケース

本文記載のとおり、売買契約が取り消されたとしても、一度取り消された遺言の効力は回復しないのが原則である。しかし、その売買契約が詐欺や強迫を原因として取り消された場合は、例外的に遺言が取り消されなかったものとして扱われる。

遺言内容の変更

遺言書の種類	目　的	方　法
自筆証書遺言	加入・削除・訂正	遺言書に直接書き込んで変更
	取消	●遺言書の破棄 ●遺言内容を取り消す遺言書を作成
公正証書遺言	加入・削除・訂正	遺言内容を変更する遺言書を作成
	取消	遺言内容を取り消す遺言書を作成
秘密証書遺言	加入・削除・訂正	遺言内容を変更する遺言書を作成
	取消	遺言書の破棄

■ 遺産分割後に見つかった遺言書

遺産分割後に遺言書が見つかったときは、原則として分割無効になります。また、相続人が遺言書を隠匿していた場合は、相続欠格による相続人の変化が生じ、これによる分割無効の問題も生じます。以下、いくつか特殊な場合を考えてみます。

① 認知の遺言

遺産分割後であれば分割無効とならず、認知された子から相続分相当の価額賠償が請求されるのが原則です（23ページ）。

② 相続廃除またはその取消しの遺言

家庭裁判所の審判確定により、遺産分割に加わる相続人が変わるわけですから、分割無効になります。

③ 単独包括遺贈の遺言

受贈者の単独取得となりますから、分割無効になります。以後は分割の対象がなくなり、再分割の必要はありません。

④ 特定遺贈の遺言

遺贈の対象となった財産は分割の対象外となりますから、その限度で分割無効になります。また、分割全体に影響が及べば、分割の全体が無効となります。

相続欠格

本来相続人となるはずだった者（推定相続人）に、本文記載の遺言書の隠匿など、一定の欠格事由が生じた場合に当然に相続人になる資格を失うこと（民法891条）。

単独包括遺贈

遺産の全部または何分の１という割合を遺贈する方法を包括遺贈という。単独包括遺贈は遺産の全部を１人に遺贈することである。
ただし、単独包括遺贈は遺留分侵害の問題を生じさせ、受贈者が遺留分侵害額請求権の行使を受ける場合がある（39ページ）。

特定遺贈

遺産のうち特定の物や特定の額を与える遺贈のこと。

Column

遺言執行者

遺言執行者は、遺言の内容を実現するため、遺言の執行に必要な一切の行為をする権利義務を有する人のことで、相続財産の管理や処分などに関する権限を持っています。遺言執行者は、遺言によってのみ指定することができます。相続人や法人も遺言執行者になる資格がありますし、２人以上を遺言執行者として指定することも可能です。また、遺言執行者がその権限内で遺言執行者であることを示してした行為は、相続人に対して直接にその効力が生じると民法に明記されています。

遺言執行者は、遺言内容の執行に向けて任務を開始したら、できるだけ早く、相続人に遺言の内容を通知しなければなりません。遺言執行者がいる場合、相続人には遺言の執行権がなく、遺言内容を執行しても原則無効になります。また、遺言執行者が任務を怠った場合、家庭裁判所は、遺言執行者を解任することができます。一方、遺言執行者が自ら辞任する場合は、家庭裁判所の許可が必要です。遺言執行者の報酬は、遺言で定めておくべきですが、報酬の定めがない場合は家庭裁判所が定めます。

遺言において、①非嫡出子の認知、②相続人の廃除とその取消を行う場合には、必ず遺言執行者を指定しなければなりません。①については届出の手続きを行うこと、②については家庭裁判所への申立てを行うことができるのは、遺言執行者に限定されるからです。

①または②の遺言があるのに、遺言執行者が指定されていなければ、利害関係人（相続人など）が、家庭裁判所に遺言執行者の選任を申し立てます。その他、遺言執行者に指定された者が、遺言執行者になるのを拒否した場合も、同じく家庭裁判所に遺言執行者の選任を申し立てることができます。

PART 4

遺産分割のしくみ

PART4
1

相続開始から遺産分割までの流れ

遺産分割のしくみ

相続開始から10か月以内がひとつの目安

■ 遺産分割は相続人全員で行う

遺産が可分債権（預貯金は除く）である場合は、遺産分割手続きを経ることなく当然に相続分に応じて分割されます（ただし、相続人全員の同意があれば、遺産分割の対象とすることは可能）。しかし、遺産が可分債権だけの場合はほぼありません。通常は遺産に不動産、動産、現金、預貯金など、そのままでは分けられないものが含まれています。また、営業用財産などのように、機械的に分割してしまうと価値がなくなってしまう場合もあります。このような場合に、遺産分割の手続きを行えば、特定の相続人がその不動産や動産などを所有することにすると決めることができます。

相続人が１人しかいない場合を除けば、どのような財産が残されていて、それをどのように分割し、誰がどの財産を相続するのかを、相続人が全員参加する遺産分割協議で話し合う必要があります。公平に遺産分割をするため、一部の相続人しか参加していない遺産分割協議は無効とされ、再度協議をし直さなければならなくなりますので注意が必要です。遺産分割協議をする際は、戸籍謄本などで法定相続人をしっかりと確認しておきましょう。

可分債権
分けてもその性質や価値を損なわない債権のこと。典型例は金銭債権。

遺産分割協議成立のために必要なこと
遺産分割協議には代襲相続人、包括受遺者、認知された子も出席する必要があり、全員出席してはじめて協議が成立する。

■ 遺産分割協議自体に期限はない

相続放棄は３か月以内、相続税の申告は10か月以内と相続手続きの中には期限が設けられているものがありますが、遺産分割協議自体には、期間制限はありません。ただし、法改正により遺産分割の中で特別受益や寄与分の主張ができる期限が定め

相続の承認または放棄の期間伸長の申立て

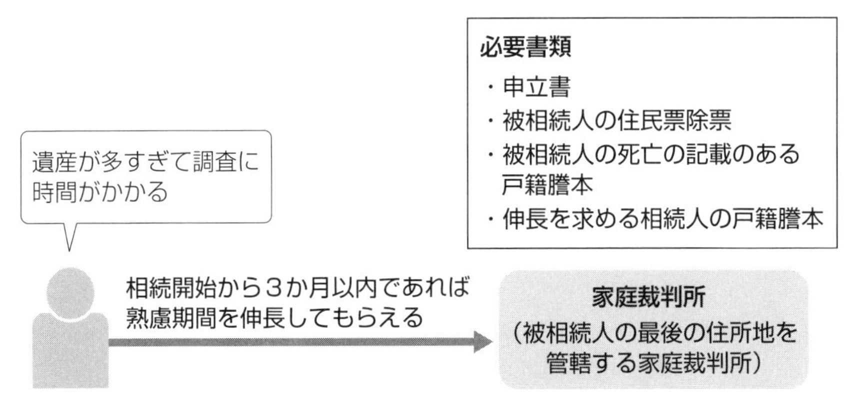

相続のスケジュール

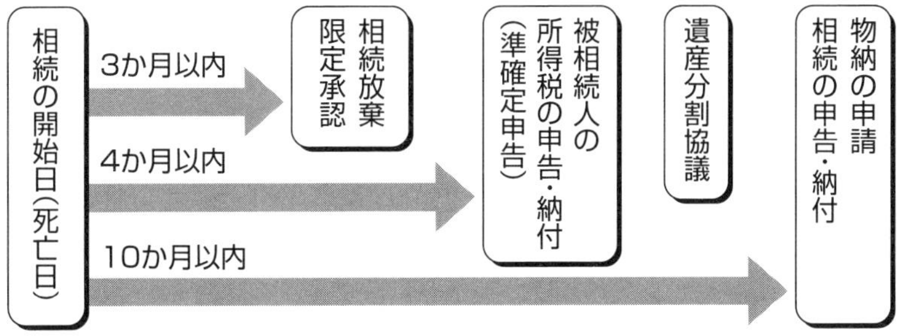

られる予定です。

また、配偶者の税額軽減や居住用宅地の特例といった相続税の優遇措置を受けるには、被相続人の死亡を知った日の翌日から10か月以内に遺産分割協議を成立させておく必要があります。

どうしても10か月以内に遺産分割協議がまとまらない場合は、法定相続分で相続した形で税申告をし、その際に分割見込書を添付しておく方法もあります。こうしておけば、３年以内に遺産分割協議がまとまれば、還付申告をすることもできますが、結局のところ二度手間となってしまいます。そのため、遺産分割協議は10か月以内をひとつの目安としてタイムスケジュールを立てておくとよいでしょう。

なお、生前、確定申告していた人、あるいは確定申告をする必要があった人が死亡した場合、相続税の申告の他に、相続人は共同で死亡した人の所得の確定申告をしなければなりません。これを準確定申告といいます。申告期限および納付期限は、相続の開始があったことを知った日の翌日から4か月以内です。

準確定申告の手続き

1月1日から死亡した日までに確定した所得金額及び税額を算定し、申告・納付する。

■ 相続財産の調査は3か月以内に終わらせたい

遺産分割に先立ち、相続人の調査と相続財産の調査が必要となります。相続財産には、不動産や預貯金といったプラスの財産だけでなく、借金や連帯保証債務などのマイナスの財産も含まれるため、遺産の総額によっては、相続をしてしまうと相続人にとって不利益になることもあります。そこで、民法では、相続をするかどうかは相続人の自由な判断に任せ、自分が相続人となったことを知ったときから3か月以内であれば、家庭裁判所の手続きを利用することで相続を放棄したり、条件付きで相続をすること（限定承認）ができるとしています。

連帯保証債務

保証人が債務者と連帯して負う債務のこと。

この3か月という期間は「熟慮期間」とよばれ、熟慮期間内に相続放棄や限定承認の手続きがとられない場合は、相続を承認したものとみなされます。そのため、相続財産の調査は遅くとも、相続開始から3か月以内に終わらせておくのがよいでしょう。ただ、被相続人が事業をしていた場合や、被相続人と疎遠であった場合などは、3か月という限られた時間で遺産を調査するのは難しい場合もあります。そのような事情がある場合は、3か月が経過する前に、家庭裁判所に「相続の承認又は放棄の期間の伸長の申立て」をしておけば、3か月の熟慮期間を伸長してもらえる可能性があります。

遺言検索システム

相続の開始　相続人や相続財産の調査の他に、『遺言書の有無の確認』が必要

平成元年以降の公正証書遺言の有無の確認のために…

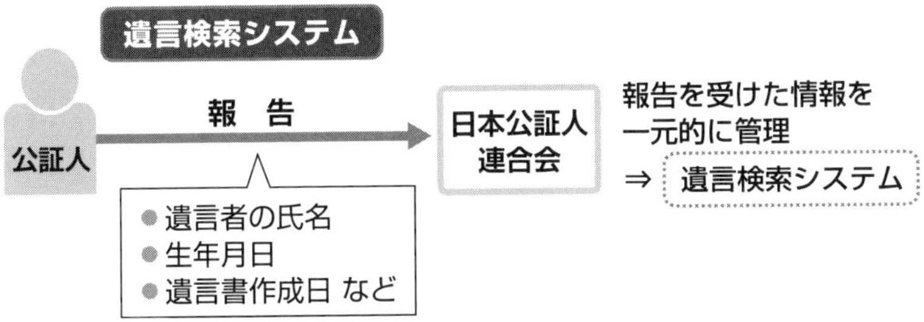

★ 全国どの公証役場でも必要書類を提出すれば遺言書の検索・照会を行ってもらうことが可能

⇒ 利用にあたり費用は無料。
遺言書の謄本を複写するには１ページにつき250円の費用がかかる

■ 遺言書の有無の確認も忘れずに行いたい

相続では、遺言が優先されますので、相続が開始すれば、相続人や相続財産の調査と並行して、遺言書の有無の確認も忘れずに行うようにしましょう。遺言書ですが、公正証書で作成されたものであれば、「遺言検索システム」を利用して遺言書の有無を調べることができます。

平成元年以降に公正証書遺言が作成された場合、公証人は遺言者の氏名、生年月日、遺言書作成日等を日本公証人連合会に報告し、連合会ではこれらの情報をデーター化して一元的に管理しています。この管理システムが遺言検索システムで、全国どの公証役場でも必要書類を提出すれば遺言書の検索・照会を行ってもらうことができます。費用は無料ですが、遺言書の謄本を複写するには１ページにつき250円の費用がかかります。

自筆証書遺言について

2020年７月10日に始まった法務局での保管制度前に作成された自筆証書遺言については、被相続人の自宅や貸金庫などを調査するしか方法がない。なお、自筆証書遺言が見つかった場合は、勝手に開封せず、必ず家庭裁判所で検認手続きを行うこと。

遺産の範囲

遺産分割の対象となる遺産の範囲が問題になることもある

■ 相続の対象となる財産とならない財産

相続開始時に、被相続人が所有していたすべての財産が相続の対象になりますが、年金受給権や自動車の運転免許証、医師や弁護士などの職業資格といった特定の個人のみに属する資格や権利（一身専属権）は、相続の対象とはなりません。また、お墓や墓地、位牌などの祭祀財産も相続財産から除外され、祭祀主宰者に承継されることになります。

■ 生命保険金は相続財産に含まれるか

保険金の受取人として誰が指定されているかにより異なります。契約者である被相続人が被保険者でかつ受取人に指定されている場合は、被相続人は自己のために生命保険契約を締結したものと考えられますので、保険金請求権は相続財産に含まれることになり、遺産分割の対象となります。

一方、保険金受取人として特定の相続人が指定されている場合は、指定された相続人の固有の請求権となりますので、相続財産には含まれません。

また、受取人として単に「相続人」とだけ指定されている場合にも、相続人固有の請求権と考えられ、相続財産とはなりません。この場合、生命保険の約款に相続人間で均等の額で配分する旨の記載があれば均等額で、そのような記載がない場合は法定相続分に応じた保険金を各相続人が受け取ることになります。なお、受取人固有の財産とされる場合であっても税法上、生命保険金や死亡退職金は、その金額が「500万円×法定相続

「特別受益」として取り扱う場合

特定の相続人が受け取る保険金の額が著しく高額で、他の相続人との間に看過できないほどの不公平が生じる場合は、受け取った保険金を「特別受益」として取り扱う場合がある。

相続税の課税対象となる財産

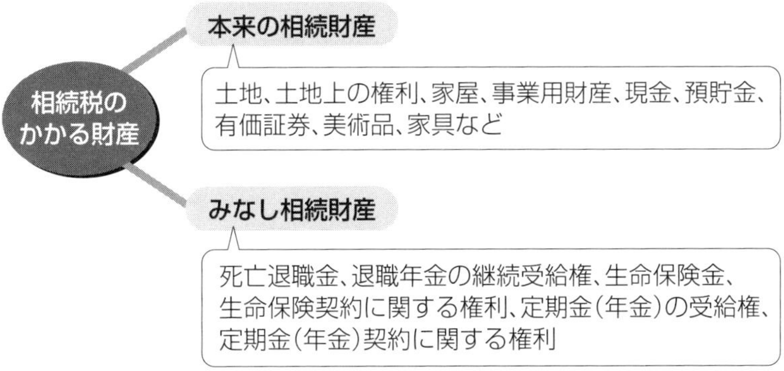

人の数」を超える場合には、みなし相続財産として相続税が課税されるので注意が必要です。

■ 死亡退職金は相続財産となるか

死亡退職金とは、被相続人が在職中に死亡した場合に支給される被相続人の退職金です。退職金は給料とは異なり、必ずもらえる性質のものではありません。退職金請求権が権利となるためには、退職金の支払について、就業規則、退職金規程その他の会社の規程か、雇用契約において定められていなければなりません。

死亡退職金が支給される場合、支給された退職金が相続財産となるかどうかは、就業規則や退職金規程などによって受取人の指定があるか否かで異なります。会社の就業規則等で受取人が定められていない場合は、退職金の請求権は被相続人本人が取得し、その請求権を相続人が相続財産として引き継ぐことになります。一方、受取人の指定がある場合には、相続財産には含まれず、指定された者が固有の権利として請求できます。

香典や慰労金はどうなる？

香典や弔慰金は相続財産には含まれず、葬式費用に充てた後、なお余りがあれば喪主が自分の裁量によってその使い方を決定してもよい。なお、弔慰金の名目で贈られた金銭が死亡時の賃金や勤続年数を基準に定められた金額である場合には、実質的には死亡退職金と考えられるので、これと同様の扱いをすることになる。

遺産の範囲に争いがある場合

遺産の範囲に争いがある場合は訴訟になることもある

■ 特定の相続人しか遺産を把握していない場合

相続が発生しても、特定の相続人だけが遺産を把握しており、他の相続人が遺産内容を把握できない場合があります。相続税の共同申告を行えば、遺産内容を把握できますが、相続税は各自で申告もできます。この場合は、特定の相続人から遺産内容を教えてもらい、相続税申告書があればそれを開示してもらうようにします。しかし、相続税申告書や遺産の開示を拒否された場合は、自分で調べる他ありません。不動産については、名寄帳（固定資産課税台帳）を取得し、預貯金や証券については、相続人として思い当たる銀行・証券会社に行って、相続人として開示請求をすることになります。

また、家庭裁判所の遺産分割調停の手続きでは、調停委員会を通じて粘り強く相続財産の開示を求めることもあります。しかし、家庭裁判所を通じて税務署に相続税申告書の開示を求めても、税務署は守秘義務を理由に開示を拒否します。相続税申告書の開示は、相手の協力がない限り不可能です。

家庭裁判所の立場

基本的には「当事者にわからないものは、裁判所にもわからないので、遺産探しはしない」というスタンスである。調停の手続きで遺産探しをするのは難しい。

■ 遺産の範囲を確定するには

遺産分割をするには、まず被相続人の遺産は何か、つまり遺産の範囲を確定し、次に遺産の評価額を確定します。その上で、各相続人の具体的相続分を確定し、最後に誰がどの遺産を取得するかを決めます。

遺産分割の協議や調停においても、分割対象となる遺産の範囲を確定する必要があります。しかし、しばしば遺産の範囲に

各相続人の具体的相続分

特別受益や寄与分を加味して算定される相続の割合のこと。

遺産分割の流れ

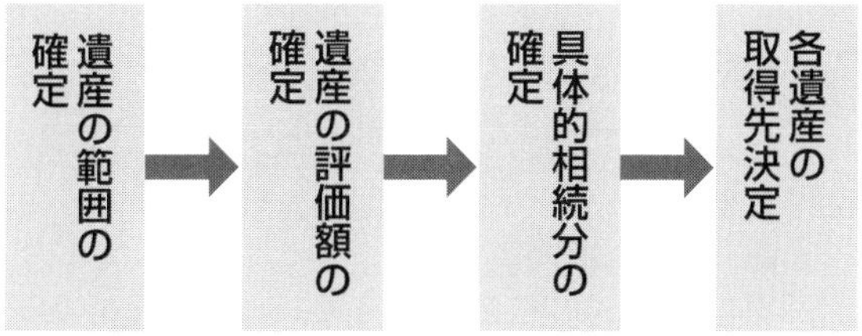

ついて争うことがあります。とくに動産や無記名の証券など名義がはっきりしないものは争いが起こりがちです。不動産の所有権についても、登記をしていないケースなどでは、争いが生じることがあります。たとえば、第三者との間で証券や土地所有権の帰属について争いが生じた場合、調停や訴訟などによって証券や土地所有権が被相続人に帰属することが確定して、初めて遺産として分割対象となります。このような争いは、第三者との間に限らず、相続人同士でも生じる場合があります。税金対策で名義変更していた場合は、その土地が遺産か特定の相続人の所有物かをめぐって争いになることもあります。

この場合、遺産分割の調停で遺産の範囲が合意できなければ、遺産分割の審判を待たずに調停を取り下げるなどし、地方裁判所に遺産確認の訴訟を提起し、判決により遺産の範囲が確定した後に、再度、遺産分割調停を申し立てます。

確かに遺産分割の審判をする前提問題として、遺産の範囲を判断することは可能とされていますが、この判断には既判力が生じないとされています。そのため、後から裁判によって遺産に含まれないと判断されると、遺産分割審判が無効となってしまいます。それを避けるため、先に遺産確認の訴訟を提起するのです。

既判力
一度裁判が確定したらその件に関しては争うことができなくなるという拘束力。

遺産の調査方法

相続財産の探し方をつかもう

■ 遺産の調査方法

遺産分割協議後に、新たに遺産が発見されると、見つかった遺産について再度、遺産分割協議が必要となり、手続きが煩雑化してしまう恐れがあります。また、３か月の熟慮期間経過後に、借金などの負債が発覚した場合には、相続放棄が認められない可能性があるため、遺産の調査は、慎重に行う必要があります。では、遺産はどうやって探せばよいのでしょうか。

①　不動産

不動産の調査は、名寄帳を手がかりに行うのが有効です。名寄帳とは所有者ごとの不動産を一覧表にまとめたもので、固定資産課税台帳とも呼ばれます。名寄帳は、不動産の所在地にある市区町村役場の固定資産税課に対し請求をすることで交付してもらうことができます。取得先の役所がわからないときは、固定資産税の納税通知書を見れば、請求先の役所がわかります。この納税通知書でも、被相続人が所有する不動産を調査することはできますが、非課税の不動産は記載されないため、念のため、名寄帳も取得しておくことをお勧めします。

②　預貯金

預貯金の調査は、まず、被相続人名義の預金通帳で確認をとります。金額が確定できない場合は、金融機関から被相続人の死亡日の残高証明書を取り寄せて調査します。

通帳を紛失していたり、保管場所がわからない場合は、被相続人が生前取引していたと思われる金融機関に口座の有無の照会を行うこともできます（支店ごとだけでなく、全支店に照会

遺産の中身

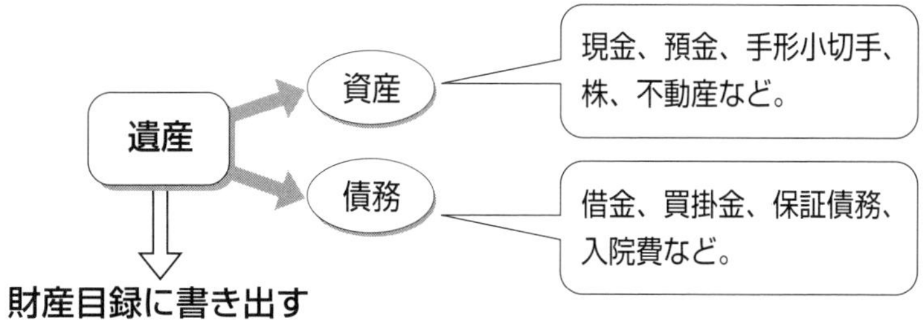

をかけてもらうことも可能です)。

なお、未支給の年金がある場合などでは、相続人であることを証明して年金事務所に問い合わせをすれば、年金の振込口座を教えてもらえます。

③　株式・有価証券

証券会社からの通知を手がかりに口座照会を行います。

④　借金

銀行や消費者金融、クレジット会社からの借入については信用情報機関に問い合わせをすることで借金の有無や額を調査することができます。信用情報機関には、JICC（日本信用情報機構)、CIC（割賦販売法・貸金業法指定信用情報機関)、JBAないしはKSC（全国銀行個人信用情報センター）の3つがあります。

JICCはおもに消費者金融・信販会社の信用情報を、CICはクレジット会社・信販会社の信用情報を、JBAは銀行と銀行系カードの信用情報を取り扱っており、必ず3社の信用情報を取り寄せるようにしましょう。

親族や知人など個人からの借入については信用情報を調べてもわかりませんので、借用書が残されていないか、書類や手紙を入念に調べる必要があります。

借金について

貸主が権利を行使することができることを知った時から5年（もしくは権利を行使できる時から10年のいずれか早い方）で消滅時効にかかる（債権法改正前は、個人間の借金については10年）。信用情報に延滞情報が載っている場合は、金融機関に取引履歴を取り寄せて、最終返済日を確認するようにしたい。また、平成19年以前の借入で、借入期間が長い場合は過払い金が発生している可能性があるので、取り寄せた信用情報を弁護士や司法書士などの専門家に見てもらうとよい。

PART4
5

遺産分割のしくみ

相続人の確定作業

被相続人の出生から死亡までの戸籍を集めて相続人を確定する

■ 戸籍を元に相続人を確定する

相続人が誰かを調査するには、被相続人の出生から死亡までの連続した戸籍（戸籍謄本、除籍謄本、改製原戸籍）の取得が必要になります。戸籍には、本籍（戸籍の所在場所）の他、その戸籍に記載されている各人について、氏名、出生年月日、戸籍に入った原因および年月日、実父母の氏名および実父母との続柄などの情報が記載されています。

戸籍を取得するには被相続人の本籍地を把握する必要があります。本籍地がわからない場合には、まず、被相続人が亡くなった当時の住所地にある市区町役場で住民票の除票を請求して、本籍地を調べます。このとき、窓口で本籍地の記載のある住民票（除票）が必要であることを伝えます。住民票が取得できれば、次に住民票に記載されている本籍地にある市区町村役場に保管されている戸籍のすべてを請求し、現在から過去へ戸籍をたどっていくことになります。本籍地を移転している場合は、転籍後の戸籍に転籍前の本籍が記載されていますので、転籍前の本籍地にある市区町村役場に戸籍（除籍・改製原戸籍）を請求し、出生から死亡までつながるように、戸籍を集めていきます。戸籍を請求する市区町村役場が遠方にある場合は、郵送による請求もできます。

戸籍の請求

戸籍法改正により本人や父母などの戸籍を最寄りの市区町村で取得可能になる予定。

こうして収集した戸籍から、相続人は誰かを割り出していくことになります。もっとも、戸籍から相続人を確定することができても、相続人の中に未成年者や認知症の人、行方不明者などがいる場合は、そのままでは遺産分割協議をすることができません。

相続人の中に未成年者等がいる場合

132ページ以降参照。

戸籍の請求手続き

被相続人の本籍地がわからない場合

1. 被相続人が亡くなった当時の住所地にある市区町村役場で住民票の除票を請求して、本籍地を調べる

↓

2. 住民票に記載されている本籍地にある市区町村役場に保管されている戸籍のすべてを請求し、現在から過去へ戸籍をたどっていく

※本籍地を移転している場合

転籍後の戸籍に転籍前の本籍が記載されているため、転籍前の本籍地にある市区町村役場に戸籍（除籍・改製原戸籍）を請求し、出生から死亡までつながるように戸籍を集める

■ 戸籍を取得するには

本人以外が戸籍謄本の交付を請求する場合、原則として、戸籍に記載されている人の配偶者、直系尊属（父母や祖父母など)、直系卑属（子や孫など）が請求を行わなければなりません。これら以外の人が戸籍謄本の交付を請求する場合には、「自己の権利を守るため」など、交付を受けるに値する正当な理由を示さなければなりません。なお、弁護士、司法書士、税理士、社会保険労務士、行政書士などの専門職は、業務を遂行する上で必要な場合に限り、戸籍謄本の交付を請求することができます。

また、郵送での戸籍の取得には、一般的に、手数料分の定額小為替証書、返送用切手、宛名を書いた返送用封筒、本人確認書類のコピーなどが必要になります。戸籍に関する書類は、戸籍謄本（戸籍全部事項証明書）と戸籍抄本（個人事項証明書）が１通450円、除籍謄本（除籍全部事項証明書）と除籍抄本（除籍個人事項証明書）が１通750円です。一方、戸籍の附票などは、各市区町村によって手数料が異なります。

配偶者の居住権

配偶者居住権と配偶者短期居住権がある

■ 不動産と配偶者の居住権

たとえば、Aが死亡した時に、Aには相続人として妻Bと子Cがいたとします。そして、Aの遺産がA所有の住居のみで、Aの生前はAとBが同居していたとします。

このとき、Aが遺言をしていないと、Aの遺産について遺産分割協議の手続きを始める必要があります。この場合相続開始時（Aの死亡時）から遺産分割協議の終了時まで居住建物は相続人の共有となるため、妻Bはこれまでと同様に、住居に住み続けることができなくなる可能性があります（**事例ⓐ**）。

反対に、Aが遺言をしており、その遺言で「Aの死後、A所有の住居は子Cに与える」という意思を明確にしていた場合、Bはそれまでの生活の基盤であった住居から、Aの死後すぐに退去しなければならない可能性もあります（**事例ⓑ**）。

しかし、これらの場合、Bがこの住居から出ていく必要があるとすると、配偶者の居住する権利が守られません。そこで、民法では、配偶者居住権と配偶者短期居住権を認めています。

■ 配偶者の居住権を長期的に保護（配偶者居住権）

前述の事例ⓐの妻Bが、Aの死後行われる遺産分割協議において、Bが今までの建物に居住するために住居の所有権を取得するという方法はあります。しかし、この方法をとると普通不動産は高額ですので、妻Bが住居を相続した場合、その他に預貯金や現金などの住居以外の遺産があっても、相続分の関係から、これを相続することが困難になる可能性があります。

配偶者居住権（長期居住権）

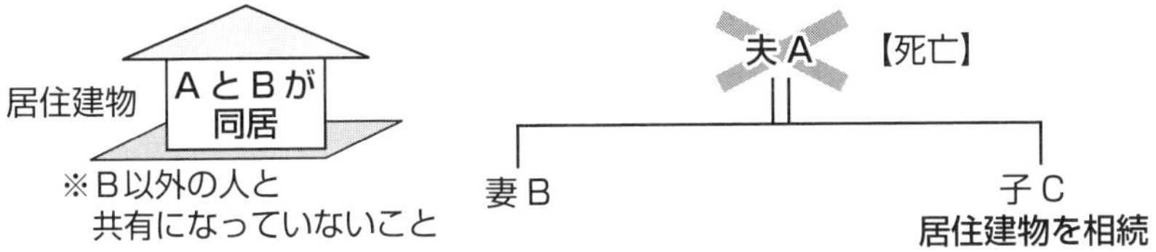

【配偶者居住権】

要件

① 居住建物の所有者は他の相続人に決定しても、生存配偶者に配偶者居住権を取得させるという内容の遺産分割協議が成立した
② 被相続人と生存配偶者との間に、被相続人死亡後に生存配偶者に配偶者居住権を取得させるという内容の死因贈与契約が存在していた
③ 生存配偶者に配偶者居住権を取得させるという内容の遺言がある

➡ 原則として終身の間、生存配偶者が居住建物を無償で使用収益することが可能

配偶者居住権と用法遵守義務など

配偶者居住権が認められた生存配偶者は、居住の目的や建物の性質により定まった用法に従って居住建物を使用収益する義務などを負う（用法遵守義務）。また、配偶者居住権は登記をすることで、第三者に権利を主張することが可能である。しかし、配偶者居住権は、原則として配偶者の死亡により消滅する不安定な権利であるため、この権利を第三者に譲渡することはできない（譲渡禁止）。

そこで、長期間にわたり生存配偶者の居住権を保障する制度である配偶者居住権を利用します。

①　配偶者居住権の内容

配偶者居住権とは、生存配偶者が、相続開始時に居住していた被相続人所有の建物（居住建物）を無償で使用収益できるという権利です。配偶者居住権の存続期間は、原則として終身の間ですが、遺言や遺産分割の定め、または家庭裁判所の遺産分割の審判で、終身より短い期間とすることができます。

②　配偶者居住権の成立要件

配偶者居住権を成立させるためには、被相続人の配偶者（事例ではB）が相続開始時に被相続人（事例ではA）の財産の建物に居住しており、その居住建物が被相続人の配偶者（事例ではB）以外の者と共有になっていないことが必要です。また、原則として、以下のいずれか１つを満たしていることも必要です。

・居住建物の所有者は他の相続人に決定しても、配偶者に配偶者居住権を取得させる遺産分割協議が成立した

・被相続人と生存配偶者の間に、被相続人死亡後、生存配偶者に配偶者居住権を取得させるとの死因贈与契約があった
・生存配偶者に配偶者居住権を取得させるとの遺言があった

遺産分割協議は相続人全員の合意が求められるため、生存配偶者に居住権を与えようとするならば、死因贈与契約や遺言によって、生前に配偶者居住権を確保する措置を講じておくことが大切です。

③ 配偶者居住権を取得した生存配偶者の権利義務

上記の要件を満たすと、生存配偶者は配偶者居住権を取得し、配偶者居住権の財産的価値に相当する金額を相続したものとして扱われます。これにより、居住建物の所有権を取得するより低額の財産的価値を相続したものとして扱われることから、配偶者居住権以外の財産（預貯金や現金など）を相続することも可能になります。

■ 配偶者の居住権を短期的に保護（配偶者短期居住権）

被相続人の生前の意思にかかわらず、最低でも相続開始時から6か月間は、生存配偶者の居住権が保障されるとする規定もあります。これを配偶者短期居住権といいます。配偶者短期居住権に基づき、生存配偶者の居住権が保障される期間については、相続人間で居住建物の遺産分割が必要となる場合か否かによって異なります。

① 配偶者短期居住権の内容

配偶者短期居住権とは、生存配偶者が、相続開始時に被相続人所有の建物に無償で居住していた場合に、仮に相続や遺贈に関する遺言などによって居住建物の所有者が生存配偶者以外の者に決まっても、その所有者が配偶者短期居住権の消滅を申し入れた日から6か月が経過する日までの間、無償で居住建物を使用できるという権利です。

② 配偶者短期居住権を取得した場合

配偶者短期居住権の内容

本文の記述は居住建物の遺産分割が不要となる場合（遺言によって所有者が決まっているとき）である。
これに対し、相続人間で居住建物の遺産分割が必要となる場合（遺言がないので所有者が決まっていないとき）は、遺産分割によって誰が居住建物の所有者になるのかが決まった日か、相続開始時から6か月が経過する日のうち、どちらか遅い日までの期間、生存配偶者は居住建物を無償で使用できる。

配偶者短期居住権

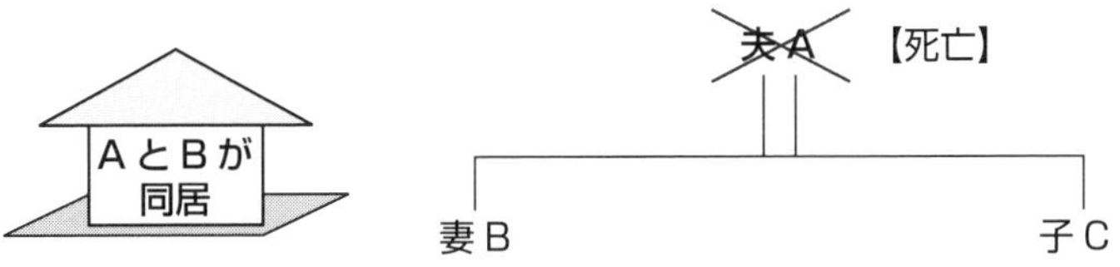

【配偶者短期居住権の効果】

① 遺言なし → **最低でも6か月間はBは無償で建物を使用できる**

② Cに相続させる（または遺贈する）という内容の遺言あり

→ **Cが短期居住権の消滅を申し入れた日から6か月が経過する日まで、Bは無償で建物を使用できる**

配偶者居住権とは異なり、配偶者短期居住権は、遺産分割協議により最終的に居住建物の所有権が決定されるまでの暫定的な措置という意味合いが強いため、生存配偶者は自由に居住建物を使用してよいわけではなく、居住の目的や建物の性質により定まった用法に従って使用しなければならない（用法遵守義務）などといった責任を負います。また、生活の基盤である居住建物に居住する権利を暫定的に保護するという趣旨から、配偶者短期居住権を第三者に譲渡することもできません（譲渡禁止）。

以上から、配偶者短期居住権により、前述した事例ⓐの場合には、遺産分割協議が終了するまで、あるいは、早期に遺産分割協議が終了した場合であっても相続開始時から6か月が経過する日までの期間、妻Bは無償で、夫Aと生前から同居してきた居住建物を使用できます。

また、事例ⓑのように、遺言によって夫Aが自らの死後は土地・建物を子Cに使用させる意思を明確に持っていたとしても、子Cが妻Bに対して配偶者短期居住権の消滅を申し入れた日から6か月が経過する日までの間、妻Bは無償で居住建物の使用を継続できます。

相続開始と銀行預金

金融機関は、預金者の死亡を知った時点で口座を凍結する

■ 本人の預金口座と引き出し

金融機関にお金を預けている人が死亡し、その事実を金融機関が知ると、口座凍結をするため、相続人が勝手に預貯金を引き出せなくなります。金融機関が預金者の死亡を知る前に、相続人が葬儀代などとして預貯金（預金・貯金）を引き出してしまうケースもあります。しかし、後述するように、遺産分割協議などにより預貯金がどの相続人に帰属するのかが確定し、口座凍結が解除されるまでは、基本的には預貯金を引き出すことは許されず、遺産分割協議を行う前提として、被相続人の預金額や相続人による引き出しの有無を確認しなければなりません。

これらの確認は一見難しそうですが、相続人は、金融機関に対して、被相続人名義の口座について、①残高証明の発行請求、②取引履歴の開示請求が可能です。残高証明は、口座のある支店に請求すれば、その支店にある被相続人の全口座分について残高証明を発行してもらえます。これにより、被相続人の預金額の把握が可能となる他、相続人が把握していない口座が見つかることもあります。取引履歴は、過去数年分の取引の状況が開示されるため、これを見れば預貯金の不正な引き出しがあるかどうかを確認できます。

残高証明の発行や取引履歴の開示は、相続人が１人で行うことができます。残高証明の発行請求は、金融機関所定の残高証明発行依頼書に必要事項を記載して行います。添付書類は、被相続人の死亡を確認できる戸籍謄本または除籍謄本、相続人であることを確認できる戸籍謄本、相続人の印鑑証明書などです。

預金が引き出せない理由

都会では、銀行が預金者の死亡を知る前に、ATMで葬儀代を引き出してしまうケースもあるが、地方では難しい。地方では、新聞に死亡記事が掲載されるため、銀行が預金者の死亡を把握している場合もある。

除籍謄本

除籍（婚姻や死亡などによって戸籍に載っている人すべてが除かれてしまった戸籍）に記載されている全員を証明する書類のこと。

預貯金の引き出しとおもな必要書類

手続き	おもに必要な書類
銀行預金の引き出し	故人の戸籍謄本または除籍謄本、戸籍謄本（法定相続人全員のもの）、印鑑証明書（法定相続人全員のもの）、故人の実印、故人の預金通帳、預金通帳の届出印、故人のキャッシュカード、見積書など、身分証明書
郵便貯金の引き出し	故人の戸籍謄本または除籍謄本、法定相続人の同意書、故人の貯金通帳、貯金通帳の届出印、故人のキャッシュカード

■ 口座凍結解除をするには

口座凍結を解除するための条件のひとつとして、①遺産分割協議を完了させることが挙げられます。この方法によるときは、被相続人が残した全遺産について、相続人全員で話し合って、誰がどの遺産を手に入れるのか決める必要があります。

もう一つの条件として、②預貯金の分割方法だけを先に決めてしまうことが挙げられます（遺産の一部分割）。相続人全員の協力があれば、比較的短期間で行うことができます。

①または②により預貯金の分割方法が確定した場合、被相続人の出生から死亡までの連続した戸籍謄本および除籍謄本、相続人全員分の戸籍謄本、相続人全員分の印鑑証明書などを用意して、金融機関に対し口座凍結解除の申請を行います。

■ 預貯金の仮払いを認める制度

2016年12月の最高裁大法廷決定で、預貯金債権については、不動産・動産・現金と同じように、相続開始と同時に相続分に応じて当然に分割されることはなく、遺産分割の対象となるとの判断が下されました。つまり、一部の相続人による預貯金の

最高裁

最高裁判所の略称。最高裁判所はわが国の頂点に位置する裁判所で、その判断は「判例」として大きな影響力を持つ。

2016年12月最高裁大法廷決定以前の取扱い

本文記載の最高裁大法廷決定より前の判例は、預貯金については、相続開始により当然に各相続人に分割されるという立場であった。そのため理論上は、各相続人が自己の相続分について、金融機関に預貯金の払い戻しを請求することが可能であった。
しかし、金融機関が本来の相続分より多くの金額を払い戻してしまうリスクがあることから、銀行実務上の運用として、遺産分割協議が終了するまで、基本的に預貯金の払い戻しには応じないという取扱いが行われていた。

払戻請求には応じない、という従来からの金融機関の運用を、最高裁が追認したということができます。しかし、これでは、緊急の払い戻しの必要が生じた場合でも、相続人全員の協力が得られなければ、一切の払い戻しを受けることができないということになってしまいます。

しかし、それでは不都合なので、遺産分割の終了前であっても、預貯金債権の一定額を相続人に払い戻すことを認める仮払い制度があります。具体的には、①家庭裁判所の保全処分と、②金融機関で各相続人が単独で払い戻しを受ける制度です。

①　家庭裁判所の保全処分

家事事件手続法には、遺産分割の審判・調停の申立てがあった場合において、相続人の急迫の危険を防止するため必要があるときは、家庭裁判所が必要な保全処分を命じることができるとする規定があります。この規定に基づいて、家庭裁判所は、預貯金の仮分割の仮処分（預貯金の仮払い）を命じることが可能です。

預貯金の仮分割の仮処分を認めるための要件は次のとおりです。ⓐ遺産分割の審判・調停の申立てがあった場合に、ⓑ相続債務の弁済、相続人の生活費の支弁などの事情で、遺産に属する預貯金債権を行使する必要があると認めるときは、ⓒ遺産分割の審判・調停の申立てをした人またはその相手方の申立てにより、ⓓ他の相続人の利益を害しない限り、家庭裁判所は、遺産に属する預貯金債権の全部または一部を仮に取得させることができます。

仮分割される金額は家庭裁判所の判断にゆだねられていますが、原則として遺産の総額に申立人の法定相続分を乗じた額の範囲内になると考えられています。ただし、仮分割の仮処分を利用するには、上記のⓐにあるように遺産分割の審判・調停を申し立てる必要があるため、時間や費用がかかるというデメリットがあります。

預貯金の仮払い制度

預貯金債権 ⇒ 遺産分割の対象に含まれることから、遺産分割前は預貯金の払い戻しは受けられないのが原則である。

遺産分割前に預貯金の払い戻しを受けるための制度（仮払い制度）

【家庭裁判所の保全処分を利用】
家庭裁判所へ遺産分割の審判または調停を申し立てる→家庭裁判所は、申立人や相手方が預貯金債権を行使する必要性を認めたときは、預貯金債権の全部または一部につき、預貯金の仮分割の仮処分を命ずる→金融機関は仮処分の内容を確認し、仮処分で認められた範囲内で払い戻しを行う

【裁判所外で各相続人が単独で払い戻しを受けられる方法】
各相続人は「相続開始時の預貯金債権の額 ×1/3× 自らの法定相続分」かつ「法務省令で定める額（令和３年８月時点では 150 万円）」を上限として、直接金融機関の窓口で払い戻しを請求できる

※「金融機関ごとに法務省令で定める額」とは、標準的な当面の必要生計費、平均的な葬式の費用の額その他の事情を勘案して預貯金債権の債務者ごとに法務省令で定める額のこと。

② 金融機関で各相続人が単独で払い戻しを受ける方法

預貯金の仮分割の仮処分しか認められなければ、緊急に払い戻しを受ける必要性が生じた場合に、一切の払い戻しを受けられず、相続人の大きな負担になります。

そのため、各相続人が、裁判所の判断を経ずに、直接金融機関の窓口で、一定額の預貯金の払い戻しを受けることができる制度があります。具体的には、払い戻しを希望する相続人は、「相続開始時の預貯金債権の額× ３分の１ ×自らの法定相続分」かつ「標準的な当面の必要生計費、平均的な葬式の費用の額その他の事情を勘案して預貯金債権の債務者ごとに法務省令で定める額（令和３年８月時点では150万円）」を上限として、単独で払い戻しを受けることができます。

一定額の預貯金の払い戻し
たとえば、被相続人の口座にある預貯金債権の額が300万円、相続人の法定相続分が２分の１であるとする。このとき、相続人が被相続人の口座から引き出せる額の上限は50万円となる。

PART4
8

預金や株式などの債権の請求と手続き

金融機関への請求ではいろいろな書類をそろえる

■ 銀行預金などの名義変更の方法

被相続人の預金口座は、原則として遺産分割協議が終了するまで凍結されます。そのため、遺産分割が確定した後で、被相続人名義の口座の名義変更や解約の手続をしなければなりません。

名義変更の手続は、金融機関に備え付けの名義変更依頼書などにより申請します。所定事項を記入して、被相続人や相続人の戸籍謄本、相続人の印鑑証明書、被相続人の預金通帳または預金証書や届出印などを提出するのが一般的です。また、遺産分割の状況によっては、以下のような書類が必要となることもあります。

① 遺産分割協議書（遺産分割協議に基づく場合）

② 調停調書謄本または審判書謄本と審判確定証明書（家庭裁判所の調停または審判に基づく場合）

③ 遺言書または遺言書の写し（公正証書遺言や自筆証書遺言保管制度を利用した場合以外は「検認調書謄本」）

遺言書の検認

遺言書の存在や内容を確認する手続きのこと（民法1004条）。相続人が遺言書を発見した場合には、家庭裁判所で遺言書の検認を受ける必要がある。検認は、遺言の方式が適切かどうかを確認する手続きである。検認の手続きをせずに遺言書を開封した場合には、5万円以下の過料に処される（同法1005条）。

■ 株式は証券会社で変更手続をする

株式を相続した場合、株主の名義を変更しないと、配当金の支払いや株主優待が受けられませんから、できるだけ早く名義変更の手続をします。なお、次のように上場株式と非上場株式では、手続が違います。

① 上場株式の場合

被相続人名義の証券会社の口座（古い株券の場合は特別口座）から相続人名義の証券会社の口座に、株式の移管（振替）

特別口座

発行会社が株主のために銀行などの金融機関に株主名で開設する口座。

株式を相続した場合の手続き

上場会社	被相続人から相続人への株式の移管（振替）	証券会社に下記のものなどを提出する ① 移管手続依頼書など ② 相続人全員と被相続人の戸籍謄本 ③ 相続人全員の印鑑証明書
	株式の発行会社の株主名義の書き換え	上記の手続きに基づいて証券会社が代行する
非上場会社	株式を引き継ぐ当事者間で、譲渡したことを示す書類を作成する	

を申請する必要があります。そのため、相続人は事前に証券会社に口座を開設する必要があります。口座振替の手続きに必要な書面として、被相続人および相続人全員の戸籍謄本、相続人全員の印鑑証明書などを提出しなければなりません。

② 非上場株式の場合

非上場株式の名義変更は、株式の発行会社に対し、被相続人から株式を相続したことを示す書類を提出するのが原則です。手続きについては発行会社に問い合わせることが必要です。

■ その他の債権の請求方法

遺産分割で貸金などの債権を取得するときは、回収の見込みが重要です。民法では他の相続人が相続分に応じて債務者の資力を担保することになっていますが、事後の担保請求（債務者の代わりに返済を請求すること）は一般に困難です。

相続人が訴訟を起こして、自分が相続した貸金などの返済を請求する場合も、相続を証明する各種書類の提出は必要ですが、債権譲渡の手続きは不要です。

債務者の資力を担保するの意味

もし、その債権が全額回収できなくても相続分に応じて不足分は負担するということ。

債権譲渡

債権をその同一性を変えることなく第三者に移転すること（民法466条）。たとえば、AがBに対して金銭債権を有していた場合に、AがCに金銭債権を譲渡すること。債権譲渡をした場合には、譲渡人から債務者への確定日付のある通知がないと第三者に債権の取得を主張できない。

PART4
9

死亡退職金などの請求と手続き

疑問があればどのような規定となっているか会社に問い合わせる

■ 死亡退職金がもらえる場合

死亡退職金とは、被相続人が在職中に死亡した場合の被相続人の退職金です。退職金は給料と異なり、必ずもらえる性質のものではありません。外資系・中小企業では、退職金の制度のない会社も多くあります。退職金請求権が権利となるには、普通は就業規則や退職金規程、その他の会社の規程に退職金の支払が定められているか、雇用契約にそれが定められていなければなりません。また、退職金の制度はあっても、懲戒解雇の場合は退職金が出ないのが普通です。単に年限（取り決められた期限）が足りないため出ないこともあります。

このように退職金は、必ずしも当然の権利となっているわけではないのですが、会社が規則や規程を定めている場合には、これに該当すれば退職金請求権は雇用されていた労働者（被雇用者）の権利です。死亡したことによる退職金は、退職金規程の定めによって、遺産となる場合と、ならない場合があるので注意しましょう。遺産となる場合は、相続人が相続分に応じて取得します。また、遺言で相続人や分け方を指定することもできます。

退職金の法的根拠

労働者の退職にともなって、勤務していた企業からその者に支給される金銭のこと。労働基準法などの法律において、確かな定義づけはないが、会社が就業規則や退職金規程などで退職金の支給について定めており、支給条件が明らかにされている場合には、退職金は労働者にとって重要な労働条件として保護されるべきものとなる。退職金の法的性質としては、①一定期間の勤務に対する会社からの慰労、②一定期間の勤務に対する賃金の後払い、③退職後の生活保障などが考えられ、個々のケースごとに判断する。

■ 死亡慰労金・年金としてもらえる場合もある

被雇用者の死亡の場合に、退職金でなく遺族に対する死亡慰労金や年金が出されるという社内規程もあり得ます。就業規則などの社内規程で、受領権者（受取人）が指定された場合は、死亡慰労金や年金が遺産ではなく、受領権者の独自の権利とな

死亡退職金請求権が遺産となる場合、ならない場合

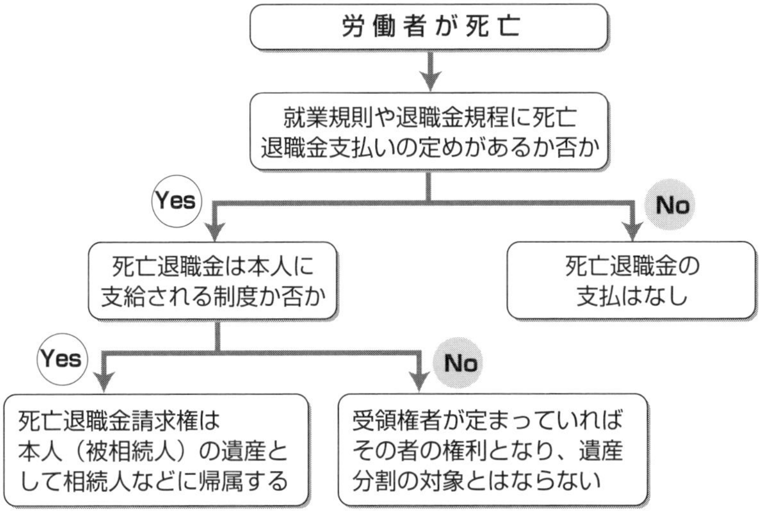

ります（保険金受取人の指定がある場合と同じです）。

指定する受領権者については、遺族の生計を維持するため、配偶者・遺児とする場合が多いようです。

退職金が死亡の有無にかかわらず、本人に支給される制度の場合には、死亡後は遺産となり、可分債権として相続分に応じて各相続人が支払請求権を相続するのが原則ですが、遺言により特定の相続人が相続したり、第三者が遺贈を受けたりする場合もあります。しかし、死亡慰労金や年金として受領権者が定まっていれば、その受領権者の権利であり、遺産ではないので相続の問題にはなりません。

通常は社内規程などにより退職金などの金額を算定して支払うことになり、相続人としては手続きが不要の場合が多いと思われますが、書類などが必要な場合もあり、いずれにしろ会社の担当者に確認を取りましょう。

退職慰労金の受領権者

事情の変化により、本人が遺言で他人を退職慰労金の受領権者（受取人）としてしまうケースや、消費者金融の担保として退職慰労金を充ててしまうケースも考えられる。
そのため、あらかじめ配偶者や子を受取人として指定しておくことが大切である。

遺産分割前に処分された財産の取扱い

遺産分割前に処分された遺産も遺産分割の対象となる場合がある

■ どんな場合に問題になるのか

共有とは

各相続人が、相続分に応じた持分の割合によって、それぞれの遺産を所有している状態のこと。

相続人が複数いる場合、遺産分割によって各相続人が相続する具体的な財産が確定するまで、遺産（相続財産）は相続人全員の共有になります。しかし、一部の相続人が、遺産分割前に、共有状態にある相続財産の一部または全部を売却するなど処分してしまうこともあります。その場合、ある問題が起こる可能性があります。具体例で見ていきましょう。

相続人が子Ａ、Ｂ、Ｃの３人のみで、遺産総額が3000万円であった場合、通常であれば、Ａ、Ｂ、Ｃはそれぞれ1000万円の遺産を相続することができます。ところが、Ａが遺産分割前に勝手に900万円相当の遺産を売却したとします。

遺産分割の対象となる財産を、相続開始時に被相続人が所有していた財産で、かつ、遺産分割時に実際に存在する財産と考えると、処分された財産は遺産分割の対象から除外され、Ａが遺産900万円を処分すると、遺産分割の対象となる財産は2100万円となります。そのため、Ｂ、Ｃは各700万円の遺産しか相続できないのに対し、Ａは700万円に加えて、先に処分した900万円もあわせて相続することになり、不公平な結果となります。

ＢやＣがＡに対して勝手に売却して得た代金900万円の支払いを請求する民事訴訟を起こすことも確かに可能ですが、それでは必ず勝訴するとは限らない上、勝訴しても勝訴した相続人自身の相続分について支払いを請求できるだけで、処分された財産すべてを遺産に戻すことはできません。

このような相続人間の不公平を解消するため、遺産分割前に処

遺産分割前の財産の処分

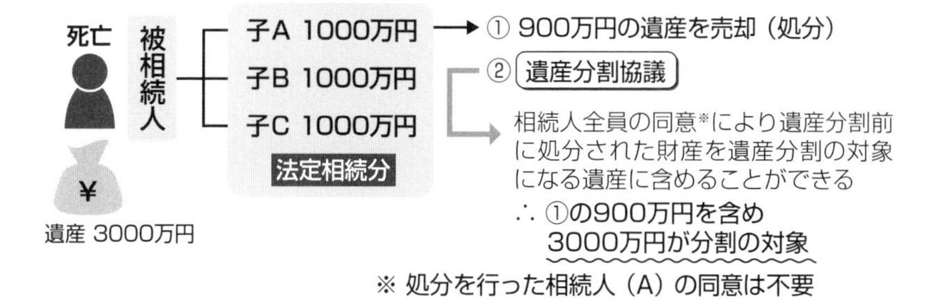

分された財産の処理について民法には次の２つの規定があります。

■ 財産の処理について

では、遺産分割前に処分された財産の処理についての規定２つを具体的に見ていきましょう。

① 遺産分割前に遺産に属する財産が処分された場合であっても、相続人全員の同意により、当該処分された財産が遺産分割時に遺産として存在するものとみなすことができる。

② 相続人の１人または数人によって、遺産分割前に遺産に属する財産が処分されたときは、①の「相続人全員の同意」について、当該処分をした相続人の同意は要しない。

前述した事例では、遺産分割前に財産を処分したＡの同意は不要であるため（②）、ＢとＣが同意すれば、Ａが勝手に処分した900万円を遺産分割の対象となる財産に含めることができます。その結果、遺産分割の対象となる遺産の総額は3000万円となり、これを法定相続分に応じて３等分すると、各1000万円を相続することになります。Ａはすでに900万円を遺産の売却によって取得しているため、遺産分割においてＡが実際に相続できる遺産は100万円にとどまります。これに対し、ＢとＣは各自1000万円ずつを相続できます。

遺産分割前に処分された財産の処理に関する法的効果

本文記載のように遺産分割前に処分された財産の処理方法の規定のおかげで、実質的に特定の相続人が行った遺産分割前の財産の処分がなかったのと同様の効果を得ることができる。

相続人の中に未成年者がいる場合

家庭裁判所で特別代理人を選任してもらう必要がある

■ 親権者と子どもが相続人となるケース

未成年者が法律行為をするには親権者などの法定代理人の同意が必要とされています。遺産分割も法律行為であるため、親権者が未成年の子を代理して遺産分割協議を行うことになります。ただし、親権者と未成年の子がともに相続人となるケースでは、親権者と未成年の子は利害が対立する関係にあるため、未成年の子のために特別代理人の選任が必要となり、選任された特別代理人が未成年の子に代わって遺産分割協議に参加することになります。特別代理人の選任をせずに遺産分割協議を行った場合は無効となるので注意が必要です。

その他に遺産分割手続きで特別代理人の選任がいる場合

成年後見人と成年被後見人がどちらも相続人になる場合も特別代理人の選任が必要。未成年者のときと同様に成年後見人と成年被後見人が利害の対立する関係になるからである。

特別代理人の選任は、未成年の子の住所地を管轄する家庭裁判所へ申し立てることにより行います。申立書には、申立人と未成年者の氏名住所等の他に、特別代理人候補者を記載する欄が設けられおり、申立人が誰を特別代理人とするかを指定することができます。一般的には、未成年の子からみて叔父叔母や祖父母などの親族が特別代理人に選任されるケースがほとんどです。

申立てには申立書の他、未成年者及び親権者の戸籍謄本、特別代理人候補者の住民票に加え、遺産分割協議書案を添付します。遺産分割協議書案では、未成年者についても法定相続分を確保した内容であることが原則ですが、事案によっては法定相続分よりも少ない、あるいはまったく取り分のない遺産分割も認められる場合もあります。この場合には未成年者の相続分を減らす理由を書いた上申書を作成し、提出することになります。

申立て後、しばらくすると、申立人と特別代理人候補者に対

親権者と子どもが相続人となるケース

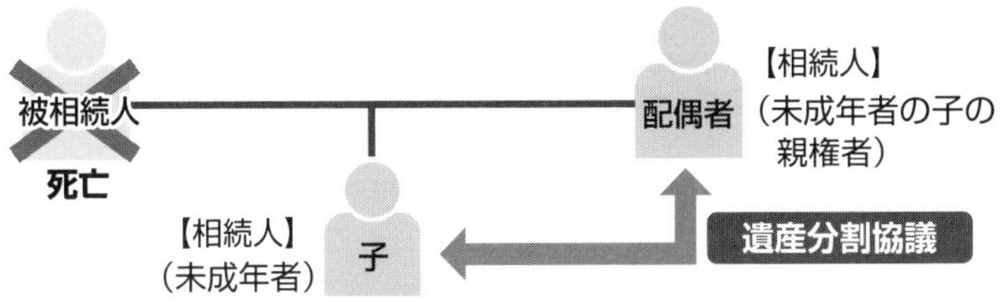

★ 法律行為をするには親権者などの法定代理人の同意が必要
⇒遺産分割も法律行為であるため、親権者が未成年の子を代理して遺産分割協議を行う（原則）

（しかし…）　親権者と未成年の子がともに相続人となるケースでは、親権者と未成年の子は利害が対立する関係にある

∴未成年の子のために 特別代理人 の選任が必要となり、選任された特別代理人が未成年の子に代わって遺産分割協議に参加する

し、家庭裁判所から照会書が届きます。この照会書には、申立てを行ったいきさつや未成年者と特別代理人候補者との関係（続柄）、候補者が特別代理人として適任であることの理由などいくつかの質問事項が記載されています。これらすべての事項に回答した上で、照会書を家庭裁判所へ返送し、問題がなければ、１週間程度で申立人宛てに特別代理人の選任を伝える審判書が送られてきます。審判後に、選任された特別代理人と他の相続人全員で遺産分割協議案通りに遺産分割協議書を作成し、全員で署名・押印をすれば、遺産分割協議が成立します。

■ 胎児がいる場合

相続において胎児はすでに生まれたものとみなされますので、胎児を除外して行った遺産分割協議は無効になると考えられています。そのため、胎児の出生を待って特別代理人選任の申立を行い、その代理人と遺産分割協議をするのが一般的です。

PART4
12

相続人の中に認知症の人がいる場合

遺産分割のしくみ

家庭裁判所で成年後見人等を選任してもらう必要がある

■ 後見制度を利用する

認知症など判断能力の低下により自身の意思を表示できない人が相続人の中にいる場合、そのまま遺産分割協議を進めてしまうと、その人に不利益が生じる危険性があります。そこで、有効に遺産分割協議を行うには、認知症の人に代わって、協議に参加する代理人の選任が必要になります。具体的には、家庭裁判所へ後見開始の審判を申し立てて、成年後見人を選任してもらい、選任された後見人と遺産分割協議を行います。

後見制度には、本人の判断能力の程度に応じて「後見（判断能力がほとんどない）」「保佐（判断能力がかなり衰えている）」「補助（判断能力に不安がある）」の３つの種類があり、それぞれ後見人、保佐人、補助人が代理人として選任されます。

後見制度の創設時は、ほとんどのケースで子や兄弟などの親族が後見人として選任されていましたが、親族後見人による横領や使い込みなどが問題となり、近年では弁護士や司法書士などの専門職後見人が選任されるケースが増えています。

もっとも、後見制度は遺産分割協議が終了しても終わらないため、家族内で本人の財産管理や身上監護ができる場合には、利用を躊躇してしまいがちです。

■ 後見制度は利用したくない場合

法定相続分で相続する場合には、遺産分割協議は不要です。ただ、相続財産に不動産が含まれている場合、法定相続分で相続すると、相続人全員で不動産を共有することになります。不

認知症の相続人をめぐる問題

高齢化社会の進展に伴い、相続人の年齢も上がり老老相続が増えている。そのため、相続人の中に認知症を発症している人がいるケースも少なくない。

後見制度利用時の注意点

成年後見人と成年被後見人がともに相続人になるときは特別代理人の選任が必要になる。成年後見人に親族が選任されたときは注意が必要である。

保佐人や補助人と遺産分割協議

被保佐人（補佐されている者）や被補助人（補助されている者）の代わりに保佐人や補助人が遺産分割協議に参加するかどうかは保佐や補助の内容によるので事前に確認が必要である。

後見制度の利用

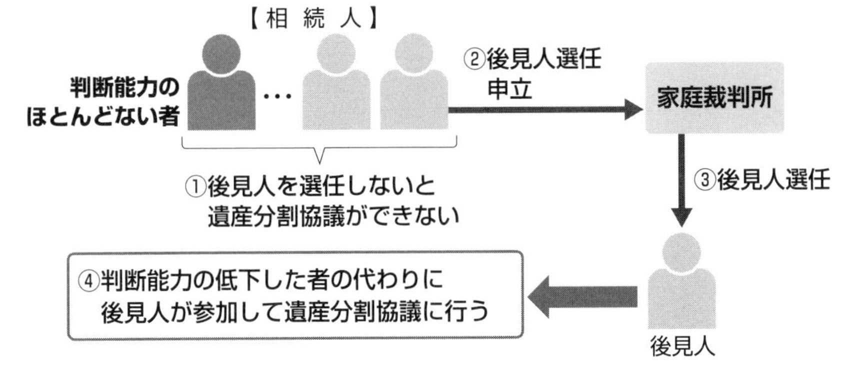

動産の売却を検討されている場合、後見人が選任されない限り、認知症の者の持分については売却をすることができなくなります。とくに、売却する不動産に認知症の者が居住している場合には、後見開始の申立てに加え、家庭裁判所の許可も必要となります。そのため、相続人の中に認知症など判断能力に問題がある方がいる場合は、あらかじめ遺言を作成しておくなど事前対策を立てておくのがベストです。

■ 後見開始の申立てから遺産分割協議まで

すでに相続が開始しているケースで、相続不動産を売却したいなど法定相続分で相続すると問題があるケースでは、認知症の者のために後見開始の申立てをすることになります。

申立先は、本人の住所地を管轄する家庭裁判所です。申立書に本人の戸籍・住民票、後見人候補者の住民票の他、財産目録や診断書、後見登記されていないことの証明書などを添付して申立てを行います。後見開始の審判がおり、確定すると後見について登記されます。登記されれば、後見人の仕事がスタートしますので、後見人を含めて遺産分割協議をすることになります。

後見制度の問題点

後見制度は一度開始すると、本人が亡くなるまで継続されるのが原則。専門職後見人がつくと、月額2万円程度の報酬の支払いが必要。つまり、本文のケースでは、遺産分割協議後も認知症の相続人への後見は継続され、後見人に対する報酬の支払いも続くことになる。

相続人の中に行方不明者がいる場合

生死不明の期間によって手続きが変わる

■ 行方不明者に代わる不在者財産管理人の選任が必要

行方不明者であっても相続人であることに変わりはないので、相続人の中に行方不明者がいる場合でも、その者を除いて遺産分割協議を行うと無効になります。

そのため、行方不明者に代わって財産を管理する「不在者財産管理人」の選任を家庭裁判所へ申し立てる必要があります。

申立先は、行方不明者の住所地・居所地です。住所地等が不明な場合は財産の所在地を管轄する家庭裁判所になります。申立てには、申立書や戸籍などの他、行方不明であることを証明するための資料の提出が要求されているため、宛て所不明で返送されてきた手紙や、最後の住所地を調査した際の写真や、親族や知人から行方がわからない旨の陳述書などを提出します。申立人は不在者財産管理人の候補者を指定することもできますが、法定相続人であるなど、不在者と利害が対立する恐れがある場合などは、弁護士や司法書士などの専門職が選任されます。不在者財産管理人の職務は、不在者が現れたとき、死亡が確認されたとき、財産がなくなったとき等まで続くことになります。また、不在者財産管理人の業務を円滑に進めるため100万円程度の予納金が必要となることもあります。

不在者財産管理人が選任されると、選任された管理人は、家庭裁判所の許可（権限外行為許可）を得て、遺産分割協議に参加することになります。

不在者財産管理人の選任

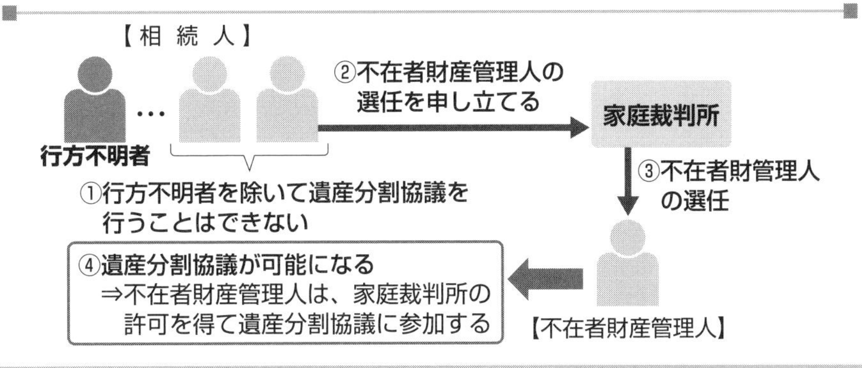

■ 生死不明が７年以上の場合

行方不明者の生死が７年以上わからない場合、利害関係人（失踪者の配偶者・法定相続人など）は家庭裁判所へ失踪宣告を申し立てることができます。失踪宣告とは、生死不明の者を民法上で死亡したものとして取り扱う制度です。

失踪宣告がなされると生死不明になった時点から７年の期間満了を待って死亡したものとみなされます。そのため、行方不明者を除いて遺産分割協議をすることができるわけです。もし、７年の期間満了が被相続人の死亡より前になり、行方不明者に子などがいる場合は、その子が行方不明者を代襲して相続人となるため、この代襲相続人を加えて遺産分割協議を行います。

なお、戦地に行った者や沈没した船に乗っていた者など死亡の原因となるべき危難に遭遇した者の生死が、危難が去った後１年間明らかでないときも、家庭裁判所に失踪宣告を申し立てることができます。こちらの失踪宣告は、危難が去ったときに死亡したものとして取り扱います。また、水難や震災などで死亡したことが明白な場合で遺体が発見されないとき、事故や災害を管轄する官公署が、死亡を確定し、死亡した住所地の市区町村役場に死亡を報告する認定死亡という制度もあります。

生死不明とは

生きている証明も、死んでいる証明もできない状態にあること。

PART4
14

遺産分割の方法

遺産分割のしくみ

個々の相続人の事情を考慮して分割を決める

■ 遺産分割は全部でも一部でもできる

遺産全部を一度に分割することを全部分割といいます。これに対して、遺産の一部を分割するのが一部分割です。たとえば、特定の遺産だけを売却して支払期限が迫った債務の支払いにあて、残りの遺産については後で時間をかけて解決するといったケースが考えられます。

相続人全員の協議によって、いつでも遺産の一部分割をすることができます。また、一部分割をした後の残りの遺産についても、さらに一部分割することも可能です。

ただし、被相続人の意思を無視することはできませんから、被相続人が一部分割を遺言で禁じていた場合は、例外的に一部分割をすることが認められません。

事故の損害賠償と遺産分割の問題点

死亡事故の場合の損害賠償請求については、長時間を要する可能性があるので、死亡事故の損害賠償以外の遺産分割を一部分割として先にして、死亡事故の損害賠償については後の分割協議に回すか、あるいは損害賠償額の分割の割合だけを決めておいた方がよい。
なお、不法行為による損害賠償請求権は、原則として損害と加害者の両方を知ってから3年以内（人の生命または身体を害する不法行為による損害賠償請求権については5年）に行使しないと時効で消滅する。

■ 分割の方法には４つある

遺産を分割する方法には、いくつかありますが、代表的なのは、現物分割、代償分割、換価分割、共有分割です。

① 現物分割

現物分割とは、各相続人が個別に取得する財産を決める方法です。相続人それぞれの受け取りたい財産が決まっている場合や、財産の形を変えたくない場合、また分割する財産の価値がほぼ同じである場合には、有効な方法です。具体的には、配偶者が不動産Ａを、次女が不動産Ｂを受け取るといった具合に分割します。価格が一致しないときは、現物分割では相続分に応じて分割するのは難しくなります。しかし、その場合も当人た

遺産分割協議の成立まで

遺産分割の協議が成立するまでは、分割方法にかかわらず、遺産は相続人全員の共同所有の状態となる（共有）。その間の遺産の管理は、遺産の保存行為を除いて相続人が相続分に応じた多数決によって共同管理を行う。管理費用は、遺産の中から支払うこともできる。

分割の方法

現物分割	各相続人が個別に取得する財産を決める方法
代償分割	1人が遺産の現物を相続し、残りの相続人に 相続分に相当する現金を支払う方法
換価分割	遺産の一部または全部を売却して現金に換え、 各相続分に応じて配分する方法
共有分割	遺産の一部または全部を相続人全員で共有する方法

ちの合意があれば問題ありません。

② 代償分割

代償分割とは、1人（または数人）が価値の高い遺産の現物を相続し、残りの相続人に対して、各々の相続分に相当する超過分を現金で支払う方法です。

この場合は、現物を相続する人に相当の資産（支払能力）がないと実行できませんので、代償分を支払うだけの資産がない場合には向いていません。なぜなら、ほとんどの遺産を現物で相続した相続人は、相続分よりも多く受け取った分を自分の資産で支払わなければならないからです。

代償分の支払いは一括払いが基本ですが、分割払いとする方法もあります。分割払いとする場合は、あらかじめ現物を相続する相続人に支払能力が備わっていることを確認しておかなければなりません。

実際には、相続人が住んでいる居住用家屋、農地、商店など細分化が適当でないものについて、代償分割による遺産分割が行われることはよくあります。

③ 換価分割

代償分割が行われるケース

代償分割は、遺産の大部分が現在も稼動中の工場や農地であり、後継者にそれを相続させたい場合などに利用される方法である。

換価（価額）分割とは、相続財産の一部、あるいは全部を売却して現金に換え、各相続人の相続分に応じて分割する方法です。耕作中の畑など現物分割が適当でない場合や、現物を分割すると価値が下がる場合などはこの方法によります。お金であれば１円単位まで細分化できますから、換価分割をすれば、相続人同士の公平を図りやすくなるという利点があり、現物分割をすることが難しい場合などに有効な方法です。

④　共有分割

共有分割は、遺産の一部または全部を相続人全員が共同で所有する方法です。たとえば、不動産の共有分割をしたいという場合には現物を分割する必要がなく、手続だけですむ利点があります。しかし、たとえば、共有名義の不動産を売却する際に、共有者全員の同意を必要とするなど、共有分割後はさまざまな制約を受けるという難点があります。また、共有者の１人が共有物分割請求（民法256条）をした場合には、再び分割を協議して、協議がつかなければ裁判（訴訟）になってしまうという難点もあります。

■ 遺産分割が禁止される場合もある

相続人は、相続開始後に、原則としていつでも遺産を分割することができます。ただし、次のような場合には、遺産の分割が禁止されることがあります。

①　遺言による遺産分割の禁止

被相続人が、遺言によって、遺産の一部、あるいは全部の分割を禁止している場合には、遺産分割が禁止されます。ただし、遺言による分割の禁止期間は５年が限度とされています。

②　協議による遺産分割の禁止

相続人全員が合意した場合にも分割が禁止されます。

③　審判による遺産分割の禁止

相続人の資格や遺産の範囲などをめぐり係争中だというよう

換価分割のデメリット

換価分割を行うと、相続財産をそのままの形で利用できなくなる。また、土地や建物を売却すると、相続人の全員に「譲渡による所得税と住民税」がかかる可能性があり、その分は相続財産が目減りしてしまう。

共　有

数人が１つの物（共有物）を共同して所有すること（民法249条）。各共有者が共有物に対して持つ所有権の割合を持分（共有持分）という。
共有者の１人がその持分を放棄したり、相続人がいない状態で死亡したときは、特別縁故者がいる場合を除き、その持分は他の共有者に帰属する。また、自らの持分は自由に処分することができる。

遺言による分割禁止期間

被相続人は、遺言で、相続開始の時から５年を超えない期間を定めて、遺産の分割を禁ずることができる（民法908条）。

遺産分割が禁止されるケース

な場合には、家庭裁判所が定める一定の期間は、遺産の一部または全部の分割が禁止されます。

■ 遺産分割に期限はないが相続税に注意する

民法には、今のところ遺産分割について、いつまでに行わなければならない、という期限の定めがありません。「いつでも、その協議で、遺産の分割をすることができる」と定めるだけです。

このため、「相続から10年も経つが、いまだに遺産分割をしていない」「自分の土地は、20年も前に死んだ祖父名義になっている」といったケースも出てくるのです。

しかし、相続税がかかるほどの財産がある場合は、そんな気楽なことは言っていられません。相続税には、「配偶者は法定相続分まで相続しても相続税はかからない」という特典がありますが、この特典は、相続税の申告期限までに遺産分割が決まらないと受けられないのです。

したがって、通常の場合は、被相続人の死亡から相続税の申告期限までに遺産分割を行うことになります。また、遺産分割を行う場合は、その前提として、遺産の範囲を正確に把握し、その価額（価格）も算定しなければなりません。

遺産分割の禁止

以下のような改正が行われる予定である。
① 相続開始の時から10年を超えない範囲で共同相続人は５年以内の期間を定めて遺産の全部または一部を分割しない契約をすることができる。
② ①の契約は５年以内の期間で更新もできる（相続開始の時から10年を超えることができない）。
③ 家庭裁判所も特別の事由があるときは審判により上記と同様に遺産の全部または一部の禁止やその期間の更新をすることができる。

配偶者の税額の軽減

被相続人の配偶者が遺産分割や遺贈により実際に取得した遺産額が、次の①・②の金額のどちらか多い金額までは、配偶者に相続税はかからない。
① 1億6000万円
② 配偶者の法定相続分相当額

PART4
15

遺産分割協議

遺産分割のしくみ

遺産分割協議は相続人全員参加でしなければならない

■ 遺産分割協議のしかた

ここでは実際の遺産分割協議を見ていきましょう。遺産分割協議をどのように行うのかについて、法律上の決まりはとくにありません。全員が集まって協議をしてもよいですし、電話や電子メールなどで連絡を取り合って協議しても問題ありません。ただし、遺産分割協議は相続人全員が参加することが必要で、１人でも遺産分割協議に参加していなければ無効になります。

遺産分割協議は多数決でなく、参加者全員の合意により成立します。遺産分割協議の結果は、参加者全員がわかるようにすればよいのですが、通常は遺産分割協議書という書面を作成します。

■ 相続辞退の方法もさまざま

法定相続分や指定相続分と違う割合による遺産分割をしても、参加者全員が協議して納得した分割であれば問題ありません。また、遺産分割協議はいったん成立すると原則やり直しはできませんので注意しましょう。ただし、すべての参加者全員の合意があれば、いったん成立した遺産分割協議を解除する（合意解除する）ことができるとするのが最高裁の立場です。

相続人が相続を辞退したい場合は、相続開始を知った時から３か月以内に相続の放棄をしますが、この期間を過ぎても相続分の放棄はできます。相続分の放棄をする場合は、遺産分割協議書に「相続分なし」と記載することもありますし、自ら「相続分がないことの証明書」（相続分皆無証明書）を作成し、法務局（不動産の登記手続きの場合）や金融機関に提出すること

遺産分割への参加者

遺産分割協議に出席するのは、相続人だけとは限らず、包括受遺者も出席する必要がある。さらに、代襲相続人や認知された子も相続人として出席する必要があり、全員出席してはじめて協議が成立する。

行方不明者がいる場合

参加すべき相続人などに行方不明者がいる場合は、家庭裁判所に申し出て不在者財産管理人を選任してもらい、その不在者財産管理人が参加することで遺産分割協議を行うことができる。ただし、不在者財産管理人が遺産分割協議に参加する際は、家庭裁判所から権限外行為許可を得ておくことが必要である。

遺産分割協議が無効となる場合

公平に遺産分割をするため、一部の相続人などが参加していない遺産分割協議は無効となり、再度遺産分割協議をし直さなければならない。戸籍謄本などで、相続人をしっかりと確認しておく必要がある。

遺産分割協議の流れ

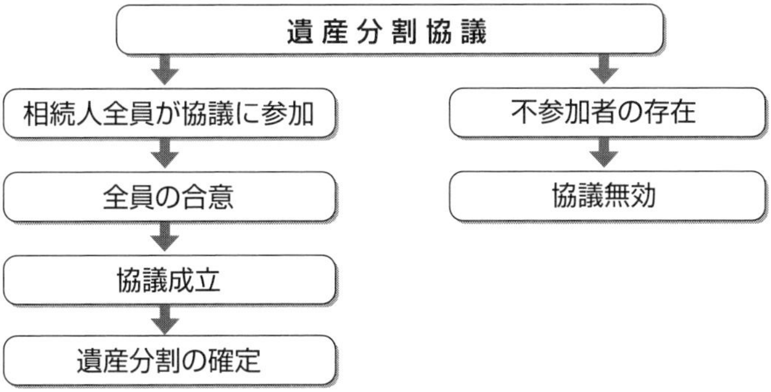

もあります。その他、特定の相続人に相続分を譲渡することで、遺産分割の手続きから脱退できます。

■ 遺産分割協議の成立により遺産の分割は確定する

遺産分割協議が成立した時に遺産の分割が確定し、相続の時点に遡って遺産の分割が有効になります。つまり、被相続人が死亡した時点から相続が開始され、遺産全体について相続人の共有状態が生じますが、遺産分割協議が成立し、各相続人に分割されれば、共有の時期はなかったことになるのです。

また、遺産分割協議の際に強迫や錯誤があった場合を除き、特別受益や寄与分について後から申し出ることができない点にも注意が必要です。

■ 協議が成立しなければ家庭裁判所に判断してもらう

遺産分割について協議が成立しなければ、家庭裁判所の調停または審判によることになります。協議や調停では相続人の意向が反映されますが、審判の場合は家庭裁判所が強制的に遺産配分を決めることになります。

強　迫

害悪を示して人を怖がらせ、一定の意思を表示させるよう仕向けること。

錯　誤

表意者自身が契約など（法律行為）の重要な部分について思い違いをしているにもかかわらず、表示と真意（本心）との食い違いに気づいていない場合のこと。

家庭裁判所の審判

審判においては、相続分の割合は変更できないが、各相続人の実情にあった遺産配分を決定する。遺産にはいろいろなものがあり、分割については複雑な事情もあるので、それぞれの事情に応じた判断が行われる。

16 遺産分割協議書と遺産の目録

「遺産分割協議書」を作成する

■ 遺産分割協議書は登記手続などで必要となる

法律上、遺産分割協議書の作成義務はありませんが、後日の争いを避けるための証拠として作成しておくべきです。相続による不動産の登記手続や相続税の申告の際などに、遺産分割協議書を添付して手続きをすることにもなるからです。相続人同士が遠隔地に住んでいる場合は、協議案を転送し合い、同意後に署名押印することも可能です（押印は実印で行います）。

包括受遺者も署名押印する

包括受遺者がいる場合は、その人も遺産分割協議の参加者なので、相続人とともに遺産分割協議書に署名押印する必要がある。相続人には、代襲相続人や認知された子も含むことに注意。

■ 遺産分割協議書の作成手順

最初に遺産の内容を明確にするための遺産目録を作成し、この遺産目録を参照して、遺産分割協議書に各相続人への分割の内容を記入していきます。合意による一部分割は有効ですが、その場合は一部分割であることを明示します。後日、遺産が発見されたときは別途協議する、という合意もしておいた方がよいでしょう。一部分割であるのを明示しないと、全部の遺産を対象にしていない遺産分割協議であるとして、その協議が無効になる可能性もあるので気を付けましょう。

遺産分割協議書は、相続人全員の署名と実印の押印が必要です。相続人の人数分だけ作成し、それぞれが自分の印鑑証明書といっしょに保管するのがよいでしょう。作成のポイントは以下のとおりです。

① 誰が何をどれだけ相続するのかを明確に記します。不動産の場合は、登記事項証明書の記載をそのまま転記します。

② 代償分割の場合（139ページ）、代償としていくらを誰にい

遺　贈

遺言によって、遺産の全部または一部を与えること。自分が死んだ後、特定の者に財産を与えたいと考えた場合に行われる（民法964条）。相続人もそれ以外の者も、原則として誰でも遺贈を受けることができる。

遺産目録の記載事項・形式・添付書類

①	相続する財産（相続の内容を明記）	⑤	有価証券など（金額・枚数）
②	代償の支払（目的物及び支払の内容）	⑥	特記事項（法的意味を明確にして）
③	書式（署名以外はワープロで作成可）	⑦	署名、押印（実印で）、印鑑証明書
④	住所（住民票や印鑑証明書の通りに）	⑧	登記（印鑑証明書と共に添付が必要）

つまでに支払うのかを記します。代償分割であることも明記しましょう。

③　書式は自由です。署名以外はワープロで作成した文書でもかまいません。訂正がある場合は、訂正箇所の欄外に全員が訂正印を押します。複数ページの書面になれば契印が必要です。

④　現住所と住民票上・印鑑証明書上の住所が異なるときは、現住所と住民票上の住所を分けて記載します。

⑤　預金、預り金、株券などは、事前に金額、株数を確認します。場合によっては、遺産分割協議書に押印すると同時に、金融機関の請求書など専用書類へも押印し受領者を確定させます。

⑥　遺産分割協議書には、①～⑤の事項以外にも特記事項を記入してかまいませんが、問題にならないように、それが法的にどんな意味をもつのか明確にしておきましょう。

⑦　参加者全員が署名し、印鑑証明書を添付します。押印は印鑑証明を受けた実印で行います。署名はサインでも記名でも有効ですが、押印は実印でする必要があります。作成後は各自で保管します。

⑧　相続登記手続の際には、法務局に提出する申請書に、遺産分割協議書と印鑑証明書の添付が必要です。

契　印

1つの文書が複数ページにまたがる場合に押す印。

実　印

市区町村への印鑑登録により印鑑証明書（印鑑登録証明書）の交付を受けている印鑑のこと。実務上は、重要な取引において実印が用いられることが多く、登記の場面などでは印鑑証明書の交付が求められることがある。

記　名

当事者の直筆ではなく、ゴム印やワープロの印字や、第三者によって氏名・名称が記載されること。

遺産分割後にしなければならない手続き

預金、株式については名義変更が必要

■ 相続したものを自分のものにする

遺産分割協議がまとまり、各相続人の相続分が確定したとしても、その後の手続きが必要です。たとえば、家や土地の不動産は所有権の移転登記が必要になりますし、動産は他人がもっていれば、引き渡してもらわなければなりません。

銀行預金、株式などについては、新しい所有者への名義変更や口座振替が必要です。これらは義務ではありませんが、名義変更や口座振替をしなければ、その財産の新しい所有者になったことを客観的に証明できなくなります。

遺産分割後の手続きについて

本文記載の遺産分割後に行う、名義変更などの各種手続きについて、とくに期限は定められていないが、その後の手続きをスムーズに進めるためには、できるだけ早めに済ませる必要がある。

■ 共同相続人が不動産の名義変更に応じないとき

遺産分割協議がすでに終わっているのに、不動産の所有権移転登記（名義変更）に必要な書類の交付や申請書への押印を拒む相続人もいます。この場合は、それらの書類に不備があれば、訴訟などで名義変更手続きを求めることになります。とくに書類に不備がなければ、実印が押された遺産分割協議書に印鑑証明書を添付して登記申請手続きを行うことができます。

遺産分割協議書作成の効果

本文記載のように他の相続人が不動産の名義変更に応じない場合などに、遺産分割協議書が確実に作成されていれば、調停や訴訟における手続きが容易で、時間もかからないというメリットがある。

■ 遺産分割協議はやり直すことができるか

相続人全員の合意に基づく遺産分割協議は、いったん成立すれば全員を拘束する効力が生じ、やり直しを主張することはできません。たとえ協議成立後に相続人の債務不履行があっても、協議の解除は認められないというのが最高裁の立場です。義務を履行しない相続人に対しては、協議で決定したことを要求し

相続開始から遺産分割までの流れ

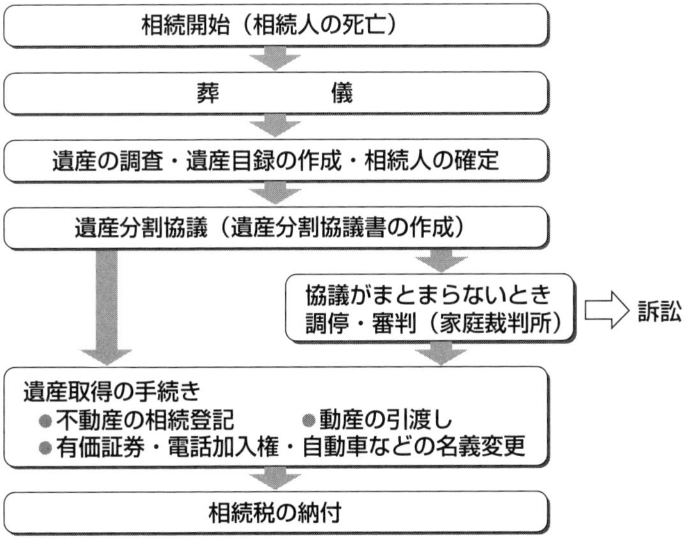

ていく他はないのです。相続人全員の合意があれば遺産分割協議をやり直すことは可能ですが、税務署は遺産の再分割を認めていないので、再分割をすると新たに譲渡所得税や贈与税の負担が発生することに注意を要します。

また、相続人の一部を参加させない協議、包括受遺者がいる場合にその人を参加させない協議は無効ですから、再び協議を行うことになります。

さらに、遺言書の発見により新たに相続人の認知が生じた時は、各人の相続分が変更されます。ただし、他の相続人によって遺産分割が成立した後に認知された子による遺産分割の請求は、相続分に相当する価額の支払いを請求できるだけです。しかし、本来相続人になりえなかった人（親や兄弟姉妹）が遺産を取得していた場合には、認知された子から請求があれば、遺産を相続人に返還しなければなりません（23ページ）。

遺産分割につき利益が相反する場合

①親権者（または後見人）も相続人であるとき、②複数の未成年者がいて親権者か後見人が共通であるときの2つである。
これらの場合、親権者か後見人は、家庭裁判所に未成年者の特別代理人の選任を請求する義務がある。義務を果たさずに利益が相反する代理行為があったときは無効となる可能性が非常に高い。

Column

内縁と相続

夫婦同然に生活をしていて婚姻（結婚）の意思もあるが、婚姻届は出していないという状態を内縁といいます。「事実婚」と称して婚姻届を出さずに生活する夫婦も増えていますが、これも一種の内縁関係です。婚姻届を出していない以上、相続などの場面において法律上の婚姻とは区別して扱われます。

民法は、相続の場面において、相続人となる人の範囲を定めており、「配偶者」および「子（胎児を含む）・直系尊属・兄弟姉妹の血族相続人」に大別しています。配偶者とは、法律上の婚姻関係にある夫または妻のことです。そのため、内縁の配偶者は、たとえ長年いっしょに生活し、周りの者が夫婦と認めていても、相続分は認められません。また、配偶者居住権も、対象は法律上の配偶者のみです。同様に、特別寄与料の制度も、一定の親族が対象になるため、親族ではない内縁の配偶者は対象外です。

ただし、被相続人に相続人がいない場合、特定の条件に該当すると、内縁の夫（妻）が被相続人の財産を譲り受けることが認められるケースがあります（特別縁故者への財産分与など）。

たとえば、借地借家法36条は、内縁の夫婦で居住していた賃貸アパートなどの借家権について規定しています。借家人である内縁の夫（妻）が死亡した場合、この人に相続人がいなければ、何ら問題なく同居していた内縁の妻（夫）が借家権を承継できるとするものです。

しかし、内縁の夫に正妻との間の子などの相続人がいる場合は、借家権も相続人が相続することになるので、内縁の配偶者が借家権を承継できず居住権も失います。つまり住居から出ていかなければなりません。これは内縁の配偶者にとって酷であるため、同居していた内縁の配偶者は、相続人が相続した借家権を援用し、家主に対し引き続きその建物に居住する権利を主張できるとする判例があります。

PART 5

家庭裁判所での手続き

PART5
1

家庭裁判所の利用方法

家庭裁判所での手続き

家事相談から調停・審判まで活用法はさまざま

■ 家事事件にはどのような種類があるのか

家事事件は大きく、別表第１と別表第２に記載されている事件の２つの類型に分けることができます（次ページ）。

別表第１の事件とは、当事者が自らの判断で処分することができない権利が関わる公益性の高い事件で、調停によって解決することができない事件のことです。別表第２の事件とは、当事者が自らの判断で処分することができる権利に関する公益性の低い事件で、調停によって解決することができる事件のことです。

■ 調停はトラブルの原因を把握することからスタート

遺産分割事件では、いろいろな問題がからみ、一挙に解決しようとすると協議がなかなかまとまらないので、「積み上げ方式」といわれる独特の方法で調停を進行させます。まず、相続人の範囲を確認し、遺産の範囲を確認します。これらの点について、当事者間で合意ができない場合は、遺産分割の調停はできず、調停を取り下げ、民事訴訟で解決するしかありません。

遺産の範囲を確認した後は、遺産の評価をします。評価について合意ができない場合は、鑑定する方法もあります。評価が決まったら、特別受益、特別寄与などの有無を調査し、各人の相続持分を算出し、最後に誰が何を取得するかを決めます。話し合いで解決できそうな場合、分割方法の基本案が調停委員会から提示されます。その結果、うまく当事者の合意が得られれば、最後に調停調書を作成して調停は終了します。

家事手続案内

全国の家庭裁判所には、夫婦、親子、相続など家族関係の法律問題について手続きの説明などを行う「家事手続案内」のサービスがある。家事手続案内では、申立てにあたって必要な費用や添付書類など、問題解決のためのさまざまなアドバイスを受けることができる。

家事事件手続法

家事事件を扱う法律に家事事件手続法がある。そこで定められている調停ができる別表第２事件については、原則として調停前置主義をとっている。家庭内のトラブルについては、いきなり審判の申立てや訴訟の提起ということは認められず、家庭裁判所の調停を経なければならないという原則である。
もっとも、遺産分割事件は調停前置主義がとられていないが、審判の申立てをしても、家庭裁判所の判断で調停に回されることが多い。

相続に関する別表第１事件・別表第２事件の概要

●別表第１（24 項目 134 種類）

推定相続人の廃除など、相続の承認及び放棄（相続放棄や限定承認の申述の受理など）、財産分離など、相続人の不存在（特別縁故者に対する相続財産の分与など）、遺言書の検認など、遺留分の放棄の許可など、中小企業における経営の承継の円滑化に関する法律（遺留分の算定に係る合意についての許可）など

●別表第２（9 項目 17 種類）

祭具等の所有権の承継者の指定、遺産分割及びその禁止など

■ 調停申立て後の流れはどうなっている

調停として扱われる場合には、当事者が期日を定めて呼び出されますので、必要な資料を用意して、当事者本人が出頭します。調停では、裁判官と家事調停委員で構成される調停委員会が、当事者全員が納得する解決をめざします。

合意ができた場合は、合意事項を調書にすることで調停成立となり、事件は終了します。調停調書の作成は家庭裁判所が行うので、合意に至る過程で、裁判官などの前で内容をよく確認したり記録をとっておくことが大切です。調停調書は後日交付されますから、相違があれば申し出ます。

調停の事前準備手続きについて

家庭裁判所は調停の申立てを受けると、相続人の事情（被相続人との関係や相続財産など）を知るための申立書等書類一式を相続人全員に郵送する。各相続人が記入の上、返送すると、家庭裁判所はこれをもとに調査書を作成し、調停の事前準備を行う。

■ 調停が不調に終わったときは審判へ

遺産分割事件では、調停が不調に終わり、合意できなかった場合は、自動的に審判手続きに移行します。ただし、相続人の範囲や遺産の範囲について争いがある場合は、裁判所は「調停をしない」という決定をして、審判手続きに移行させない場合があります。これに対し、別表第１事件の場合は、そもそも調

停が行われませんので、審判手続きから開始されます。

審判とは、家庭裁判所が行う終局的な判断のことをいいます。調停は当事者同士の自主的な紛争解決手段ですので、家庭裁判所の一方的判断である審判とは異なります。遺産分割事件については調停に回されることが多いですが、もし調停を経ずに最初から審判を請求したいときは、「遺産分割審判申立書」に必要事項を記入して、添付書類とともに相続開始地の家庭裁判所に提出します。審判手続きでは調査官による調査などが行われます。

その後、各相続人の事情などにも配慮した審判の告知がなされ、強制的に遺産分割の方法を決定します。審判に不満がある場合は、2週間以内に申し立てることで、高等裁判所で即時抗告という不服申立ての手続を行うことができます。

即時抗告
決定または命令という形式の裁判が行われた日から一定の期間内に行える不服申立てのこと。

■ 審判・調停申立てに必要な書類と費用は

相続に関する家事事件では、相続人、包括受遺者、相続分譲受人などが、各種書類を家庭裁判所に提出します。用意するおもな書類は、①申立書、②相続人・利害関係人目録及び相続財産目録、③戸籍謄本・除籍謄本です。

相続人を確認するため戸籍謄本は、古いものまで必要です。手間がかかる場合は、弁護士などに書類をそろえてもらいます。審判を申し立てたときは、家庭裁判所から書面で照会を受けることや、調査官による調査や裁判官による審問のために呼出しを受けることもあります。

申立てに必要な費用は、申立書に貼る収入印紙、実務連絡に必要な通信費などです。場合によっては、鑑定や出張などの費用を負担しなければならないこともあります。

■ 相続放棄・限定承認の申述手続き

相続人は、家庭裁判所に対する申述を通して、被相続人の財

審判手続きの流れ

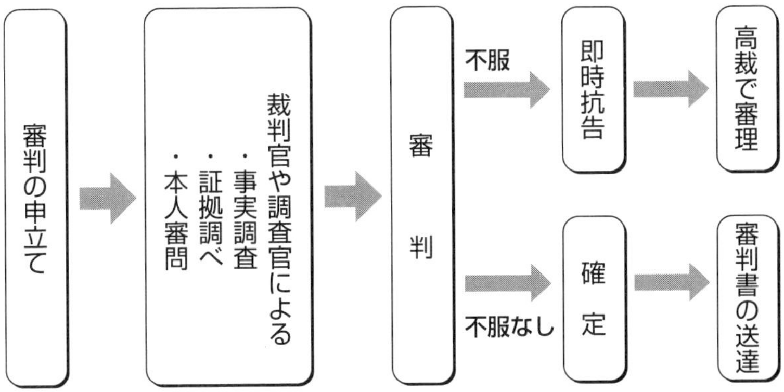

産の引継ぎをすべて拒否する相続放棄と、プラスの財産の範囲内でマイナスの財産を引き継ぐ限定承認を行うことができます。どちらも相続開始を知った日から3か月以内（これを熟慮期間といいます）に、家庭裁判所に対して審判の申立てを行わなければなりません。熟慮期間内に相続放棄や限定承認を行わなければ、マイナス財産を含めたすべての被相続人の財産を相続したとみなされてしまいます（44ページ）。

相続放棄を例に挙げると、被相続人の最後の住所地を管轄する家庭裁判所に対し、以下の必要書類を揃えて、申述の申立てを行います。

① 相続放棄申述書

② 被相続人の住民票除票または戸籍附票

③ 相続放棄をする人の戸籍謄本

④ 被相続人の死亡の記載のある戸籍謄本（被相続人の父母などの直系尊属または兄弟姉妹が相続放棄をする場合は、被相続人の出生から死亡までの戸籍（改製原戸籍、除籍）謄本が必要）

審問

裁判官が事件を審理するため、事件の当事者などに口頭や書面で事情を尋ねること。審問は非公開である。

戸籍謄本／除籍謄本

戸籍謄本とは、戸籍に記載されている事項の全部を謄写（コピー）したものである。
除籍謄本とは、除籍（婚姻や死亡などの理由で戸籍に載っていた人の全員が除かれている戸籍）に記載されている全員を証明する書面のことである。

遺産分割調停

遺産分割に関するトラブルは家庭裁判所で解決する

■ 遺産分割調停の手続きの流れ

遺産分割調停は、裁判官と家事調停委員から構成される調停委員会が、中立公正な立場で各相続人から事情を聞いたり、妥当な解決策を示したりするなど、話し合いによって円満に解決できるよう仲介する手続きです。

遺産分割調停は、相続人（包括受遺者を含む）の１人または数人の申立てによって開始されます。遺産分割協議が相続人全員の参加を必須とする手続きであることから、申立人以外のすべての相続人が相手方になります。

申立てが受理されれば、裁判所が調停を行う日（調停期日）を決定し、申立人および相手方に第１回目の期日が書かれた呼出状が送られてきます。期日に裁判所へ出頭すると、申立人と相手方はそれぞれ「調停室」と呼ばれる部屋で、調停委員と話しをすることになります。１回の期日で両者の話し合いがまとまれば、そこで調停は終わりますが、まとまらない場合は第２回、第３回と期日が続行され、話し合いが続けられます。

遺産分割調停を利用して、相続人全員が合意に達した場合は、調停調書が作成され、その内容に沿って遺産分割が行われます。

遺産分割調停は、相続人間で遺産をどのように分けるかを決定する手続きであることから、相続人や遺産の範囲が確定していることが前提となります。遺産の範囲に争いがある場合、遺産分割調停の中で遺産の範囲について相続人全員で合意して解決することが可能です。しかし、遺産分割調停における合意形成が困難である場合は、先に「遺産確認の訴え」（113ページ）

遺産分割調停の申立ての必要書類

申立てのおもな必要書類は、①申立書、②被相続人の出生時から死亡時までの連続した戸籍（除籍、改製原戸籍）謄本、③相続人全員の戸籍謄本、④相続人全員の住民票の写しまたは戸籍附票、⑤遺産を証明する書類（登記事項証明書、預貯金の通帳の写しなど）である。申立費用は、被相続人１人につき1200円分の収入印紙の他、各裁判所の指定する連絡用郵便切手を提出する必要がある。

調停調書の効力

調停調書には確定判決と同一の効力が認められるため、調書の内容に従わない相続人がいる場合は、強制的に手続きを進めることができる（強制執行の申立てなどが考えられる）。

遺産分割調停・審判の流れ

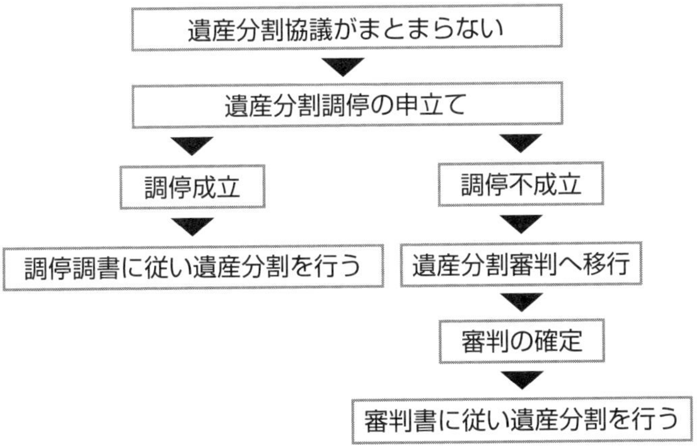

を提起して、遺産の範囲を確定しておくことが必要です。

■ 遺産分割審判の手続きの流れ

遺産分割調停が不成立に終わると、別途審判の申立てを行うことなく、自動的に調停が行われた家庭裁判所において、審判の手続きが開始されることになります。

遺産分割調停では、申立人と相手方がほぼ顔を合わせることなく手続きが進められていきます。しかし、遺産分割審判では、裁判官による審問の期日に申立人と相手方が出頭します。つまり、相続人全員が顔を合わせます。審問の期日においては、主張を書面にまとめ、その主張を裏付ける証拠を提出し、自らの主張立証を行います。そして、双方の主張立証が出尽くしたと裁判官が判断すると、どのように遺産を分割すべきかについて審判が下されます。審判の内容は審判書という書面に記載され、調停調書と同様、確定判決と同一の効力を持ち、強制執行の申立てなどが可能になります。

遺産分割審判の内容に不服がある場合

審判の内容に不服がある者は、2週間以内に、審判をした家庭裁判所に対して不服申立て（即時抗告）をする必要がある。不服申立てがなされない場合には、審判の内容が確定する。

PART5
3

家庭裁判所での手続き

遺産分割以外の相続トラブルの解決策

家庭裁判所の調停・審判や民事訴訟を利用する

■ 相続人や遺産の範囲に争いがある場合

遺産分割の前に、「誰が相続人か」（相続人の範囲）、「何が遺産に含まれるか」（遺産の範囲）を確定する必要があります。

相続人の範囲の確定は、被相続人の出生から死亡までの戸籍（改製原戸籍、除籍）謄本の記載に基づいて行います。ただし、被相続人が認知症を発症した後に養子縁組をしていた場合や、意識不明の状態で婚姻届が提出されていた場合などは、被相続人との身分関係に争いが生じる可能性があります。この他、他人の子を実子として届け出ていた場合における親子関係不存在確認の訴えの提起や、死後認知を求める認知の訴えの提起なども、相続人の範囲に争いが生じた場合に利用されます。

遺産の範囲の確定は、被相続人名義の不動産でも、特定の相続人が不動産の購入資金を拠出していたときは、その不動産を遺産に含めるか否かで揉めることがあります。この場合、まず家庭裁判所に遺産分割調停を申し立て、話し合いの中で遺産に含めるか否かについて合意に達する方法があります。合意に達した場合は、裁判官や家事調停委員を交えて、どのように遺産を分割するかを話し合います。しかし、合意に達しない場合は、調停不成立により遺産分割審判の手続きに移行し、裁判官が審判によって遺産に含まれるか否かを判断します。

遺産の範囲については、前述したように、地方裁判所に「遺産確認の訴え」を提起する方法もあり、こちら方がよいでしょう。遺産確認の訴えは民事訴訟なので、訴えを提起した人（原告）を除く相続人全員を相手方として訴えを提起します。

調停前置主義

養子縁組、婚姻、親子関係、認知に関する事件は、いずれも調停前置主義を採用している。そのため、訴えを提起する前に、家庭裁判所へ調停を申し立てることが必要であり、調停手続きで話し合いをしたが合意に達しないときに、訴訟の提起が可能になる。

親子関係不存在確認の訴え

戸籍上は親子とされているが、実際には親子関係がないことを確認するための訴えのこと。おもに嫡出推定が及ばない子（婚姻成立日から200日以内に生まれた子など）との間の親子関係を争う手段として利用される。

遺産分割審判における遺産の範囲に関する判断

遺産分割審判における遺産の範囲に関する判断については、あくまで遺産分割を行う前提にすぎないため、後から他の相続人が訴訟を提起することで、再び遺産の範囲が争われる危険性がある。

遺産分割以外のトラブルと手続き

相続人の範囲に争いがある	婚姻無効の訴え、養子縁組無効の訴え 親子関係不存在の訴え　など
遺産の範囲に争いがある	遺産分割調停・審判、遺産確認の訴え
遺留分について争いがある	遺留分侵害額請求調停・訴訟
遺言について争いがある	遺言無効確認調停・訴訟

■ 遺留分侵害額請求権

兄弟姉妹以外の相続人には、最低限相続できる「遺留分」が認められています。遺留分が侵害されたときは、遺留分を侵害する受遺者や受贈者に対し、遺留分侵害額請求権を行使することができます（39ページ）。遺留分侵害額請求権を行使したが、相手方が遺留分相当額の金銭を支払わない場合は、家庭裁判所へ遺留分侵害額請求調停を申し立て、調停不成立となった場合に、地方裁判所へ遺留分侵害額請求訴訟を提起します。

遺留分侵害額請求権と調停前置主義

遺留分に関する紛争も家事事件として調停前置主義が採用されているが、遺産分割の場合とは異なり、調停不成立となっても審判の手続きに移行せず、調停で解決しなければ別途、訴訟を提起する必要がある。

■ 遺言の無効を訴える

被相続人が遺言書を遺していた場合は、遺産分割は被相続人の意思を尊重して遺言内容に沿って行われるのが原則です。ただし、遺言が認知症などで遺言能力がない状態で作成された場合や、特定の相続人が有利になるよう脅されて遺言書が作成された疑いがある場合など、遺言の有効性に疑義が生じるケースも少なくはありません。

その場合は、まず家庭裁判所へ遺言無効確認調停を申し立て、調停不成立となった場合は地方裁判所へ遺言無効確認訴訟を提起することになります。

申し立てる裁判所の違い

調停や審判は家庭裁判所に申し立てる

■ 調停や審判と訴訟では申し立てる裁判所が違う

相続に関する紛争は、家庭裁判所の調停・審判と地方裁判所の訴訟の２つに分かれます。

家庭裁判所の扱いとなる紛争は、別表第１事件と別表第２事件に分類されています（151ページ）。別表第２事件に分類される事件は調停の対象になりますが、別表第１事件に分類される事件は公益性が高いので、調停の対象になりません。

地方裁判所の扱いとなる紛争（訴訟手続きになる紛争）は、遺産の範囲の確認、相続欠格による相続権不存在確認などです。調停前置主義を採用する遺留分侵害額請求などは、調停不成立のときに地方裁判所が扱います。

調停は、相手方の住所地または当事者が合意で定める家庭裁判所が管轄します。審判は、被相続人が最後に住んでいた場所か死亡した場所の家庭裁判所が管轄します。ただし、寄与分に関する申立ては、遺産分割の申立てがすでになされていた場合、その家庭裁判所にだけ申し立てることが可能です。

家庭裁判所の扱いとなる訴訟手続き

人事に関する争い（養子縁組・婚姻・親子関係・認知に関する一定の事件）については、人事訴訟法という法律に基づき、調停前置主義がとられている。家庭裁判所が調停を行った後、調停不成立の際は家庭裁判所に人事訴訟を提起することになっている。

■ 調停前の仮の処分とは

調停委員会は、調停を行っている間に、調停のために必要な仮の措置を命じることができます。これを調停前の仮の処分といいます。調停前の仮の処分としてどのようなことを行うかは、調停委員会の判断によって決定します。なお、調停前の仮の処分に対して当事者は不服申立てができません。また、調停事件の推移に応じて、調停委員会は調停前の仮の処分の内容を変更

過料の制裁

調停委員会が命じた調停前の仮の処分に従わない者に対しては、10万円以下の過料を支払うように命じることができる。

家事事件で利用できる保全処分

保全処分		
→	調停前の仮の処分	・調停のためにとくに必要があると認めるときに行われる ・執行力がない（強制執行ができない）
→	審判前の保全処分	・一般の民事保全手続きと比べると納付する保証金の金額が低額ですむことが多い ・執行力がある（強制執行ができる）
→	一般の民事保全手続き	・一般的には地方裁判所での手続きが必要 ・原則裁判所に保証金を納める必要がある

することができます。緊急の場合は、調停委員会に配属された裁判官が単独で調停前の仮の処分を命じます。ただし、実務上調停前の仮処分が行われることは、ほとんどありません。

■ 審判前の保全処分とは

審判手続きを扱う家庭裁判所は、仮差押や仮処分などの暫定的な措置を命じることができます。これを審判前の保全処分といいます。審判が行われる前に、関係者の財産などが変動してしまうと、後日の審判で決まった義務の履行が困難になる可能性が出てきます。審判前の保全処分を命じておけば、義務の履行が円滑に行われることが期待できます。

審判前の保全処分を行うには、審理の対象となる事件が存在していることと、保全の必要性が求められます。審判手続きが行われている場合だけでなく、調停の申立てがあった場合も保全処分を命じることができます。また、保全処分に基づいて強制執行をすることも可能です。しかし、保全の必要性がなくなった場合は、審判前の保全処分を取り下げる必要があります。

保全処分

将来の強制執行に備えて、相手方が財産を隠したり処分したり、あるいは財産の価値を減少することを防ぐ処分のこと。
一般には、民事保全法という法律に規定されている仮差押や仮処分を指す。

強制執行

国家機関（執行裁判所など）が債権者の請求権を強制的に実現する手続のこと。
たとえば判決が確定した場合、判決で支払いを命じられた金銭や、引渡しを命じられた物を、国の機関（執行機関）が強制的に被告からとり上げて、原告に引き渡すことができる。

専門家への相談・依頼方法

公的機関や弁護士会などの相談窓口を利用する

■ 相続について相談できる機関がある

相続問題は、弁護士などの専門家に手続を依頼するのが一般的です。ただし、その場合には、相応の費用がかかりますが、次のような機関の窓口を利用すると、無料や低料金で相談に応じてくれることもあります（次ページ図）。相続問題は、その種類によって依頼先が違います。まず何について相談したいのかを明確にし、大まかな費用を確認してから依頼します。

① 弁護士

相続争いがこじれた場合には、弁護士に相談・依頼すると、法的な観点から適切なアドバイスがもらえますし、トラブルに対する訴訟などの法的措置を講じてもらえます。

② 税理士・経営コンサルタント

相続に関する税務全般の相談は税理士にするのが一般的です。相続税の納め方や節税の方法、申告書の作成方法などについて相談できます。

③ 司法書士

司法書士は、さまざまな法的な手続に必要となる書類を作成したり、申請の代行などをしています。具体的には、不動産の所有権移転などの登記申請書の作成と申請の代理、それに伴う戸籍謄本や住民票などの取り寄せを依頼できます。

④ 行政書士

役所に提出する書類の作成などの他、遺言書や遺産分割協議書の作成も行います。遺言書の作成に不安がある場合には、相談をしてみてもよいでしょう。

法テラス

相続など法律トラブルの相談を受ける機関。具体的には、相談内容に応じた法制度の紹介や、弁護士などの専門家の紹介をしている。相談料は無料だが、あくまでトラブル解決のために必要な法制度の紹介などを行うだけであり、具体的な解決方法を提示してもらえるわけではない（紹介を受けた弁護士などに解決してもらう）。

弁護士に相談するときの注意点

相談では、相続人本人であることを確認できる書類や資料を持参し、問題点は事前に整理しておくとよい。

税理士に相談するときの注意点

実際に相談に行く場合は、登記事項証明書や固定資産評価証明書など客観的な資料を用意しておく。固定資産評価証明書は住所地の役所で入手可能。

相続問題の相談機関

相続問題

① 地方自治体の法律相談窓口

都道府県・市区町村といった各地方自治体には、無料の法律相談の窓口が設けられている。窓口では弁護士らが無料で相談に応じている。

② 税務署・国税局の相談室

各税務署や各国税局に無料相談室が設けられている。相続税などについて不明な点は相談できる。

③ 弁護士会や司法書士会など専門家の法律相談

弁護士会では法律相談センターを、司法書士会では司法書士総合相談センターを全国各地に設置している。

⑤　ファイナンシャル・プランナー

個人の資産運用や金融のアドバイスを行い、資産計画を立てる手助けをします。相続税対策のために財産の組み替え（不動産を売却し現金に替えるなど）の提案をしたり、事業の後継問題について、多面的にアドバイスします。

⑥　不動産鑑定士

遺産分割において相続財産に不動産がある場合、その不動産にどの程度の価値があるのかがわからなければ、遺産分割ができません。このような場合には、不動産鑑定士に、不動産の鑑定依頼を行います。不動産鑑定士は、全国にある不動産鑑定士協会などで紹介してもらうことができます。

⑦　土地家屋調査士

遺産分割や物納を行う場合には、分筆登記や不動産の測量が必要になります。この分筆登記は、土地家屋調査士だけが行える業務です。

土地家屋調査士

都道府県の土地家屋調査士会や不動産会社などを通じて、土地家屋調査士を紹介してもらうこともできる。また、定期的に無料相談会を実施している土地家屋調査士会もある。実際に相談に行くときは、登記事項証明書と公図を用意しておくとよい。

Column

相続回復請求権

実際には相続権を持たない者が、自分自身に相続権があると考えて、被相続人の遺産を独占などしているなど、本来の相続人の相続権が無視された状態に置かれることがあります。このような場合には、侵害された相続を受ける権利の回復を求めることになります。この権利を相続回復請求権といいます。この相続回復請求権は、侵害者に対して相続権を主張して、相続分にあたる財産の全部の引渡しを要求する権利です。そのため、相続人としての地位そのものの回復を要求する権利ともいえます。相続回復請求権の行使方法は限定されていませんが、現実問題としては訴訟によることが多いといえます。

もっとも、相続回復請求権を行使して訴訟を提起した場合、仮に勝訴したとしても、「相続分にあたる財産の全部」という不明確な範囲の財産について、強制執行などを行うことは困難です。そのため、実際に相続人が相続権を侵害された場合には、侵害者に対して、たとえば不動産であれば不動産の返還請求など、相続の対象に含まれる財産に関する個別の請求権を行使するのが通常であることから、相続回復請求権の必要性について批判も加えられています。

相続回復請求権は、侵害の事実を知ったときから５年間、相続開始のときから20年間で消滅します。真正な相続人の立場からすると、正当な権利が時効消滅してしまうというのは、不合理なようにも思えます。しかし、侵害者に対していつまでも相続回復請求権を行使できるとなると、事情を知らない第三者が表見相続人（実際には相続人ではないが、外見上、相続人に見える者。侵害者などがこれにあたる）から当該相続財産を買った場合、どれだけ経っても真正な相続人から目的物の返還を請求されることになってしまい、法律関係が不安定になっていまいます。そのため、法律関係の早期確定をめざす相続回復請求権に、一定の意義を認める見解もあります。

PART 6

登記のしくみと申請手続きの基本

登記記録

現在までの権利関係を記録したもの

■ 戸籍簿のような役割をもつ

人が生まれると、その子に名前がつけられて市区町村役場に出生届が出されます。また、人が結婚したときも同じように役場に婚姻届を出します。婚姻届が出されると、それまで親といっしょの戸籍に記載されていた子が、結婚相手と共に新しく独立した戸籍を作ることになります。このように、戸籍簿を見るとその人の人生の経過を知ることができます。

土地や建物の場合に、この戸籍簿の役割を果たしているのが登記記録です。登記記録には不動産に関する状況や権利関係が過去から現在に至るまで記録されていて、それを見ることによってその不動産の人生の経過などを知ることができるわけです。

登記記録は、登記簿に記録され、登記簿は、原則として磁気ディスクによって調製されます。

登記簿とは、磁気ディスクという「物体」そのものを意味します。これに対して、登記記録とは、登記簿の「中身」あるいは「内容」を指す言葉です。つまり、登記簿という物体に記録されている中身のことを登記記録と呼ぶわけです。

■ 登記記録の成り立ち

戸籍簿と同じように、登記記録でも不動産に関する状況や権利関係を一定のルールに従って整理して記録しています。このルールを大まかに述べると以下のようになります。

① 登記記録の構成

登記記録は、「表題部」と「権利部」の２つから構成されて

登記記録の構成

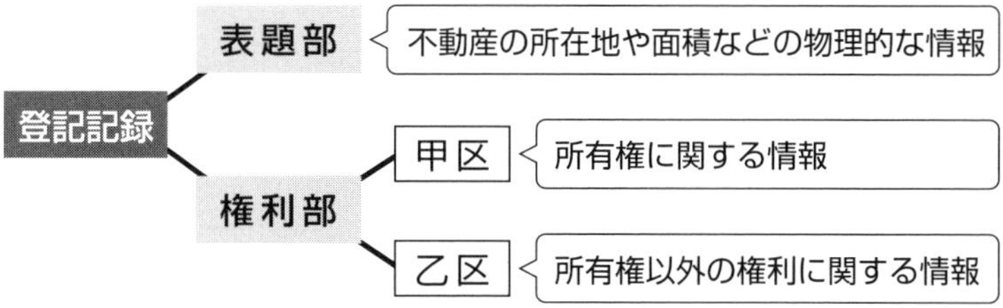

います。しかし、権利部はさらに「甲区」「乙区」の２つに分けられますので、表題部と甲区、乙区の３つから構成されているということもできるでしょう。

表題部は、その不動産に関する物理的・外形的な状況が記録されるところです。これに対して、権利部の甲区は不動産の所有権に関する記録がなされるところです。さらに、乙区は抵当権や賃借権など不動産に関する所有権以外の権利関係の記録がなされるところです。ただし、建物が新築されたばかりのときなどは、表題部しかないこともあります。

登記申請の依頼先

表題部は土地家屋調査士で権利部は司法書士である。表題部を司法書士が、権利部を土地家屋調査士が代理して登記申請することはできない。ただし、2つの資格を有する者が所属している事務所もある。

②　登記の順番

権利部の登記では、各登記がどういう順番でされたかが重要な意味を持ちます。順番を確認する方法は簡単にいえば次のとおりです。

甲区、乙区それぞれの区の中では、順位番号の若い方が先に登記されたということになります。甲区の登記と乙区の登記の前後を知りたい場合は、まず受付年月日を見ます。受付の日が早い方が先に登記されたというわけです。受付年月日が同じ場合には、受付番号を見ます。受付番号が若い方が先に登記されたということになります。

PART6
2

登記事項証明書

郵送で請求することもできる

■ さまざまな手段がある

登記記録に記録されている事項の全部または一部を証する書面として「登記事項証明書」の交付を受けることができます。登記事項証明書の交付を受けたい場合には、登記事項証明書交付申請書に必要事項を記入して提出します。申請書に記載する地番や家屋番号は住居表示（住所）と異なることが多いので、調べたい不動産の地番等は確認しておきましょう。権利証や登記識別情報を持っているときはそこに書かれています。

権利証等がない場合は法務局にある地図や市区町村役場等で確認できます。

調べたい不動産の管轄法務局が遠い場所にある場合、不動産登記情報交換サービスを利用することで、自宅や勤務先などの近くの法務局で遠隔地にある不動産の登記事項証明書を取得することができます。

不動産登記情報交換サービス

コンピューター化された法務局間において土地や建物に関する登記事項証明書の交付請求を相互にできるサービス。このサービスを利用するとき特別な手続きは不要（登記事項証明書取得の続きのみすればでよい）である。

法務局では、インターネットを通じた登記情報の提供サービスも行っています。これは「登記事項証明書」と内容的には同じですが、証明書とはならないものです。サービスの提供を希望する場合は、一般財団法人民事法務協会登記情報提供センターのホームページにアクセスしてみてください。

なお、登記事項証明書は、インターネットを利用して請求することもできます。ただし、受け取るには法務局に行くか、郵送してもらう必要があります。

登記事項証明書

表　題　部（土地の表示）		調製	余 白	不動産番号	0000000000000
地図番号	余 白	筆界特定	余 白		
所　　在	新宿区○○町一丁目			余 白	

①地　番	②地　目	③地　　積　m²	原因及びその日付〔登記の日付〕
1番12	宅　地	100 : 00	○○ 〔平成○○年○月○日〕
所　有　者	○○区○○町○丁目○番○号　○○○○		

権　利　部（甲 区）（所有権に関する事項）			
順位番号	登　記　の　目　的	受付年月日・受付番号	権　利　者　そ　の　他　の　事　項
1	所有権保存	平成○○年○月○日 第○○○号	所有者　○○区○○町○丁目○番○ ○○○○
2	所有権移転	令和○年○月○日 第○○○号	原因　令和○年○月○日売買 所有者　○○区○○町○丁目○番○ ○○○○

権　利　部（乙 区）（所有権以外の権利に関する事項）			
順位番号	登　記　の　目　的	受付年月日・受付番号	権　利　者　そ　の　他　の　事　項
1	抵当権設定	令和○年○月○日 第○○○号	原因　令和○年○月○日 金銭消費貸借同日設定 債権額　金○○○万円 利息　　年○% 損害金　年○% 債務者　○○区○○町○丁目○番○号 ○○○○ 抵当権者　○○区○○町○丁目○番○号 株式会社○○銀行（○○支店）

共　同　担　保　目　録			
記号及び番号	(あ)第○○○○号	調製	令和○年○○月○○日
番　号	担保の目的である権利の表示	順位番号	予　　　備
1	○○区○○町○丁目　○○番の土地	1	余 白
2	○○区○○町○丁目　○○番地　家屋番号 ○○○番の建物	1	余 白

これは登記記録に記録されている事項の全部を証明した書面である。

令和○年○○月○○日
東京法務局○○出張所　　　　登記官　　○　○　○　○

※　下線のあるものは抹消事項であることを示す。　　　整理番号　○○○○_（1／1）　（1／1）

登記申請書の記載内容

一般的な記載事項をおさえておく

■ 申請書を記載する際に必要な事項

法務局では受け付けた申請書の内容通りに登記記録への記録がなされます。したがって、申請書に記載する内容は、登記をするために必要な事項ということになります。

登記にはさまざまな種類があるので、記載事項もその登記によって異なります。相続登記を含め一般的な記載事項としては次のようなものがあります。

① **登記の目的**

売買や相続で所有権を取得した場合の「所有権移転」や債務を弁済等したため抵当権を抹消した場合の「抵当権抹消」のように、登記をする目的を記載します。

② **登記の原因**

登記の目的として掲げた物権変動は、売買や贈与、抵当権設定などの法律行為、または相続、時効、弁済といった法律事実を原因として生じることになります。そこで、そのような登記をする原因となった法律行為または法律事実を記載します。

「令和○年○月○日相続」というように、原因が生じた年月日も記載します。もっとも、登記によっては、所有権の更正登記のように原因日付のない場合もあります。

③ **申請人**

登記を申請する人の住所、氏名（法人の場合は本店所在地と商号、代表者の資格および氏名）を記載します。

共同申請の場合は、登記権利者と登記義務者の区別をします。登記権利者とは登記によって利益を受けることになる者のことで

登記の記載内容は正確に

登記官には申請書に記載された内容が真実であるかどうかを調べる権限がない。申請人が希望する登記の内容は申請書とその添付書類によって登記官に伝達され、その記載内容のとおりに登記記録に記録される。そのため、申請書は登記官に正しく登記内容が伝わるように、正確に記載しなければならない。

相続による登記申請書に記載する一般的な事項

登記申請書

①	登記の目的	所有権移転
②	原因	令和○年○月○日相続
③	相続人	（被相続人A） 住所・氏名
④	添付情報	登記原因証明情報・住所証明書など
⑤	令和○年○月○日申請○○法務局○○支局（出張所）	
⑥	代理人	住所・氏名・電話番号
⑦	課税価格	金○○○○円
⑧	登録免許税	金○○○○円
⑨	不動産の表示	

あり、登記義務者とは登記によって不利益を受ける者のことです。

相続の場合は相続人単独で登記申請をすることができるので義務者や権利者という概念はありません。

申請人自身で申請するときは、氏名の横に押印することを忘れないようにしましょう。申請人の電話番号などの連絡先も記載します。

④　添付書類

登記識別情報、登記済証、登記原因証明情報、印鑑証明書など、申請書に添付する書類の名称を記載します。

相続登記の場合は一般的に相続関係説明図や住所証明書（住民票コードを申請書に記載した場合は，添付を省略することができます）などを添付します。

⑤　申請日と法務局

登記申請の年月日を記載します。また、申請書を提出する管轄法務局の名称を記載します。

⑥　代理人

本人ではなく司法書士などの代理人が登記申請を行うときは、その代理人の住所と氏名を記載し、氏名の横に代理人が押印します。この場合、申請人の押印は必要ありません。

⑦　課税価格

不動産の価格（固定資産税評価額）や抵当権の債権額などを基準として登録免許税を計算する場合に記載します。1000円未満は切り捨てます。

⑧　登録免許税

課税価格を基準として登録免許税の額を計算し、金額を記載します。100円未満は切り捨てます。たとえば、不動産の相続において、その不動産の価格が、2000万円であった場合、登録免許税を算出する基準の課税価格はそのまま2000万円になります。相続を原因として所有権移転登記をする場合の登録免許税は課税価格の1000分の４ですので、登録免許税は８万円になります。ただし、相続により土地の所有権を取得した個人が、その土地の相続登記前に死亡した場合、死亡した個人にその土地を移す相続登記については、登録免許税は課されないなど（令和４年３月31日までの間）の免税措置があります。

⑨　不動産の表示

登記の対象となる不動産を記載します。土地の場合は、所在、地番、地目、地積で特定します。建物の場合、一戸建ては、所在、家屋番号、種類、構造、床面積、マンションなどの区分所有建物は、一棟の建物の所在、構造、床面積（建物の名称を記載すれば、構造、床面積を省略することができます）、専有部分の建物の家屋番号、建物の名称、種類、構造、床面積、敷地権の所在および地番、地目、地積、敷地権の種類、割合によってそれぞれ特定します。

■ 申請書と添付書類はどのように綴じるのか

申請書や添付書類の大きさ、綴じ方は法律で決められている

筆記用具の使い方や訂正方法

筆記用具については黒の油性インクを使っていれば、ボールペンでも万年筆でもかまわない。パソコンのワープロソフトを使用することもできる。申請書作成中に書き損じが生じた場合は、修正液を使用したり塗りつぶすといった方法で修正することはできない。修正する場合は修正部分に２本線を引き、上部の欄外に「○字訂正」または「○字削除、○字加入」と記入してそこに押印する。

申請書の綴じ方の例（相続登記の場合）

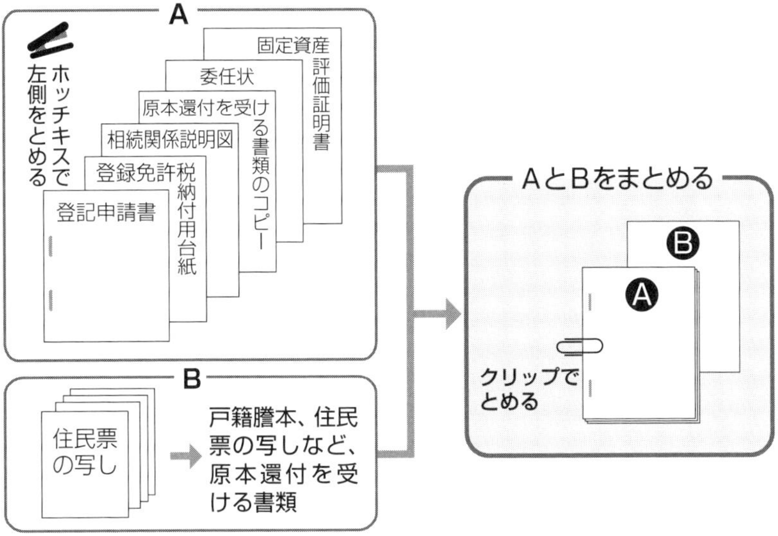

わけではありませんが、現在ではＡ４横書きで作成し、左側を綴じるのが一般的です。申請書を作成し、添付書類がそろったら、再度書き残しや間違いがないかを確認し、上図のような順序で綴じます。さらにグループ別に分けた書類を大型のクリップでとめて提出します。

① Ａグループ（法務局へ提出用の書類）

相続登記の場合、提出用に必要な書類は、登記申請書、登録免許税納付用台紙、相続関係説明図、原本還付を受ける書類のコピー、委任状などです。これらの書類を重ねて、左側をホチキスなどで綴じます。

② Ｂグループ（申請人に返還されるもの）

原本還付を受ける書類です。Ａグループで相続関係説明図を添付すれば、戸籍謄本などはコピーなしで原本還付されます（176ページ）。

原本還付を受ける書類

遺産分割協議書、印鑑証明書、住民票（除票を含む）の写し、固定資産評価証明書などの原本である。委任状は、原則として原本還付の対象外である。

添付書類・添付情報

オンライン申請では電子化された情報を提供する

■ 添付情報とは

登記申請をする場合、申請書と共に添付情報を提供しなければなりません。オンライン申請の場合は、申請情報と共に電子的データとしての添付情報を送信します。書面申請の場合は、添付情報を記載した書面などを提供することになります。

なお、オンライン申請でも、電子化されていない情報については、書面によって郵送または持参することにより、添付情報を提供することが認められています。

登記の種類によっても異なりますが、以下で書面申請の場合の基本的な添付情報を見ていきましょう。

・登記原因証明情報

権利の登記を申請する場合は、ごく一部の例外を除いて、すべての登記に登記原因証明情報の提供が必要です。

・登記識別情報または登記済証

共同申請の場合における登記義務者は、登記識別情報を提供します。登記識別情報という重要な情報を提供させることによって、登記義務者に間違いなく登記を申請する意思があることを確認するためです。

ただ、管轄法務局がオンライン申請ができる法務局になってから、はじめてその登記義務者がその不動産についての登記を申請する場合などには、従来通り登記済証を添付します。これらの場合、登記義務者はまだ登記識別情報の通知を受けておらず、登記済証がその登記義務者の権利や登記の申請意思を証明するものだからです。相続人の単独で申請のできる相続登記の

オンライン申請ができる法務局

平成17年の３月から順次変更していき平成20年７月に全国すべての法務局がオンライン申請ができる法務局となった。また、オンライン申請ができる法務局のことをオンライン庁やオンライン指定庁ともいう。

おもな書面申請の添付書類

書　類	備　考
登記原因証明情報	登記すべき原因となる法律関係や事実を証明する情報。売買契約書や遺産分割協議書など
登記識別情報	登記識別情報の代わりに、登記済証、資格者代理人による本人確認情報の添付、事前通知制度を利用することもある
印鑑証明書	売買による所有権移転、抵当権設定などの登記義務者の印鑑証明書を添付する
その他	会社法人等番号（資格証明書）、許可証、承諾書、住民票の写し

場合は原則として添付不要です。

■ 登記原因証明情報とは

登記原因証明情報は、登記の原因となる法律行為や事実が真に発生したことを証明する情報のことです。

オンライン申請または書面申請かを問わず、登記原因証明情報の提供は必須とされています。ただし、所有権保存の登記など、登記原因の存在しない一部の登記の申請では、登記原因証明情報を提供する必要はありません。

登記原因証明情報を必ず提供しなければならないとされている理由のひとつとして、登記の原因となる事実や法律行為について記載された書面を提出させることによって、登記官が、真に登記すべき原因が発生したか否かを審査する際の大きな資料とする、という点があります。

■ 登記原因証明情報の具体例

どのようなものが登記原因証明情報となるのか、書面申請の

資格者代理人などによる本人確認制度

司法書士などが代理申請する場合に、申請人が間違いなく本人であることを証する本人確認証明情報を提供し、登記官が適正なものと認めたときに、事前通知制度を省略することができるという制度。

事前通知制度

法務局から登記識別情報登記済証を提供すべき登記名義人の住所地に、申請があった旨やその申請の内容が真実であるときは2週間以内にその旨の申し出をすべき旨の通知を本人限定受取郵便にて郵送される。その後2週間以内に間違いない旨の申し出をすれば本人からの申請であると確認してもらえるという手続き。

場合の具体例を挙げてみましょう。

売買による所有権移転の場合の売買契約書、抵当権抹消登記の場合の解除証書など、登記原因、申請人、不動産の表示などの必要事項が記載されていれば、登記原因証明情報として提供することができます。

売買契約書の場合、当事者の表示や不動産の表示が誤っていたり、記載事項が不十分だったりすると、登記原因証明情報としては使用できない場合があるので注意が必要です。

売買契約書などがない、あるいは売買契約書があっても登記原因証明情報としての要件を備えていない、というような場合は、その登記申請のために報告形式の登記原因証明情報を作成し、これを提供することができます。報告形式の登記原因証明情報とは、登記の原因となる事実や法律関係などを記載したものであり、売買の場合であれば、売買契約の事実、所有権移転時期の特約など必要事項を記載し、作成名義人である登記権利者および登記義務者が記名押印したものです。

相続による所有権移転登記の場合は、戸籍謄本や遺産分割協議書、遺言書などが登記原因証明情報となります。また、住所移転や氏名変更による登記名義人表示変更・更正の登記の場合は住民票などです。

■ 登記済証から登記識別情報へ

登記識別情報とは、登記名義人が登記義務者として登記を申請する場合において、真に登記名義人がその登記を申請していることを確認するために、登記申請時に提出することを求められる英数字12桁を組み合わせた、いわば暗証番号です。

なお、不動産登記法改正前に行われた登記や、オンライン庁に指定される前の不動産の登記については、添付されていた登記原因証書や申請書副本に登記済の印が押されて法務局から返されていました。これが登記済証です。

登記識別情報

平成27年頃から12文字の英数字を隠す方法がシールからＡ４サイズの用紙の下部を折り込むことにって隠す様式に変更された。どちらにしても、12文字の英数字は人に見られると悪用される可能性もあるので極力開けない方がよい。

登記識別情報

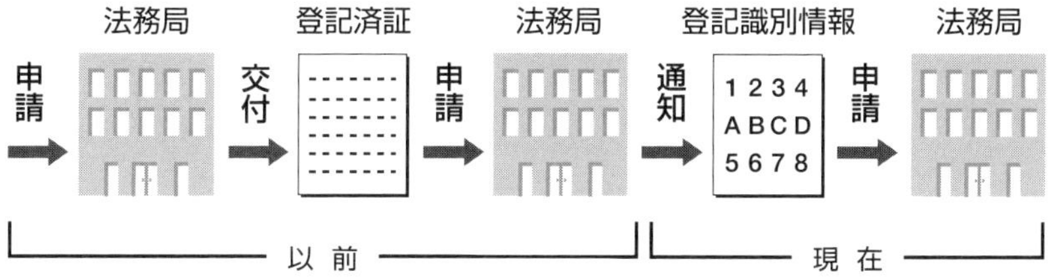

現在では、すべての法務局がオンライン申請できる法務局となったため、オンライン申請はもちろん、書類申請の場合でも登記申請後には登記済証ではなく、登記識別情報が通知されることになります。

■ 登記義務者の意味とその者から登記識別情報を提供する意味

登記の申請は原則として登記権利者と登記義務者が共同して行います。登記権利者は登記をすることによって形式的に利益を受ける者、登記義務者は登記をすることによって形式的に不利益を受ける者です。たとえば売買による所有権移転登記の場合、現在の所有者が登記義務者となりますが、この登記義務者は代金を受け取るのであり、実質的には不利益を受けることはないかもしれません。

しかし、登記の面から考えれば、登記義務者は自己の登記を失うことで不利益を受けることになるのです。登記義務者が登記識別情報を添付していれば、その申請が登記義務者の真意に基づくものであるという可能性が非常に高いといえます。

PART6
5

その他の添付情報と原本還付

住所証明書は省略できる場合がある

■ 印鑑証明書

登記名義人

登記記録に所有権や抵当権などの権利を有するものとして記載されている者。

所有権の登記名義人が登記義務者となって登記申請する場合、印鑑証明書を添付しなければなりません。登記義務者が個人である場合は、市区町村発行の印鑑証明書、登記義務者が会社など法人である場合は、管轄法務局発行の代表者の印鑑証明書を添付します。ただし、会社法人等番号を申請書に記載した場合は法人の印鑑証明書の添付は省略できます。

相続登記の場合単独で申請できるのでこの意味での印鑑証明書の添付は不要ですが、遺産分割協議書に押印した印鑑が実印かどうか証明するために印鑑証明書は添付しなければなりません。

■ 住所証明書

実際には存在しない人物や法人の名義で登記申請がなされることを防止するため、登記権利者の住所証明書を添付します。

添付を省略できる場合

個人の住所証明書は、申請書に住民票コードを記載した場合は、添付を省略できる。同様に、法人の登記事項証明書は会社法人等番号を申請書に記載した場合は添付を省略できる。

個人の場合は、住所証明書は住民票の写しか戸籍の附票または印鑑証明書です。住民票の写しは住所地の市区町村役場、戸籍の附票は本籍地の市区町村役場で交付されます。

法人の場合は、住所は本店（本社）などの主たる事務所の所在地であって、商業登記の登記事項証明書によって証明します。法人として登記されている法務局で交付を受けます。

■ 原本還付とは

添付書類の中には、別の登記申請をする際に必要になってくるものもあるため、「原本還付」という手続きが設けられています。

原本還付のしくみ

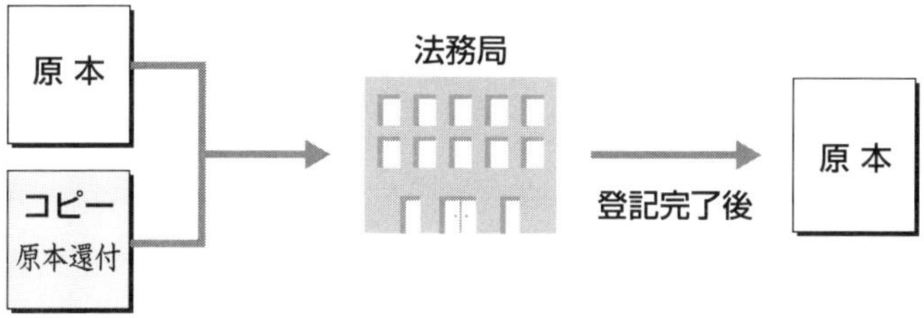

原本還付を請求できるのは、登記原因証明情報、代理権限証書（一部例外あり）、住所証明書などの書類です。

ただ、所有権の登記名義人が登記義務者となって申請する場合に添付する印鑑証明書（司法書士の職印証明書は除く）、その登記の申請のためだけに作成された委任状、報告形式の登記原因証明情報などの書面については原本還付請求ができません。

原本還付の手続きは、まず、原本をコピーします。そのコピーに法務局の受付に置いてある「原本還付」の判を押すか、自分で赤い字で「原本還付」と書いた上で、「右は原本と相違ありません」と申請人が記入して、記名押印します。原本ではなく、コピーのほうを申請書に添付して法務局に提出することになります。

なお、相続による所有権移転登記の申請の場合、戸籍謄本などを登記原因証明情報として提供することになりますが、いちいちこれらのものをコピーして申請書に添付しなくても、相続関係説明図を添付することで、戸籍謄本や除籍謄本の原本還付を受けることができます。

一方、遺産分割協議書や特別受益証明書などに添付した印鑑証明書、住民票の写しについて原本還付を受けるためには、別途それらのコピーを添付することが求められています。

登録免許税

登記の種類によって税額が異なる

■ 登録免許税とは

登録免許税というのは、登記の際に納付しなければならない税金のことです。登記を申請する当事者は、登記によって所有権などの財産権を保護してもらえるという利益を受けることになりますから、その利益に対して課税されるわけです。

登録免許税の金額は、登記の種類によって異なります。たとえば、所有権保存登記の場合は、課税価格の1000分の４の額が登録免許税の金額になります。所有権移転登記の場合は、登記原因によってさらに区別されます。たとえば、売買による所有権移転の場合の登録免許税は不動産価格の1000分の20ですが、相続による所有権移転の場合は不動産価格の1000分の４になります（登録免許税には軽減処置などがあるので、申請前に管轄法務局で確認しておきましょう）。

なお、土地の分筆・合筆登記および建物の分割・合併・区分登記を除く表示に関する登記については、登録免許税は不要です。

収入印紙の購入方法

一般的には郵便局の郵便窓口で購入する。法務局に印紙売り場がある場合は購入できる。しかし法務局によっては高額の印紙を取り扱っていない所もあるので事前に確認しておく方がよい。

■ 登録免許税の納め方

書面申請の場合２つの納付方法があります。

一つ目は現金納付です。所定の納付書を使って日本銀行本支店、代理店または郵便局で納付し、受け取った領収証書を申請書または台紙に貼付して提出します。

二つ目は収入印紙納付です。以下の①②③の場合に、収入印紙を台紙に直接貼付することで納付できます。

① 登録免許税の金額が３万円以下のとき

登録免許税の特例

土地の売買等に係る登録免許税の特例	土地の売買による所有権移転登記	1000分の20 ↓ 1000分の15	
	土地の所有権の信託の登記	1000分の4 ↓ 1000分の3	
住宅に係る登録免許税の優遇措置	住宅用家屋の所有権の保存の登記	1000分の4 ↓ 1000分の1.5	①自己居住用の住宅であること ②取得後（保存の場合は新築または取得後）１年以内に登記されたもの ③建物の床面積が、登記簿上50㎡以上であること ④建物が、鉄筋コンクリートで25年以内、木造で20年以内であること等一定の要件を満たした場合で、市区町村長発行の住宅用家屋証明書を添付すれば登録免許税の軽減が受けられる。
	住宅用家屋の所有権の移転の登記 （登記原因が売買の場合）	1000分の20 ↓ 1000分の3	
	住宅取得資金の貸付け等に係る抵当権の設定の登記	1000分の4 ↓ 1000分の1	

※土地の売買等に係る登録免許税の特例は令和５年３月31日まで、住宅に係る登録免許税の優遇措置は令和４年３月31日まで適用される。

②　登録免許税額のうち３万円未満の端数部分を納付するとき

③　法務局付近に現金納付取扱機関がなく、法務局または地方法務局の長が収入印紙納付を認めて、そのことが法務局に公示されているとき

しかし、実務的にはこのような場合でなくても収入印紙での納付が一般的です。ただ、念のため収入印紙で納付する場合は申請する法務局に確認するとよいでしょう。また、オンライン申請の場合には、歳入金電子納付システムを使って、オンラインで登録免許税を納付する他、現金納付の領収証書または収入印紙を管轄法務局に持って行くか、送付する方法で納めることができます。

登記申請の方法

インターネットを利用して申請することもできる

■ 2種類の申請方法がある

登記の申請は自分が登記申請しようとしている不動産を管轄する法務局に申請しなければなりません。登記の申請方法には、オンライン申請と書面申請の2種類があります。

ただし、実際のところ、添付情報のすべてが電子情報になっているわけではないため、特例方式という申請方法も認められています。一部の申請をオンラインにより行うことから、半ライン申請とも呼ばれています。

■ 書面申請の流れ

書面申請による場合、まず申請書（申請情報を記載した書面）を作成しなければなりません。申請書には、記入もれのないように正確に記入するようにしましょう。申請書の他に、申請内容を確認するために必要な情報（添付情報）を提供しなければならない場合は、それを記載することも忘れないようにしましょう。添付書類は、印鑑証明書や住所証明書など、申請者が本人であるかどうかを確かめるために添付します。

書類の準備後に、管轄の法務局へ出向きます。登記の申請は、不動産の所在地を管轄する法務局で行います。登記申請の受付は、平日の午前8時30分から午後5時15分までとなっています。法務局へ行き、もう一度申請書の記載内容を確認し、通常は係員に手渡しで提出します。

登記内容に不備があった場合には補正が必要です。申請内容に問題がなければ、申請時にわかる補正日の経過により、登記

登記・供託オンライン申請システム

法務省関連のさまざまな手続のうち、登記関係手続の申請・請求に特化したオンライン申請システム。
https://www.touki-kyoutaku-online.moj.go.jp/

郵送での登記申請

書面で申請したいが管轄法務局が遠方などの理由で出向くのが大変な時は郵送での申請も可能。申請書等を書留郵便で管轄の法務局へ郵送すればよい。封筒には「不動産登記申請書在中」と記入する。

登記手続きの流れ

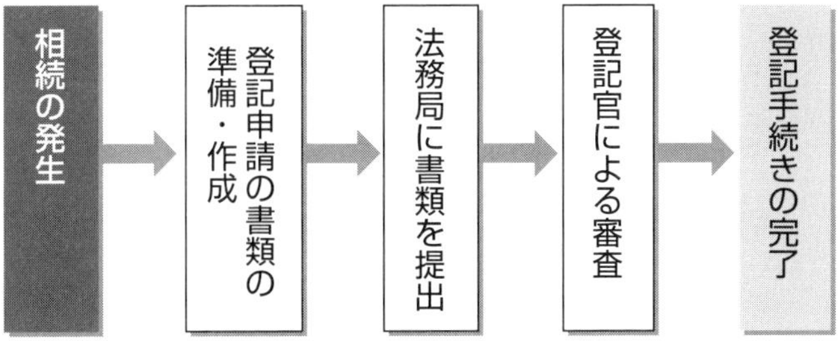

が完了することになります。

■ 登記の完了

登記が完了すると、登記が完了したことを知らせる登記完了証が法務局から申請人に交付されます。

オンライン申請の場合、登記完了後、登記完了証をインターネットでダウンロードすることで登記が完了したことを知ることができます。オンラインで申請した登記申請について、書面で登記完了証を受け取ることもできます。

一方、書面申請の場合、登記識別情報が通知される登記では、登記識別情報通知書を受け取ることにより登記が完了したことがわかるので、登記完了証の交付は実益があるとはいえないかもしれません。しかし、登記名義人氏名変更登記や抵当権抹消登記のような登記識別情報が通知されない登記では登記完了証の交付は実益があるといえるでしょう。

また、登記識別情報の不通知を選択することができますが、この場合も、登記完了証が交付されることによって、迅速に登記が完了したことを知ることができます。

なお、申請人が複数の場合でも一通しか交付されません。

登記識別情報の郵送での交付

登記識別情報を郵送で交付してもらうことも可能。申請人の住所に送付してもらう場合、申請書に「送付の方法により登記識別情報通知の交付を希望します」「送付先の区分 申請人の住所」と記入する。この場合本人限定受取郵便で郵送されるのでそれに必要な切手も提出する。

登記完了証の交付

申請人が複数の場合でも一通しか交付されないが、共同申請の場合、登記権利者及び登記義務者に各一通交付される。

PART6
8

補正

申請書の不備を訂正するための手続き

■ 補正とは

登記申請書に何の不備もなければ、記入係に回されて、登記簿に記載されます。もし、申請書に不備が見つかった場合でも、不備を補正できる場合には、登記官は申請を却下せずに、申請人に対して補正を指示します。

なお、補正しない場合、申請は却下されることになりますが、実務では、不備を説明した上で、申請人に取下げを促している場合も多いようです。

補正の例

- 申請書や添付書面の書き間違い（とくに住所や氏名）
- 印鑑の押し忘れ
- 必要な書類の添付忘れ
- 登録免許税の計算間違い　など

また、取り下げる際に、取下書と共に再使用申出書を提出すると、領収書または消印済の収入印紙に再使用ができるという判が押印されて返ってきます。再申請時には、それをそのまま使用することができます。一方、却下の場合、申請書などは返却されないため登録免許税は現金による還付のみです。

補正は次のような方法・手順で行われます。

・書面申請の場合

書面申請の場合、登記申請書に申請人の電話番号などの連絡先を記載することになっています。申請書、添付書類などに不備があり、そのままでは登記の実行ができない場合、いついつまでに補正を行うよう法務局から電話がかかってきます。そこで、補正の要請があった場合には、原則補正期限内に法務局に行き、補正をすることになります。なお、登記官には、補正の必要がある場合に必ず申請人に連絡をしなければならない義務があるわけではありませんが、通常、そのままでは登記できない不備がある場合には、連絡があるといえるでしょう。

書面申請したときの補正

法務局に持参して申請した場合でも補正の内容によっては郵送で補正できることもある。登記官に一度確認してみるとよい。

補正が必要になった場合の手続きの流れ

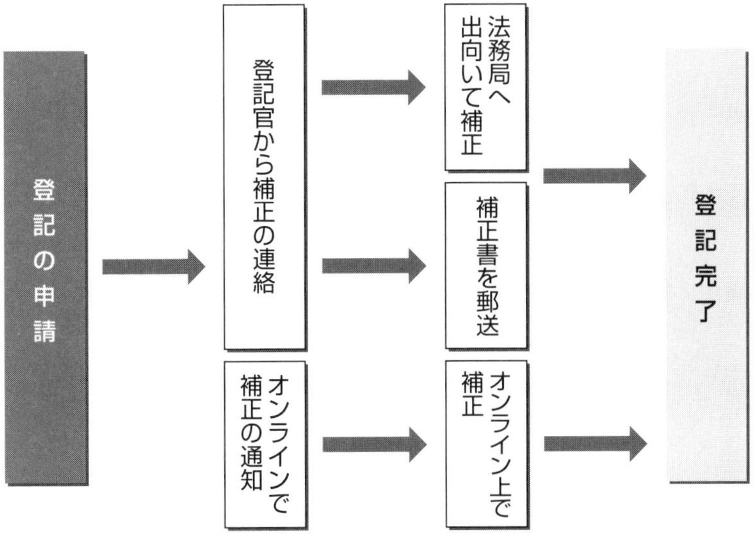

郵送で書面申請を行った場合、郵送で補正をすることができます。郵送で補正をする場合は、訂正後の申請書または添付書類を郵送するか、正誤を明らかにした補正書を郵送します。なお、郵送で申請を行った場合であっても、直接法務局に行って補正してもかまいません。

・オンライン申請の場合

オンライン申請の場合には、補正もオンラインで行わなければなりません。補正の必要がある場合、登記・供託オンライン申請システムに掲示する方法によって、補正を要する事項や管轄法務局の電話番号などが告知されますので、指示に従って補正をすることになります。

登記・供託オンライン申請システム
法務省関連のさまざまな手続のうち、登記関係手続の申請・請求に特化したオンライン申請システム。
https://www.touki-kyoutaku-online.moj.go.jp/

登記申請の却下

却下事由は法律で定められている

■ 登記申請の却下

申請した登記に以下の①〜⑬のような不備があると申請が却下されてしまいます（不動産登記法25条）。

なお、⑬の「登記すべきものでないときとして、政令で定めるとき」については、不動産以外のものを目的とする場合や、登記の目的である権利が同一の不動産についてすでにされた登記の目的である権利と矛盾するとき、といった事由が規定されています（不動産登記令20条）。

① 登記を申請した不動産の所在地がその法務局の管轄に属さないとき
② 申請が登記事項以外の事項の登記を目的とするとき
③ 申請した登記がすでに登記されているとき
④ 申請の権限のない者の申請
⑤ 申請情報またはその提供の方法が法令で定められた方式に適合しないとき
⑥ 申請情報の内容である不動産または登記の目的である権利が登記記録と合致しないとき
⑦ 申請情報の内容である登記義務者の氏名（名称）や住所が登記記録と一致しないとき
⑧ 申請情報の内容が登記原因を証する情報と一致しないとき
⑨ 申請情報とあわせて提供しなければならない情報が提供されないとき
⑩ 登記識別情報を提出できない場合の事前通知に対して、期間内に登記義務者からの申出がなかったとき

不動産登記法第25条但書

当該申請の不備が補正することができるものである場合において、登記官が定めた相当の期間内に、申請人がこれを補正したときは、この限りでない。
つまり①から⑬のような不備があっても補正できれば却下はされない。しかし、これらの項目についてはとくに注意すべきである。

登記申請後の流れ

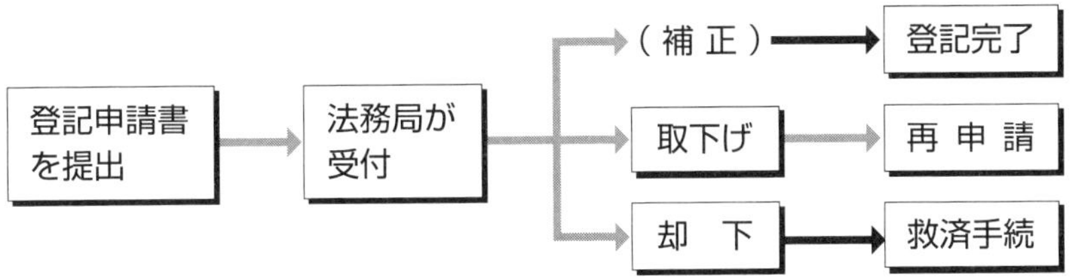

却下処分に対する救済手段

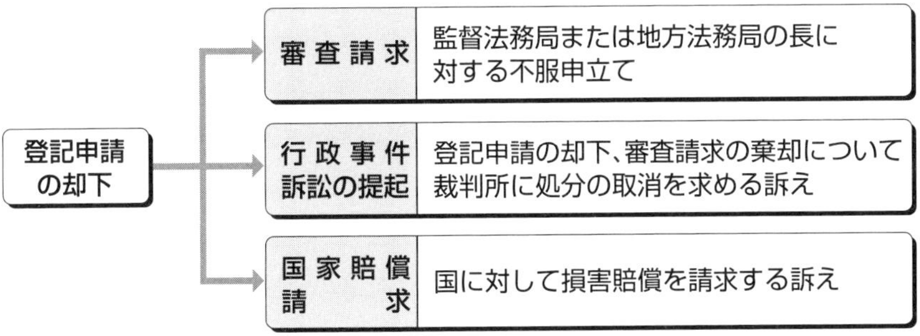

⑪　表示登記の申請書に掲げた不動産の表示が、登記官の調査の結果と一致しないとき

⑫　登録免許税を納付しないとき

⑬　登記すべきものでないときとして、政令で定めるとき

■ 却下処分に対する救済手段

登記申請を却下されたことについて納得がいかない場合は、監督法務局または地方法務局の長を相手どって審査請求を行ったり、裁判所に行政事件訴訟や国家賠償訴訟を提起することができます。

登記識別情報の管理

情報の漏えいに注意する

■ 登記識別情報の失効の申出

登記識別情報の失効の申出とは、登記名義人の請求により、いったん有効に取得した登記識別情報を失効させる制度です。登記識別情報は12桁の英数字が並んだパスワードみたいなものなので、一度でも人に見られると悪用される危険性があるため、登記識別情報をなくしてしまった場合や、盗まれてしまった場合などには、いつでもその失効を申し出ることができ、登記識別情報を使用した不正登記の防止に利用されます。この請求には登記識別情報の提供は必要ありません。しかし、この請求が登記名義人からの請求であることを確認する必要があります。

なお、いったん有効な登記識別情報が提供され、登記の申請がなされた後に失効請求が行われた場合は、当該登記申請は有効な登記識別情報の提供があったものとみなされます。

登記名義人からの請求であることの確認方法

オンラインによる請求であれば電子署名と電子証明書、書面による請求であれば印鑑証明書つきの印鑑で確認できる。

■ 登記識別情報の不通知希望

登記識別情報は情報そのものなので、一度他人に知られるだけで悪用される可能性があります。登記済証のように物理的に処分することができません。

そこで、「登記識別情報の管理を適切に行う自信がない」「管理をしたくない」という登記名義人は、事前に登記識別情報の通知を拒否することができます。この申出があると登記識別情報は通知されません。通知を拒否した者がその後権利に関する登記を行うには、事前通知制度や資格者代理人などによる本人確認制度を利用します。

事前通知制度

法務局から登記識別情報登記済証を提供すべき登記名義人の住所地に、申請があった旨やその申請の内容が真実であるときは2週間以内に申し出をすべき旨の通知を本人限定受取郵便で郵送される。その後2週間以内に間違いない旨の申し出をすれば本人からの申請であることを確認してもらえるという手続き。

登記識別情報有効証明書

登記識別情報に関する証明

1．請求に係る登記

【不動産】

新宿区○○町一丁目１番１２の土地

【不動産番号】

○○○○○○○○○○○○○

【受付年月日・受付番号（又は順位番号）】

令和○年○月○日受付　第○○○○号

【登記の目的】

所有権移転

【登記名義人】

○○区○○町○丁目○番○号

○○○○

（以下余白）

2．回答

上記の登記について令和○年○月○日受付　第○○○号の請求により提供された登記識別情報は、当該登記に係るものであり、失効していないことを証明する。

令和○年○月○日

東京法務局

登記官　　○○○○

■ 登記識別情報の有効証明

登記識別情報の有効証明とは、登記識別情報が有効であるか否かを確認するため、法務局にその有効性を証明してもらう制度です。前述したように、登記識別情報はいつでもその失効を申し出ることができますが、この失効の申出には登記識別情報自体を提出する必要がありません。そのため登記識別情報の原本を所持していることが、必ずしもその有効性を証明することにはならないわけです。そこで、不動産の売却等に際しては、取引に先立ち登記識別情報が失効していないか、その有効性を確認する必要があります。

なお、不正に情報を取得されないために、有効証明の請求には一定の要件が課せられています。

資格者代理人などによる本人確認制度

司法書士などが代理申請する場合に、申請人が間違いなく本人であることを証する本人確認証明情報を提供し、登記官が適正なものと認めたときに、事前通知制度を省略することができるという制度。

相続登記申請時の提出書類

登記申請時には登録免許税を納付する

■ 申請にはどんな書類が必要か

相続登記を申請するには、以下の書類が必要になります。

① 登記申請書

相続発生の年月日、「相続」という登記原因、相続人（申請人）の住所・氏名、不動産の表示といった登記事項などを記載します。

② 登記原因証明情報

相続を登記原因とする所有権移転登記を申請するには、登記原因証明情報として、被相続人の出生から死亡までの連続した戸籍（除籍、改製原戸籍）謄本と、相続人の戸籍謄本の他、遺産分割協議書や遺言書などが必要です。遺産分割協議書には、原則として相続人全員の印鑑証明書を添付します。自筆証書遺言を添付する場合は、家庭裁判所が発行する検認済証明書も併せて提出することが必要です。

検認済証明書

2018年の相続法改正では、法務局で自筆証書遺言を保管する制度が創設され、法務局で保管された自筆証書遺言については、家庭裁判所の検認手続きが不要である。したがって、この場合には検認済証明書の添付が不要になる。

③ 住所証明書

相続人の実在性を証明するために、登記する物件を得る相続人全員の住民票や印鑑証明書を、登記申請書に添付します。ただし、住民票コードを申請書に記載した場合は添付を省略することができます。

④ 代理権限証書

相続人に代わり司法書士などの代理人が登記申請を行う場合は、代理権を証する書面として委任状を添付します。委任状には、代理人の住所・氏名を記入し、相続を登記原因とする所有権移転登記を委任することの他、不動産の表示などを記入します。作成年月日も必ず記入しましょう。最後に委任者の住所・

登録免許税の例

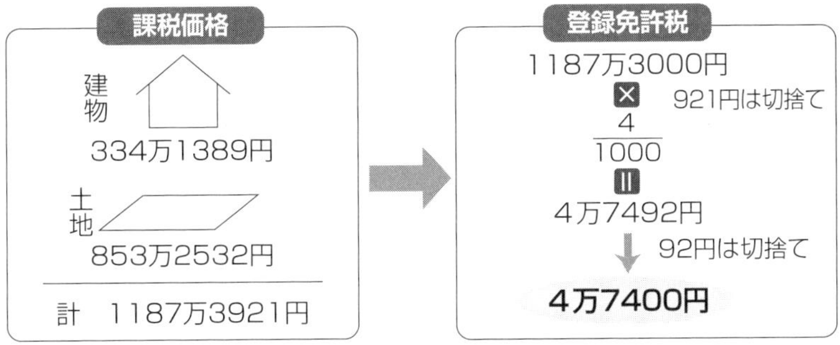

氏名を記入し、押印します。

⑤　**固定資産評価証明書**

登記申請書には、登録免許税の額と、課税価格（登録免許税を算出する課税対象となる不動産の価額）を記載します。

登記申請書に記載する課税価格は、地方税法による固定資産課税台帳に登録された不動産の価額をもとに計算しますので、市区町村の発行する申請年度分の固定資産評価証明書を登記申請書に添付します（添付不要の法務局もあります）。

■ 登録免許税の納付

登記申請時には登録免許税を納めます。登録免許税を納付しない登記の申請は却下される可能性があります。現金で納付し、領収証書を登記申請書に貼りつけて申請するのが原則ですが、印紙納付も認められており、一般的にはこちらの方法により納められています。

現金納付の方法による場合には、郵便局など指定の納付場所で納付し、その領収証書を登記申請書に貼りつけて法務局に提出します。印紙納付の場合には、登録免許税に相当する金額の収入印紙を登記申請書に貼りつけて法務局に提出します。

登録免許税の計算方法

相続による所有権移転登記の登録免許税は、課税価格に1000分の4の税率を乗じて算出する。算出した金額について100円未満の端数がある場合には、その端数を切り捨てた金額が登録免許税となる。相続登記の税率1000分の4を乗じて1000円に満たないときの登録免許税は1000円となる。

却　下

不適法であることを理由に申請等を退ける（受け付けない）こと。登記申請の場合、「申請の権限をもたない者が申請している」「登録免許税を納付しない」など、登記申請の方式に不備があることを理由に申請を受け付けないことを言う。

相続の登記申請書の準備と登記原因を証明するための書類

戸籍謄本や除住民票などの必要書類を用意する

■ 登記申請書を記載する際のチェックポイント

登記申請書には以下の事項を記載し、相続人が署名（記名）押印します。司法書士などによる代理申請の場合は、代理人が署名（記名）押印します。この押印は認印でもかまいません。

①　登記の目的

どのような登記を求めるかを記載します。所有権の登記がしてある不動産を相続した場合には「所有権移転」となります。また、共有者の一人が亡くなり相続登記する場合は「○○○○（被相続人の名前）持分全部移転」となります。

②　相続人（申請人）の表示

相続登記の場合は、相続人による単独申請が認められています。相続人が複数いる場合は相続方法により申請人となる者が異なることから、以下具体的に説明します。

B及びCから申請する場合

ⓐの記載例にある『（申請人）』という文言は記載しない。

たとえば被相続人がＡ、相続人が子Ｂ、Ｃの場合において、ⓐ法定相続分で登記をする場合、相続人のうち一人（ここではＢ）が単独で登記申請をすることができます。この場合の申請書の記載は下記のようになります。

相続人（被相続人Ａ）
東京都目黒区××一丁目２番３号
（申請人）持分２分の１　Ｂ
東京都目黒区××二丁目１番２号
持分２分の１　Ｃ

相続による所有権移転登記の登記原因証明情報

- 被相続人の出生から死亡までの連続した戸籍（除籍、改製原戸籍）謄本
- 被相続人の住民票の除票や戸籍の附票
- 相続人の戸籍謄本（現在戸籍）

上記に加えて、下記書類の添付が必要。

遺産分割協議による場合	遺産分割協議書 ＋ 相続人全員の印鑑証明書
遺言による場合	公正証書遺言 自筆証書遺言 ＋ 検認済証明書
相続人の中に相続放棄をした者がいる場合	相続放棄申述受理証明書

なお、登記識別情報は申請人であるＢにしか通知されません。

ⓑ遺産分割協議または遺言書によりＢが単独取得する場合は、Ｂが単独で申請し、申請書に次のように記載します。

> 相続人（被相続人Ａ）
> 東京都目黒区××一丁目２番３号
> Ｂ

③　**登記原因とその日付**

登記原因の日付は、登記をする原因となった事実が発生した日です。具体的には「○年○月○日相続」と表示します。この日付は被相続人の戸籍に書かれている死亡した日付です。

④　**添付書類の表示**

「登記原因証明情報」「住所証明書」（住民票コードを申請書に記載した場合は，添付を省略することもできます）と記載します。代理申請の場合には、「代理権限証書」も記載します。

⑤　**登記申請の年月日**

申請書を法務局に提出する日付を記載します。

登記識別情報が申請人にしか通知されない

今回の例では申請人でないCの登記識別情報は通知されないということ。この後相続登記をした不動産を売却する場合、登記の申請で登記識別情報を添付することができないので事前通知制度や本人確認制度などの手続きが必要となる。

⑥　**法務局の表示**

登記の申請書を提出する法務局か地方法務局（または支局か出張所）を記載します。申請書を提出するのは相続登記を申請する物件の所在地を管轄する法務局です。間違えると却下になる可能性もあるので注意しましょう。

⑦　**課税価格と登録免許税**

課税価格には、不動産の価額の合算額から1000円未満を切り捨てた額を記載します。不動産の価額は、固定資産税課税台帳に登録された価格に基づきます。相続による登録免許税は、課税価格に1000分の４を乗じて計算した金額です。

⑧　**不動産の表示**

登記簿上の土地や建物と一致するように記載してください。

⑨　**代理人の表示**

司法書士など代理人が登記申請をする場合、代理権限証書（委任状）の記載通りに、代理人の住所・氏名などを記載します。

■ 登記原因証明情報とは

「相続」という登記原因が発生した事実を証明するためには、登記原因証明情報として、被相続人が死亡したことの記載のある戸籍謄本が必要です。その他にも、以下の書面が必要です。

①　**戸籍謄本や除籍謄本など**

被相続人については、死亡した事実の記載のある戸籍謄本の他、死亡時から遡って出生時または12～13歳頃までの記載がある戸籍謄本、除籍謄本、改製原戸籍謄本が必要です。これにより、被相続人の生涯にわたって、養子を含めた子がいるか、認知した子はいるか、などの情報を確認することができます。そして、最終的に相続人が誰になるのかを確定できます。

さらに、相続人全員が実在していることを証明するために、相続人全員の戸籍謄本を添付することも必要です。なぜなら、被相続人が死亡する前に、相続人になると思われていた者（推

改製原戸籍

戸籍が新しくなった（改製された）場合の、古い戸籍のこと。具体的には、戸籍制度に関する法改正が行われ、戸籍全体が書き換えられた場合の、書き換えられる前の古い戸籍が改製原戸籍となる。改製原戸籍の保存期間は150年となっている。

代襲相続と数次相続の違い

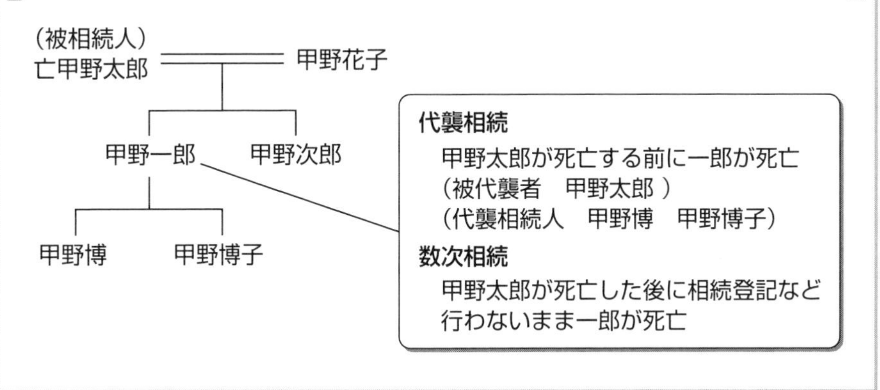

定相続人）が死亡していると、代襲相続が発生する場合や、相続順位の低い者が相続人となる場合があるからです。また、被相続人が死亡したあと遺産分割協議や相続登記をしないまま相続人が亡くなっている場合（数次相続）もあるからです。

②　被相続人の除住民票（または戸籍の附票）の写し

登記簿（登記記録）上の所有者と被相続人が同一人物であることを証明するために、被相続人の除住民票（住民票の除票）または戸籍の附票を提供しなければなりません。登記簿（登記記録）上の所有者の住所・氏名と被相続人の住所・氏名が同一であることをこれらの書類で証明します。

したがって、除住民票の写しや戸籍の附票の写しに記載された被相続人の最後の住所と登記簿上の住所が異なる場合は、登記簿上の住所から最後の住所までの連続性を証する書面の提供が必要になります。もし連続性を証明できない場合は、相続登記をしようとしている物件の権利証を添付します。権利証もない場合は納税通知書の原本や登記簿上の人物と被相続人は同一人物で間違いないという内容の上申書（相続人全員の実印の押印と印鑑証明書も必要）などを添付します。

除住民票の写し・戸籍の附票の写し

除住民票や戸籍の附票の保存期間は法改正により保存期間が150年となったが、すでに廃棄されているものは原則発行されない、そのため被相続人が死亡してから時間が経過していると、発行されない場合もある。

代襲相続

配偶者や直系尊属を除く相続人が、被相続人よりも先に亡くなっている、あるいは相続欠格または相続廃除により相続権を失っている場合に、本来の相続人（被代襲者）の代わりに、その子など（代襲相続人）が代わりに相続することをいう。

③　代襲相続が発生している場合

代襲相続が発生している場合には、被代襲者の出生から死亡までの戸籍（除籍、改製原戸籍）謄本と、代襲相続人全員の現在の戸籍謄本が登記原因証明情報のひとつとして必要になります。

数次相続

相続発生後、遺産分割協議などを行わないうちに相続人の１人が死亡してしまい、次の遺産相続が開始されてしまうこと。

④　数次相続が発生している場合

数次相続が発生した場合は、相続発生後に死亡した相続人の出生から死亡までの戸籍（除籍、改製原戸籍）謄本が必要です。

また、死亡した相続人の相続人全員の戸籍謄本も記原因証明情報のひとつとして添付する必要があります。そこでも代襲相続や数次相続が生じていないか調べる必要があるからです。

⑤　遺産分割協議書

遺産分割協議の内容に従って相続登記をする場合、遺産分割協議書を登記原因証明情報の一部として提供しなければなりません。遺産分割協議書には原則として相続人全員の印鑑証明書を添付します。遺産分割が家庭裁判所の審判か調停によって行われたときは、その審判書か調停調書の正本を添付します。

なお、たとえば相続人が離れて住んでいるなど、一枚の遺産分割協議書に全員の署名押印等をするのが難しい場合は、各相続人が別々に署名押印等をした同一内容の遺産分割協議書を全相続人分提供しても問題はありません。

相続分皆無証明書

相続分皆無証明書は「特別受益証明書」などと呼ばれることもある。相続分皆無証明書への署名は記名でもよいが、押印は実印で行わなければならない。

⑥　相続分皆無証明書（相続分のないことの証明書）

被相続人から特別受益にあたる贈与や遺贈を受けた相続人（特別受益者）は、贈与や遺贈をされた財産の価値が本来の相続分の価値以上であれば、相続分がゼロとなります。この場合、特別受益者が相続分のないことの証明書（相続分皆無証明書）を登記原因証明情報の一部として提供します。相続分皆無証明書には、証明者が署名押印します。ただし、遺産分割協議の中で特別受益者が何も相続しないことを定めた場合は、遺産分割協議書によって特別受益者の相続分がないことを証明できますので、相続分皆無証明書の作成は不要です。

被相続人や相続人の表示

相続関係説明図への記載について、被相続人の氏名は、登記簿の記録と一致するように記載しなければならない。相続人の住所・氏名は、住所証明書（住民票の写し）の記載と一致する必要がある。

登記申請に必要なもの

登記申請書 ＋ 添付書類

- 登記原因証明情報
  - 戸籍（除籍、改製原戸籍）謄本、遺産分割協議書 など
- 住所証明書
  - 相続人の住民票
- 代理権限証書（代理権限証明情報）
- 固定資産評価証明書

⑦　相続放棄申述受理証明書

相続人の中に相続を放棄した者がいる場合、その者は最初から相続人ではなかったことになります。したがって、相続人の全員が誰であるかを証明する書類の一部として、家庭裁判所から交付された「相続放棄申述受理証明書」を提供します。

⑧　遺言書

遺言書に基づいて相続を原因とする所有権移転登記を申請する場合は、遺言書も登記原因証明情報の一部となります。自筆で書かれた遺言書の場合（法務局での自筆証書遺言書保管制度を利用した場合は除く）は、家庭裁判所で検認を受ける必要があり、検認を経ていない遺言書を提出した場合には、申請が却下される可能性があります。

⑨　相続関係説明図

戸籍謄本や除籍謄本などの原本還付を請求する場合、相続関係説明図を作成して、これを登記申請書に添付すれば、コピーを添付する必要はなく、登記完了後に原本が返却されます。

相続関係説明図には、被相続人の最後の本籍、最後の住所、登記簿上の住所の他、被相続人と相続人の関係、被相続人の死亡年月日、相続人それぞれの関係性（妻、長男など）、相続の内容（法定相続か遺産分割かなど）などを盛り込みます。

不動産の表示方法

土地については、所在（郡・市・区・町村・字）と地番の他、地目、地積などを記載する。
建物については、所在と地番の他、家屋番号、種類、構造、床面積、附属建物がある場合はその種類・構造・床面積などを記載する。
区分所有建物についての記載方法は、通常の建物とは異なる。建物全体の所在、構造、床面積（または建物の名称）を記載した後に、専有部分の家屋番号、種類、構造、床面積などを記載する。さらに、敷地権の表示として、所在と地番、地目、地積、敷地権の種類、敷地権の割合を記載する。

遺贈に関する登記申請書類の作成方法

遺言執行者の有無により記載の仕方が変わってくる

■ 遺贈に関する登記申請書類の作成の際の注意点

遺言において、相続財産の全部または一部を贈与することを遺贈といいます。

遺贈の登記は、受遺者を権利者とし、遺贈者である登記名義人を義務者として申請することになります。遺贈者はすでに死亡していることから、遺言執行者がいる場合には、その者が、遺言執行者がいない場合は遺贈者の相続人の全員が登記手続きを行うことになります。ただし、不動産登記法の改正により相続人に対する遺贈に関しては登記権利者（遺贈を受けた相続人）が単独で申請できることになります。

この際、登記申請書の義務者の欄には、遺言執行者がいる場合は「亡甲野次郎」と遺贈者の氏名・住所を記載し、遺言執行者がいない場合は、「亡甲野次郎相続人 甲野花子」と相続人の氏名・住所を記載します。遺言執行者が司法書士等の代理人に登記申請を依頼する場合には、遺言執行者を委任者とする委任状を作成し、実印を押印した上で遺言執行者の印鑑証明書を添付することになります。したがって、この場合、登記申請書には遺言執行者の氏名は明記されません。

登記原因証明情報としては、①遺言書と②遺贈者の死亡を証する情報（死亡の記載のある戸籍謄本など）を提供しなければなりません。もっとも、相続とは異なり遺贈者の戸籍謄本は出生まで遡る必要はありません。

遺言により遺言執行者が指定されている場合は遺言書と遺言者の死亡の記載のある戸籍謄本が、家庭裁判所が遺言執行者を

登記名義人

登記記録に所有権や抵当権などの権利を有するものとして記載されている者。

遺贈のケースごとの登記義務者と代理権限証明情報

	登記義務者	代理権限証明情報
遺言書で遺言執行者が指定されている場合	遺贈者	・遺言書（自筆証書遺言の場合は原則として家庭裁判所の検認済証明書の添付が必要） ・遺贈者の死亡の記載のある戸籍謄本
家庭裁判所で遺言執行者が指定されている場合	遺贈者	・遺言書（自筆証書遺言の場合は原則として家庭裁判所の検認済証明書の添付が必要） ・家庭裁判所の選任審判書
遺言執行者の指定がない場合	遺贈者の相続人	・遺言書と死亡の記載のある戸籍謄本は登記原因証明情報となる ・相続証明情報として相続人であることを証する戸籍謄本などを提出

指定した場合は遺言書と家庭裁判所の選任審判書が代理権限証明情報になります。遺言執行者がない場合は、相続証明情報として、相続人であることを証する戸籍謄本を提出します。

登録免許税は、課税価格（固定資産評価証明書に記載された価格。1000円未満切捨て）の1000分の20です（100円未満切捨て）。なお、相続人が受遺者となる場合は、課税価格の1000分の4となります。ただし、この場合は受遺者が相続人であることを証する情報の提供が必要になります。

■ その他気をつけること

遺贈者である所有権の登記名義人の登記簿上の住所と死亡時の住所とが異なるときは、相続登記と違い遺贈の登記に先立ち、所有権の登記名義人の住所の変更登記を申請しなければなりません。

遺言執行者の選任

遺言で遺言執行者が指定されていない時は相続人全員が登記義務者となるため、相続人が多数いるときなどは手続きが煩雑になる。利害関係人（相続人や受遺者など）は家庭裁判所に遺言執行者の選任を申し立てることができるので、そのような場合は検討してみるとよい。

住所の変更登記

206ページ参照。

死因贈与についての登記申請書類の作成方法

登記原因は共に贈与となる

■ 贈与の登記申請に関する注意点

登記の申請に際しては、贈与契約書等、贈与の事実を証明する書面を添付します。この書面には、①贈与をした者（贈与者）と贈与を受けた者（受贈者）の氏名・住所、②贈与の事実、③その日付、④贈与の対象となる不動産の表示（権利証に記載されている不動産の表示）の記載が必要になります。

贈与者の氏名・住所は当該不動産登記簿上に記載されている所有者の住所・氏名と一致している必要があり、かつ印鑑証明書および委任状の記載と一致していることが必要です。一方、受贈者の氏名・住所は住民票の記載と一致している必要があります。

贈与の事実の記載については、たとえば「第１条 別紙目録記載の不動産につき、令和○年○月○日贈与者○○は受贈者△△に対し贈与することを約し、△△はこれを受諾した。第２条 ○○は、令和○年○月△日までに、当該不動産の引渡しおよび所有権移転登記を申請するものとする」などと記載し、「いつ・誰から誰に・何を」贈与するのかを明確にする必要があります。

■ 死因贈与の登記申請に関する注意点

死因贈与の場合、登記申請時には贈与者はすでに死亡していることから後のトラブルを防止するため、登記原因証明情報となる死因贈与契約書には、執行者を定め、公正証書で作成しておくことが望ましいといえます。申請書に添付する印鑑証明書は、執行者の定めがある場合は、遺言執行者のものを、定めがない場合は贈与者の相続人全員のものが必要になります。

添付書面（死因贈与）

登記識別情報または登記済証
登記原因証明情報（死因贈与契約書、死亡届）
受贈者の住民票の写し
贈与者の死亡を証する書面（除籍）
固定資産税評価証明書（登記申請する年度分）

執行者の定めがある場合

- 執行者の印鑑証明書
- 公正証書

死因贈与契約書が私署である場合

いずれか
- 死因贈与契約書に押印した贈与者の印鑑証明書
- 相続人全員の承諾書＋印鑑証明書

執行者の定めがない場合

- 相続人全員の印鑑証明書
- 相続証明情報（戸籍等）

また、相続人が登記義務者となる場合は、戸籍謄本等、相続があったことを証する書面を添付する必要があります。

なお、執行者の定めがある場合、その者の権限を証する書面として、死因贈与契約書が公正証書で作成されている場合は公正証書、私署文書の場合は、当該文書に押印した贈与者の印鑑証明書または贈与者の相続人全員の承諾書と印鑑証明書の添付が必要になります。

■ 登記の目的や登記原因の記載の仕方

登記の目的は「所有権移転」であり、登記原因は「令和○年○月○日贈与」と記載します。日付は贈与者の死亡日です。

登記権利者は受贈者であり、登記義務者は贈与者です。死因贈与の場合の義務者は、贈与契約書に執行者の定めがある場合は、執行者が、定めがない場合は贈与者の相続人全員がなります。

登録免許税は、原則として、課税価格（固定資産税評価証明書に記載された価格、1000円未満切捨て）の1000分の20です。

死因贈与の仮登記

死因贈与は贈与者が亡くならないと効力が発生しないので、約束をしても生前にその不動産を違う誰かに譲渡されてしまう可能性がある。前もって権利を保全する効果のある仮登記を申請する方が確実である。

登記の目的

贈与者が所有権の一部（共有持分）を所有しており、それをすべて移転するときは「○○○○（贈与者の氏名）持分全部移転」となる。

法定相続情報証明制度

相続手続きに必要な書類の提出・還付の繰り返しが避けられる

■ どんな制度なのか

法定相続一覧図の交付

法定相続情報一覧図の写しの交付は、法定相続情報一覧図の保管期間（申出日の翌年から５年間）内であれば、再交付を受けることが可能である。

法定相続情報証明制度とは、相続人等が登記所に法定相続情報一覧図を提出することで、認証文が付けられた法定相続情報一覧図の写しの交付を受けることができる制度です。

たとえば、不動産を所有していた被相続人が死亡した場合に、この不動産を相続する相続人は、相続を原因とする所有権移転登記の申請を行う必要があります。しかし、この申請を行うためには、戸籍関係の書類など、必要な書類は膨大にのぼります。しかも不動産の他に、遺産として預貯金や証券口座がある場合には、銀行・郵便局や証券会社にも、同様の戸籍関係書類などを提出する必要があります。このとき、相続人は先に所有権移転登記の申請手続きを行っていれば、法務局から必要な書類の原本を還付してもらい、改めて銀行などに提出しなければなりません。

以上のように、膨大な書類の行き来が必要な従来の手続きでは、煩わしさが大きく、相続を原因とする所有権移転登記申請を避け、放置された不動産が増加していると指摘されていました。法定相続証明制度では、法定相続情報一覧図の認証を受けていれば、原則として法定相続情報一覧図の写し１枚を提出することで、各種手続きを行うことが可能となります。

■ どんな手続きをするのか

法定相続情報証明制度の利用を希望する相続人（または一定の代理人）は、登記所に対して、相続人の出生時からの戸籍関

法定相続証明制度を利用するために準備する必要がある書類

● 登記所に提出しなければならない書類

1. 被相続人の戸籍・除籍謄本 ⇒ 出生時から死亡時までの連続した戸籍(除籍、改製原戸籍)謄本
2. 被相続人の住民票の除票の写し
3. 相続人全員の戸籍謄本（抄本）
4. 申出人の住所・氏名確認のための書類 ⇒ 運転免許証のコピーなど

係の書類と、それに基づいて作成した法定相続情報一覧図を提出します。その後、登記官が確認の上、認証文付きの法定相続情報一覧図の写しの交付を受けることができます。法定相続情報一覧図には、被相続人の氏名・最後の住所・死亡年月日、相続人の氏名・住所・被相続人との関係などが記載されています。

なお、戸籍謄本等の収集における手数料を除いて申請における手数料は無料です。

■ 法定相続情報一覧図作成の仕方

法定相続情報一覧図は、相続関係説明図と似ていますが、相続開始時の相続人を証明するためのものなので、相続関係説明図とは相違点もあります。たとえば、相続関係説明図では被代襲者も他の相続人と同様、氏名を記載しますが、法定相続情報一覧図では『被代襲者（令和○年○月○日死亡）』と記載するだけで、氏名の記載は不要です。

また、法定相続情報一覧図の作成を登記所へ申し出た相続人の氏名の横に『(申出人)』と記載します。なお、相続人の住所の記載は任意とされており、住所を記載する場合は住民票の写しの添付が必要です。

法定相続情報一覧図が利用できる手続き

法定相続情報証明制度がスタートした平成29年の段階では、戸籍関係書類の代わりに法定相続情報一覧図が利用できる各種機関は限定されていたが、現在では、ほとんどの金融機関で利用でき、かつ家庭裁判所の遺産分割調停や相続放棄の手続きでも利用可能になった。

Column

相続分皆無証明書が必要になる場合

相続分皆無証明書（特別受益証明書）を添付して、相続登記がなされるケースがあります。相続分皆無証明書とは、被相続人が死亡する前に、相続人が本来の相続分を超える財産を受け取っている場合などに、自らの相続分がないことを証明するための書面です。

本来であれば、特定の相続人が特別受益（46ページ）を受けているために、特定の不動産について、その相続人に相続分がないことを前提にした相続登記を行う場合は、遺産分割協議書の提出が必要になります。もし遺産分割協議書の提出を省きたいのであれば、特別受益を受けた相続人が相続放棄を行う必要があります。しかし、いずれも煩雑な手続きが必要になるため、相続登記の際に、より簡易な相続分皆無証明書の添付が選択されます。

相続分皆無証明書を作成した相続人がいる場合、その相続人に遺産は配分されません。さらに、１人を除いた残りの相続人すべてが相続分皆無証明書を作成すると、結局、遺産分割協議をしたのと似たようなことになるので、１人の相続人だけのための相続登記をすることができます。

しかし、贈与（生前贈与）や遺贈で相続分を超える財産を受けとっている事実がないのに、相続分皆無証明書を作成して相続登記をすることは、法律的に問題があります。

また、相続分を超える財産を受けとっている事実がないにもかかわらず、他の相続人が相続分皆無証明書に押印を求めてきたような場合には、拒絶するなどの対応をした方がよい場合もでてきます。

相続分皆無証明書には、自らが特別受益者であって相続分のないこと、作成年月日、特別受益者の住所・氏名を記載します。相続分皆無証明書には、証明者が署名（記名）押印します。この場合の押印は実印である必要があります。印鑑証明書も必要です。

PART 7

相続登記に関するその他の手続き

抵当権抹消登記の申請書と添付書類

登記原因には「弁済」の他、「解除」「放棄」などがある

■ 抵当権の抹消をするには

被相続人の住宅ローンが団体信用生命保険付きの場合、被相続人死亡後、保険によって抵当権が解除される場合があります。そのような場合には抵当権の登記を抹消する必要があります。

抵当権抹消登記申請書を作成するには、まず、登記の目的を記載します。乙区の何番の登記を抹消するのかを示す必要があるので、「○番抵当権抹消」と書きます。土地と建物で抵当権の順位番号が異なる場合は、「抵当権抹消（順位番号後記のとおり）」と表示して、「不動産の表示」欄の「地番」または「家屋番号」の後に「（順位○番）」、と書きます。

抹消する抵当権を、抹消すべき登記と記載し、受付年月日および受付番号で特定してもかまいません。この場合、登記の目的は単に「抵当権抹消」と書けば足ります。

「原因」については、登記原因と抵当権が消滅した日を記載します。登記原因には、抵当権が担保する被担保債権（住宅ローンであれば金銭消費貸借契約に基づく金銭債権）が全額の返済を受けた場合に用いる「弁済」の他、抵当権設定契約を解除することにより抵当権が抹消する場合の「解除」、抵当権設定契約を放棄することによって抵当権が抹消する場合に用いられる「放棄」などがあります。

「原因」の下に、登記権利者（当該不動産の所有権登記名義人）の住所・氏名（または名称）、登記義務者（抵当権者）である銀行等の主たる事務所の所在地・商号・代表者の氏名を記載します（個人の場合は、住所・氏名）。

相続登記と抵当権抹消登記

団体信用生命保険によって抵当権が抹消されたということは、被相続人の死亡後に抵当権が抹消されているので、相続登記後に抹消申請をすることになる。何度も申請するのは大変なので、できれば相続登記と抹消登記は同時に申請（連件申請）する方がよい。

順位番号・受付年月日・受付番号

167ページ参照。

抵当権抹消登記の原因

義務者（おもに金融機関）が作成した書面に記載されているのが一般的である。

抵当権抹消登記申請書の作成ポイント

登記の目的　１番抵当権抹消

原　　因　令和３年９月１日弁済

権 利 者　東京都千代田区○丁○番○号

甲野　太郎

義 務 者　東京都目黒区△丁△番△号

株式会社乙野興行

代表取締役　乙野浩二

どの抵当権を抹消するのかを明確にするため順位番号をもって特定する

原因日付は債務弁済の日

所有権の登記名義人が権利者となる

抵当権者が義務者となる。法人の場合は代表者の氏名も記載する

権利者（当該不動産の所有権登記名義人）の住所・氏名（名称）は、登記簿上の記載と一致していなければなりません。一致していない場合は、事前に登記簿上の住所、氏名（または名称）を現在のものに変更する登記が必要です。

また、義務者（抵当権者）の記載が登記簿上の記載と一致していない場合は、登記簿上の住所と現在の住所へと至るつながりが確認できる住民票の写しや、登記事項証明書（法人の場合）を添付しなければなりません。

会社法人等番号を申請書に記載した場合

原則として、登記事項証明書を添付しなくてもよいが、義務者である金融機関が合併等をしていた場合は抹消登記前に抵当権移転登記が必要となることもある。

■ 添付書類と登録免許税

登記原因証明情報として、義務者が作成した弁済証書や解除証書などを添付します。弁済証書などがない場合は、抵当権が消滅した原因となる事実などを記載した登記原因証明情報を作成して添付します。

抵当権抹消登記の登録免許税は不動産１個につき1000円です。

PART7
2

住所・氏名を変更・更正する場合の登記手続き

相続登記に関するその他の手続き

比較的簡単な登記手続きなので自分でもできる

■ 変更登記をしないとどうなるか

被相続人と相続人が不動産を共有している場合、登記記録上の相続人の住所や氏名が当時のままで現在のものと相違していることがあります。その場合、現在の住所や氏名に登記記録の内容を改めておく方が無難だといえます。なぜなら、それらの変更の登記をしないままで、所有権移転の登記を申請したり、抵当権抹消の登記を申請すると、登記申請が却下されてしまう可能性があるからです。また、不動産登記法の改正により住所氏名変更登記が義務化され、正当な理由なく申請を怠った場合は５万円以下の過料となる可能性もあるからです（26ページ参照）。

このような変更登記を登記名義人住所変更（更正）登記、登記名義人氏名変更（更正）登記と呼びます。なお、住所や氏名が数回にわたって変わっている場合には、その回数分の登記名義人住所（氏名）変更登記を申請する必要はなく、直接現在の住所や氏名に変更することが可能です。ただし、この場合、登記記録上の住所や氏名から現在の住所や氏名までの連続性を証明するための住民票の写しなどの書類を添付することが必要（住民票コードを申請書に記載した場合は，住民票の写しなどの書類の添付を省略することができる場合があります）です。

しかし、住所を転々と移している場合や、住所を変更してから時間が経過している場合は住民票の除票などが廃棄されていて連続性を証明できないことがあります。そのような場合、登記名義人と私は同一人物に相違ないという内容の上申書を作成し、添付しなければなりません。この上申書には実印での押印

相続登記の前提としての住所・氏名を変更する登記

不要である。ただし、登記簿（登記記録）上の所有者と被相続人が同一人物であることを証明するために、被相続人の除住民票（住民票の除票）または戸籍の附票を提供しなければならない（193ページ）。

住民票では連続性を証明できない時

住所を転々とし住民票では連続性を証明できない時は本籍地で戸籍の附票を取得すれば連続性を証明できる可能性がある。戸籍の附票にはその本籍地で戸籍が作られてから現在までの住所が記録されているからである。ただし、婚姻等により本籍地が変わっている場合などでは証明できない場合もある。

登記記録の確認と不一致の有無についての調査

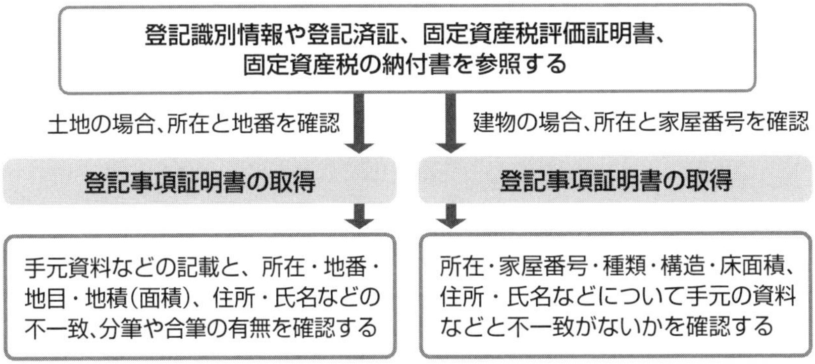

が必要で印鑑証明書も添付します。その上、登記申請する物件の権利証の写し等の添付を求められる場合があります。

令和元年に法改正があり住民票の除票などの保存期間が5年から150年となったので、連続性の証明がしやすくなりました。しかし、すでに廃棄された除票は原則交付されませんので注意が必要です。

■ 申請前に登記記録を確認する

まず初めに事前に管轄の法務局に行って登記記録の内容について確認してみましょう。確認の流れは図（207ページ）のとおりです。

なお、土地の場合、分筆がなされていると、分筆後の各々の土地について変更登記が必要になります。また、建物の場合は、増改築によって不一致が生じることがあります。

■ 申請書と添付書類の綴じ方

まず、申請書を1番上にして、その下に登録免許税を納付したことを証明する領収書や収入印紙を貼付したＡ４判の白紙の台紙を重ねます。次に住民票の写し（住民票コードを申請書に記載した場合は，添付を省略することができる場合があります）などを重ね、左側をホチキスでとめて１つにつづります。

■ 登記完了を登記事項証明書で確認する

登記名義人住所変更登記などの場合、登記が完了しても、登記識別情報は通知されません。登録完了後、登記事項証明書の交付を申請すれば、登記が正確になされているかどうかを確認することができます。

登記事項証明書には、変更前の氏名や住所に下線が引かれています。これは以前の氏名や住所が抹消されたことを示しています。

登記完了証

登記名義人住所変更登記などの登記識別情報が通知されない時も登記完了証は交付される。しかし、登記完了証には受付番号や登記の目的等の情報は記載されているが、登記を完了したことを証明しているに過ぎない。そのため登記事項証明書で登記が正確になされているか確認をする方がよい。

■ 登録免許税はどうなるのか

この種の登記の登録免許税は、原則として不動産１個（マンションの場合は建物の個数と敷地の数）につき1000円です。住所変更と氏名変更を同時に申請する場合も1000円ですが住所更正と氏名変更や住所変更と氏名更正を同時に申請する場合は2000円となります。ただ、住居表示実施の場合、または住所移転後に住居表示実施があった場合（最終の原因が住居表示の実施の場合）は、登録免許税はかかりません。

住居表示実施

住所の表示方法をわかりやすく変更して、地番などの混乱を解消する行政上の行為のこと。

また、２回以上住所移転を経た後に登記名義人の住所についての変更登記をする場合には、経過のすべてを登記する必要はなく、直接現在の住所を登記することが可能です。登録免許税も不動産１個につき1000円です。

■ 住所・氏名の記録が誤っている場合

住所や氏名について、最初から真実とは異なった記録がされていることも稀にあります。原因としては、申請人に過誤があったか、登記官に過誤があったかの２つです。

変更登記と更正登記

登記の申請時点では申請内容に問題はなかったが、その後登記事項に変更が生じた場合 → 変更登記

登記の申請時点で記載漏れなどの誤った登記をしていた場合 → 更正登記

■ 申請人に過誤があった場合

更正登記の申請をして、正確な登記に改めます。申請の手続きは変更登記と似ています。登記の原因は「錯誤」とし、正しい住所を「更正後の事項」として記載します。納付する登録免許税額は、変更の時と同じく不動産一件につき1000円（マンションの場合は建物の個数と敷地の数）です。更正登記を行う際には、以下のような添付書類をあわせて提出します。

氏名の誤りの場合には、登記原因証明情報として、正しい氏名が記載された戸籍謄抄本などを添付します。

住所の誤りの場合には正しい住所が記載された住宅票の写しまたは戸籍の附票（住民票コードを申請書に記載した場合は，添付を省略することができる場合があります）を添付します。

■ 登記官に過誤があった場合

保管されている登記済証や登記識別情報に記載されている氏名・住所が正確であれば登記官記録のときに過誤があった可能性があります。この場合は、登記官が法務局長または地方法務局長の許可を得て職権で登記の更正を行います。

氏名・名称の変更・更正登記の申請書と添付書類

登録免許税は不動産１個につき1000円となる

■ 氏名・名称変更登記の申請書作成上の注意点

所有権の登記後、結婚や離婚、養子縁組などにより氏名が変更した場合および登記名義人が法人の場合には商号変更を行ったときには、「所有権登記名義人の氏名・名称の変更」登記を申請することになります。この際、氏名の変更がわかる戸籍謄本及び本籍地の記載がある住民票もしくは戸籍の附票を、法人の場合は商号変更があった旨がわかる登記事項証明書を添付します。ただし、住民票コードを申請書に記載した場合は，住民票の写しなどの書類の添付を省略することができる場合があります。また、会社法人等番号を申請書に記載した場合は原則登記事項証明書を添付しなくてもかまいません。

■ 登記の目的、登記の原因などの記載の仕方

登記の目的は「○番所有権登記名義人氏名（法人の場合は名称）変更（更正）」とします。

登記原因ですが、変更登記の場合は「令和○年○月○日 氏名変更（法人の場合は商号変更）」と記載します。所有権登記名義人氏名変更登記の場合、原因が婚姻や離婚、養子縁組や離縁等でも申請書には「氏名変更」と記載することになります。これはプライバシーに配慮したためと考えられますが、住所変更の場合（213ページ）とは異なるので申請書作成時には注意しましょう。更正登記の場合は単に「錯誤」とのみ記載します。

変更登記の原因日付は、氏名変更の原因ごとに異なります。まず、婚姻による場合は、婚姻の届出日、協議離婚の場合は離

本籍地の記載がある住民票もしくは戸籍の附票を添付する理由

登記記録には所有権登記名義人の住所と氏名しか記載がない。一方、戸籍には氏名と本籍地等しか記載がなく住所の記載はない。添付した戸籍が所有権登記名義人のものかを確認する情報が氏名しかなく少し弱い。
そこで所有権登記名義人の住所と氏名が記載された（本籍地の記載のある）住民票もしくは戸籍の附票を添付して、そこに記載のある本籍地と添付した戸籍に記載のある本籍地の同一を確認する。その結果同一であれば、この戸籍が所有権登記名義人のものと確認できる。この確認のため本籍地の記載がある住民票もしくは戸籍の附票を戸籍とは別に添付する。

氏名の変更・更正

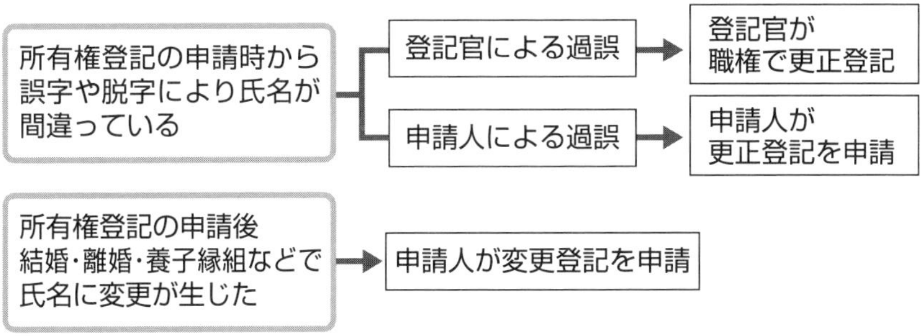

婚の届出日、裁判上の離婚の場合には裁判の確定日を、養子縁組の場合は縁組の届出日を記載します。法人の場合は法人の登記簿謄本に記載されている商号変更の日を記載します。

この他、変更（更正）後の事項として、戸籍等に記載されている現在の氏名（名称）を記載します（変更（更正）前の氏名・名称の記載は不要です）。また、共有者のうちの一人の氏名等に変更があった場合は変更（更正）後の事項として、「共有者○○○○の氏名」と記載します。

登記の申請は、登記名義人が単独で行うことができます。申請書類には、申請人の住所・氏名を、住民票記載通りに記載し、押印します。 また登記申請に不備がある場合に、法務局が連絡できるように、連絡先の電話番号の記載が必要です。

なお、登録免許税は不動産１個につき1000円です。マンションの場合は、建物の個数と敷地の数になります。

住所の変更・更正登記の申請書と添付書類

正しい情報に変更・更正する

■ 住所変更登記をする場合

所有権登記名義人の住所や本店に移転が生じた場合の添付書面は、住所の変更を生じさせた原因により異なります。

まず、引っ越しにより住所変更が生じた場合は、登記簿上の住所から現在の住所への変更を証明できる住民票の写しまたは戸籍の附票を添付します。法人の場合は、本店移転を証する登記事項証明書を提出することになります。ただし、住民票コードを申請書に記載した場合は，住民票の写しなどの書類の添付を省略することができる場合があります。また、会社法人等番号を申請書に記載した場合は原則登記事項証明書を添付しなくてもかまいません。

数回にわたって住所を移転している場合、１通の住民票の写しで住所移転の連続性を証明できないときは、数通の住民票の写しの添付を要します。

次に、住居表示の実施により変更が生じた場合は、住居表示実施証明書を添付します。この証明書は、市区町村役場で取得することができ、①住居表示が実施されたこと、②住居表示が実施された年月日、および③住居表示の実施前の住所（登記簿上の住所）と実施後の住所（現在の住所）が記載されています。また、土地の名称や町名が変わった場合には、市区町村役場から発行される、町名地番変更証明書などを添付します。

登録免許税

登録免許税は、不動産１個（マンションの場合は建物の個数と敷地の数）につき1000円だが住居表示の実施や町名地番変更の場合は所定の証明書を添付すれば非課税となる。

■ 住所更正登記をする場合

更正登記には、正しい住所が記載された住民票の写しまたは

住所の変更と登記

	登記原因	添付書面	登録免許税
引越し等で住所移転	令和○年○月○日 住所移転	住民票の写し または戸籍の附票	不動産１個 につき1000円
住居表示の実施	令和○年○月○日 住居表示の実施	住居表示実施 証明書	非課税
町名地番変更	令和○年○月○日 町名変更、地番変更	町名地番変更 証明書	非課税

戸籍の附票、法人の場合は登記事項証明書を添付します。ただし、住所変更登記と同様に住民票コードを申請書に記載した場合は，住民票の写しなどの書類の添付を省略することができる場合がありますし、会社法人等番号を申請書に記載した場合は原則登記事項証明書を添付しなくてもかまいません。

■ 住所の変更・更正登記申請書作成の注意点

登記の目的は「○番所有権登記名義人住所変更（更正）」です。登記原因は、更正登記の場合は「錯誤」とのみ記載します。変更登記については、住所変更を生じさせた事由により、下記のように記載します。

①住所移転の場合は、「令和○年○月○日住所移転（法人の場合は本店移転）」、②住居表示の実施の場合は「令和○年○月○日住居表示実施」、③町名地番の変更の場合は「令和○年○月○日町名変更、地番変更」と記載します。複数回住所を移転している場合は、住民票から住所移転の日付がわからないなどにより、誤った日付を記載してしまうと、法務局から訂正を求められるのでとくに注意が必要です。

資料　不動産登記についてのおもな登録免許税

登記の原因		税率・税額
所有権保存		不動産価額の４／1000
所有権移転	相続 （相続人に対する遺贈を含む）	不動産価額の４／1000
	合併	同上
	共有物の分割	不動産価額の20／1000 （事例によっては４／1000）
	その他の原因によるもの （売買、代物弁済など）	20／1000 ただし、令和５年３月31日までに土地の売買による所有権の移転の登記をする場合は15／1000
賃借権の設定		不動産価額の10／1000
地役権の設定		承役地の不動産の個数１個につき1500円
抵当権の設定		債権額の４／1000
根抵当権の設定		極度額の４／1000
先取特権・質権・抵当権の移転		債権金額の２／1000
相続・合併を原因とする抵当権の移転		債権額の1／1000
所有権の信託の登記		不動産価額の４／1000 ただし、令和５年３月31日までに土地の所有権の信託の登記をする場合は3／1000
仮登記	所有権移転仮登記	不動産価額の10／1000
	所有権移転請求権の移転登記	不動産１個につき1000円
登記の抹消		不動産１個につき1000円
所有権登記名義人の氏名等の変更・更正登記		不動産１個につき1000円

※　個人が、自己の居住のため、住宅用家屋を新築・取得した場合については、登録免許税の軽減措置が設けられている。たとえば、個人が、令和4年３月31日までの間に、自己の居住のため、住宅用家屋（条件あり）を新築した場合の保存登記の登録免許税は、1000分の1.5（建物によっては1000分の１）に軽減されている。

なお、書面申請でもオンライン申請でも登録免許税の税率・税額は同一である。

巻　末

書式サンプル集

資料　遺言書作成の仕方

> 遺言書とわかるようにはっきりと「遺言書」と書きます

遺言書

遺言者○○○○は本遺言書により次のとおり遺言する。

1　遺言者は妻○○に次の財産を相続させる。

> 相続人に対しては「相続させる」、相続人以外に対しては「遺贈する」と書きます

①　遺言者名義の土地

所在　静岡県伊東市一碧湖畔二丁目

地番　25番

> 土地や建物の表示は登記簿に記載されている通りに記載します

地目　宅地

地積　100.25平方メートル

②　○○銀行○○支店遺言者名義の定期預金（口座番号××××××）すべて

> 受遺者の氏名、生年月日、遺贈する財産を記入します

2　遺言者は、東村和子（東京都世田谷区南玉川１－２－３、昭和30年８月23日生）に、遺言者の東都銀行玉川支店の普通預金、口座番号1234567より金弐百万円を遺贈する。

3　その他遺言者に属する一切の財産を妻○○に相続させる。

> 預貯金の場合には支店名・口座番号も記載しておきます。改ざんを防ぎたい場合には算用数字より多角文字を使用した方がよいでしょう

4　本遺言の遺言執行者として次の者を指定する。

> 具体的に記載しなかった財産の相続人についても記載しておきます

住所　東京都○○区○○町○丁目○番○号

氏名　○○○○

> 遺言執行者を指定する場合には遺言執行者の住所・氏名を書きます

5　付言事項

妻○○は、苦しい時代にも愚痴ひとつこぼさず、ひたすら遺言者を支え続け、子どもたち２人を立派に育ててくれた。子供たち２人はこれからも、お母さんの幸せを温かく見守ってやってほしい。

> 家族への思いなどについては、最後に「付言事項」として書き残します

令和○○年○月○日

東京都○○区○○町○丁目○番○号

遺言者　○○○○　㊞

> 作成日付・遺言者の住所・氏名を、正確に記載し、押印します

書式　遺産分割の際のトラブルが予想される場合の遺言書

遺言書

遺言者○○○○は本遺言書により次のとおり遺産分割の方法を指定する。

1　妻○○○○には下記の財産を相続させる。

⑴　土地

（表示略）

⑵　建物

（表示略）

2　長男○○○○には遺言者が所有する○○株式会社の株式壱万株すべてを相続させる。

3　長女○○○○には○○銀行○○支店遺言者名義の定期預金（口座番号×××××）すべてを相続させる。

4　二男○○○○には上記1から3までに記載した以外の財産を相続させる。

5　本遺言の遺言執行者として次の者を指定する。

住所　東京都○○区○○町○丁目○番○号

氏名　○○○○

令和○年○月○日

東京都○○区○○町○丁目○番○号

遺言者　○○○○　㊞

Advice

遺産分割の際にトラブルが起こりそうなときは遺産分割の方法を指定しておきましょう。遺産分割方法の指定は、遺留分には配慮する必要がありますが、法定相続分に準じなくてもかまいません。遺言書には、誰に何を相続させるのかを具体的に書く必要があります。不動産は所在・地番・家屋番号などを記載し、預貯金は銀行名・支店名・口座番号などを記載すべきです。株式についても、どの会社の株式かが特定できるようにします。

書式　妻に不動産、子に金銭を相続させたい場合の遺言書

遺言書

遺言者○○○○は、本遺言書により次のとおり遺言する。

1　遺言者は、以下の遺言者名義のマンションの一室を、遺言者の妻○○○○（昭和○○年○月○○日生）に相続させる。

名称　○○マンション

所在　東京都○○区○○町○丁目○番地○号

建物番号（専有部分）　○○○号室

2　遺言者は、以下の遺言者名義の普通預金のすべてを、遺言者の長男○○○○（昭和○○年○月○○日生）に相続させる。

⑴　○○銀行　○○支店　普通預金　口座番号1234567

⑵　○○銀行　○○支店　普通預金　口座番号7654321

令和○年○月○日

東京都○○区○○町○丁目○番地○号

○○マンション○○○号室

遺言者　○○○○　㊞

Advice

本記載例のように、自分の死後も妻が居住マンションに住み続けることができるように、妻に不動産を相続させ、子に金銭を相続させることがあります。遺言で不動産を相続させる場合は、遺言書にその不動産を明確に記載する必要があります。

また、遺言で金銭を相続させる場合は、現金なのか預貯金なのかを明確にします。さらに、預貯金である場合は、どの銀行のどの口座の預貯金であるのかも明確にします。１つの銀行では原則として１人１口座しか作成できませんが、現実に複数の口座を持っている場合もありますので、口座番号も正確に記載します。なお、2018年の相続法改正により、自筆証書遺言に添付する財産目録は、署名押印を条件として自書を要しないことになったので、署名押印した通帳のコピーなどを添付しておくとよいでしょう。

書式　居住マンションしかめぼしい財産がない場合の遺言書

遺言書

遺言者○○○○は、本遺言書により次のとおり遺言する。

1　遺言者は、以下の遺言者名義のマンションの一室を妻○○○○（昭和○○年○月○○日生）に相続させる。

名称　○○○○マンション

所在　東京都○○区○○○丁目○番地○号

建物番号（専有部分）　○○○号室

2　その他、遺言者に属する一切の財産を妻○○○○に相続させる。

3　遺言者の長男○○○○（昭和○○年○月○○日生）、長女○○○○（昭和○○年○月○○日生）においては、妻○○の老後の生活に対する遺言者の配慮を充分に理解してほしい。長男○○、長女○○に対しては、遺留分侵害額請求を行わないことを切に希望する

令和○年○月○日

東京都○○区○○○丁目○番地○号

○○○○マンション○○○号室

遺言者　○○○○　㊞

Advice

被相続人が住居などの不動産を所有しているのに対し、預貯金などの金融資産を保有していない場合は、相続についてトラブルになりかねません。したがって、遺言は作成しておきましょう。

2018年の相続法改正により、生存配偶者は、遺産分割や遺言などに基づき、配偶者居住権を主張できるようになりました。しかし、本記載例の場合は、妻にマンション（不動産）の配偶者居住権ではなく、所有権を相続させているので、長男・長女の遺留分への配慮が必要です。遺留分に配慮する場合は、妻に不動産の配偶者居住権を相続させ、長男・長女に不動産の所有権を相続させる方法がよいでしょう。

書式　認知症の妻に土地と家を遺したい場合の遺言書

遺言書

遺言者○○○○は本遺言書により次のとおり遺言する。

1　遺言者は、妻の○○に次の物件を相続させる。

⑴　土地

所在　東京都○○区○○町○丁目

地番　○番○

地目　宅地

地積　100.00㎡

⑵　建物

所在　東京都○○区○○町○丁目○番地○

家屋番号　○番○

種類　居宅

構造　木造瓦葺２階建

床面積　１階　50.00㎡

２階　30.00㎡

2　遺言者の死後、弟○○○○は直ちに妻○○にかかる成年後見人を選任する手続きを行うこと。

令和○年○月○日

東京都○○区○○町○番○号

遺言者　○○○○　㊞

Advice

本記載例は、夫婦に子がなく、相続人が弟だけの場合を想定しています。弟には遺留分がないので、配偶者に不動産をすべて相続させても、配偶者が弟から遺留分侵害額請求権を受ける心配はありません。なお、配偶者が認知症の場合、強制力はありませんが、遺言者本人の強い希望として、成年後見人選任手続の指示などを記載するとよいでしょう。

書式　胎児に財産を遺したい場合の遺言書

遺言書

遺言者○○○○は本遺言書により次のとおり遺言する。

（1、2〈他の相続人の相続分に関する記述〉略）

3　次記の者が懐胎している胎児は遺言者との間の子であることを認知する。

本籍　東京都○○市○丁目○番地

住所　東京都○○区○○町○丁目○番○号

氏名　○○○○（昭和○○年○月○日生）

4　遺言者が認知した○○○○が懐胎している胎児に、○○銀行○○支店遺言者名義の定期預金すべてを相続させる。

5　本遺言の遺言執行者として次の者を指定する。

住所　東京都○○区○○町○丁目○番○号

弁護士　○○○○

令和○年○月○日

東京都○○区○○町○丁目○番○号

遺言者　○○○○　㊞

Advice

本記載例は、胎児を認知して、その胎児に財産を遺す場合に用います。非嫡出子（婚外子）は、認知されれば父親を相続することができます。そして、胎児は相続についてはすでに生まれたものとして扱うので、認知された胎児は父親を相続する権利が発生します。遺言書では胎児の母親がどこの誰であるのかを明確に記載します。また、認知の届出は遺言執行者が行うので（戸籍法64条）、遺言執行者の選任も必要です。なお、胎児の認知は母親の承諾が必要であるため、届出書には親の承諾書（署名押印があるもの）を添付します。また、胎児の相続権は生きて産まれた場合に効力を生じますから、死産の場合は相続権が効力を失います。

書式　親のいない孫に財産を遺したい場合の遺言書

遺言書

遺言者○○○○は本遺言書により次のとおり遺言する。

1　遺言者は、亡き長男○○○○の長男つまり遺言者の孫○○○○（平成○年○月○日生）に○○株式会社の株式すべてを相続させる。

2　上記１の財産については、孫○○の親権者○○○○には管理させないこととする。

3　上記１の財産の管理者として次の者を指定し、同人に管理させる。

　　住所　東京都○○区○○町○丁目○番○号

　　氏名　○○○○

令和○年○月○日

東京都○○区○○町○丁目○番○号

遺言者　○○○○　㊞

Advice

本記載例で取り上げているのは、被相続人が死亡したが、それより前に被相続人の長男が死亡しており、被相続人の配偶者、二男、長男の子（被相続人の孫）が残されたというケースです。この場合、被相続人孫は、自分の親である被相続人の子（長男）に代わって、被相続人の財産を相続（代襲相続）することができます。そして、孫は代襲相続人なので「相続させる」趣旨の遺言をすることができます。遺言書に「相続させる」と記載されていれば、登記の名義変更や預貯金の解約などを、他の相続人の協力を必要とすることなく単独で行うことができます。

もっとも、被相続人の孫が未成年の場合、原則として、その親権者である長男の妻が孫の財産管理を行います。しかし、本記載例のように財産管理者を別途指定することも可能です。

書式　特別受益がある場合の遺言書

遺言書

遺言者○○○○は本遺言書により次のとおり遺言する。

1　妻、長男、長女の相続分は法定相続分のとおりとする。

2　遺言者の長男○○○○には会社を辞めて事業を始める際に1000万円、長女○○○○には婚姻の際500万円をそれぞれ贈与しているが、これらは双方とも相続分から控除しないものとする。

3　その他相続人に対しこれまでにした贈与は、すべて相続分から控除しないものとする。

令和○年○月○日

東京都○○区○○町○丁目○番○号

遺言者　○○○○　㊞

Advice

相続人が被相続人から婚姻や生計の資本として財産の贈与を受けていた場合には、その分を考慮して相続分を算定します。これを特別受益の制度といいます。特別受益を受けた相続人は、その分を本来の相続分から差し引かれます。相続時に遺言で与えられる遺贈も特別受益となります。ただ、本記載例のように、被相続人が遺言などで、特別受益として差し引かないとしていた場合は、遺留分の規定に反しない限り、被相続人の意思を尊重しなければなりません（持戻し免除の意思表示）。また、2018年の相続法改正では、婚姻期間20年以上の夫婦間で、居住用不動産を生前贈与した場合は、持戻し免除の意思表示が推定されるとしました。なお、特別受益分が遺留分を侵害した場合は、侵害された人は、特別受益者に対して遺留分侵害額請求が可能です。

書式　親の後妻に財産を遺したい場合の遺言書

遺言書

遺言者○○○○は本遺言書により次のとおり遺言する。

遺言者は、父の後妻である○○○○に次の口座にある預金の全部を遺贈する。

　○○銀行　○○支店

　普通預金　口座番号　○○○○○○○○○

これは、後妻が、血縁関係にない自分を実の子同然に育ててくれたことに対する感謝の気持ちである。

ついては、本遺言の遺言執行者として次の者を指定する。

　住所　東京都○○区○○町○丁目○番○号

　弁護士　○○○○

令和○年○月○日

東京都○○区○○町○丁目○番○号

遺言者　○○○○　㊞

Advice

遺留分を有する相続人がいる場合は、トラブル防止のため、本記載例のように、血縁関係のない親の後妻に遺贈する理由を明記するとよいでしょう。遺言者の親が再婚し、その再婚相手と遺言者が養子縁組をしていないなど、再婚相手が遺言者の相続人とならない場合は、「遺贈する」趣旨を明記する必要があります。相続人以外の者に遺贈する場合は、遺言執行者を指定しておかなければ、登記申請や預貯金の解約に際し、相続人全員の協力が必要になり、円滑に進みません。

なお、2018年の相続法改正により新設された、相続人以外の親族に対する特別寄与料の支払いの対象になる場合も考えられます。

書式　特定の者に借入金の債務と抵当権を相続させる場合の遺言書

遺言書

遺言者○○○○は本遺言書により次のとおり遺言する。

遺言者は、次男○○に、以下の土地・建物を相続させるとともに、○○銀行○○支店からの借入金○○○○万円に対する債務と、以下の土地・建物に設定された抵当権の負担を相続させる。

(1)　土地

所在　東京都○○区○○町○丁目

地番　○番○

地目　宅地

地積　100.00㎡

(2)　建物

所在　東京都○○区○○町○丁目○番地○

家屋番号　○番○

種類　居宅

構造　木造ストレート葺1階建

床面積　70.00㎡。

令和○年○月○日

東京都○○区○○町○丁目○番○号

遺言者　○○○○　㊞

Advice

土地・建物に設定された抵当権の負担は、その抵当権によって担保する債務とともに、相続分に応じて相続されます。一般的に、遺言によって土地・建物を特定の相続人に相続させる場合は、債務もいっしょにその特定の相続人に相続させます。しかし、これは債務者を特定の相続人に変更すること、つまり債務の名義変更にあたるため、債権者の承認が必要とされています。債権者が承認しない場合は、相続人全員が法定相続分に応じて返済義務を負います。債権者が承認した場合は、不動産の名義人を次男に変更する登記（所有権移転登記）をした後、抵当権者と次男が共同で、抵当権の債務者を次男へ変更する登記を申請します。他方、債権者が承認しない場合は、次男への所有権移転登記後、債権者と次男が共同で、抵当権の債務者を相続人全員に変更する登記の申請が必要です。

書式　遺産分割を禁止する場合の遺言書

遺言書

遺言者○○○○は本遺言書により次のとおり遺言する。

1　遺言者の財産の中、家業である染物店を継続して営業していく上で最低限必要な下記の土地、建物、設備一式は、相続開始のときより５年間分割を禁止する。なお、法定禁止期間の５年を経過した後も分割せず、さらに引き続き家業を守っていくことを希望する。

（土地、建物、設備一式の表示略）

2　預金等のその他の財産は、各相続人に当初から法定相続分に応じて分割相続させるものとする。

3　法定禁止期間の５年を経過した後も家業を継続することができるよう、上記１の財産の望ましい遺産分割方法を定めることを次の者に委託する。

住所　東京都○○区○○町○丁目○番○号

氏名　○○○○

令和○年○月○日

東京都○○区○○町○丁目○番○号

遺言者　○○○○　㊞

Advice

相続人は、相続開始後に、原則としていつでも遺産を分割することができます。ただ、被相続人が遺言によって、遺産の一部あるいは全部の分割を禁止している場合には分割が禁止されます。たとえば、本記載例のように、土地や建物を分割したのでは家業を継続できないという場合には、遺言書によって、遺産分割を禁止しておくとよいでしょう。ただし、遺言による遺産分割の禁止期間は５年が限度とされています（民法908条）。そこで５年を超えても、遺産分割が行われないようにするためには、相続人が、遺言者の意思を尊重してくれるように、遺言書の書き方を工夫する必要があります。

書式　農地の単独相続を指示する場合の遺言書

遺言書

遺言者○○○○は本遺言書により次のとおり遺言する。

1　家業の農業を引き続き行っていけるよう、農地の全部を遺言者の長男○○○○に相続させる。

2　同じく長男○○に、一切の農業用動産及び当面の運転資金として○○農協の遺言者名義の定期預金1000万円を相続させる。

3　その他の財産は、遺言者の長女○○○○、二男○○○○に均等に相続させる。

4　本遺言により、長女、二男の両名の相続分は遺留分を下回ることになるが、両名はそれぞれ公務員、建築家として地歩を固めており、また農業を継ぐ意思がないことを本人たちも表明している。農地を細分化することは効率的農業の実施上死活問題となるので、遺留分侵害額請求を行わないよう切に希望する。

令和○年○月○日

○○県○○郡○○町○番地

遺言者　○○○○　㊞

Advice

各相続人の法定相続分によって農地が分割されると、農業経営が成り立たなくなる場合があるので、本記載例のように相続人の中から後継者を決めて、その人に農地全部を承継させるとよいでしょう。その方法は、遺産分割方法の指定でも遺贈でもかまいません。農地を相続や遺贈により承継した相続人は、その農地が所在する市区町村の農業委員会に届出を行います（農地法３条の３）。

なお、農地以外にめぼしい財産がない場合、他の相続人から遺留分侵害額請求を受ける可能性があります。生前から農業経営を続けるかどうかを含めて、家族同士が話し合っておくことも大切です。

書式　相続放棄申述書

受付印	相続放棄申述書
	（この欄に収入印紙８００円分をはる。） （はった印紙に押印しないでください。）
収入印紙　　　円	
予納郵便切手　　円	

準口頭		関連事件番号　令和　　　年（家　　）第　　　　号

東京　家庭裁判所 御中 令和　○　年　6　月　1　日	申述人 （未成年者などの場合は法定代理人） の署名押印	山口浩二　㊞

添付書類	申述人・法定代理人等の戸籍謄本　2　通　　被相続人の戸籍謄本　1　通

申述人	本籍	東京　（都）道 府 県　渋谷区大山町○丁目○番地		
	住所	〒151－0000　電話03（○○○○）○○○○ 東京都渋谷区大山町○丁目○番○号（　　方）		
	フリガナ 氏名	山《ヤマ》口《グチ》浩《コウ》二《ジ》	大正 （昭和） 平成　44年　1月16日生	職業　会社員
	被相続人との関係	※ 被相続人の……　（1）子　2 孫　3 配偶者　4 直系尊属（父母・祖父母） 5 兄弟姉妹　6 おいめい　7 その他（　　）		
法定代理人	※ 1 親権者 2 後見人 3	住所	〒　－　　電話（　　） （　　方）	
		フリガナ 氏名		フリガナ 氏名
被相続人	本籍	東京　（都）道 府 県　渋谷区大山町○丁目○番地		
	最後の住所	申述人の住所と同じ	死亡当時の職業	無職
	フリガナ 氏名	山《ヤマ》口《グチ》久《ヒサシ》	令和　○　年　4　月15　日死亡	

（注）太枠の中だけ記入してください。※の部分は、当てはまる番号を○で囲み、被相続人との関係欄の7、法定代理人等欄の3を選んだ場合には、具体的に記入してください。

申　立　て　の　趣　旨
相続の放棄をする。

申　立　て　の　理　由	
※ 相続の開始を知った日………令和◯年4月15日	
① 被相続人死亡の当日	3 先順位者の相続放棄を知った日
2 死亡の通知をうけた日	4 その他（　　）

放棄の理由	相続財産の概略		
※ 1 被相続人から生前に贈与を受けている。 2 生活が安定している。 3 遺産が少ない。 4 遺産を分散させたくない。 ⑤ 債務超過のため。 6 その他（　　　　）	資産	農地……約　　平方メートル 山林……約　　平方メートル 宅地……約　　平方メートル 建物……約　　平方メートル	預金 預貯金………約 200 万円 有価証券……約 300 万円
	負債……………………約 2,000 万円		

（注）太枠の中だけ記入してください。※の部分は、当てはまる番号を○で囲み、申述の実情欄の4、放棄の理由欄の6を選んだ場合には、（　　）内に具体的に記入してください。

書式　特別代理人の選任申立書

受付印	特別代理人選任申立書
	（この欄に収入印紙800円分を貼ってください。） （貼った印紙に押印しないでください。）
収入印紙　円	
予納郵便切手　円	

準口頭		関連事件番号　平成・令和　年（家　）第　号

東京　家庭裁判所 御中 令和 ○ 年 ○ 月 ○ 日	申立人の 記名押印	甲野乙男　印

添付書類	（同じ書類は１通で足ります。審理のために必要な場合は，追加書類の提出をお願いすることがあります。） □ 未成年者の戸籍謄本（全部事項証明書）　□ 親権者又は未成年後見人の戸籍謄本（全部事項証明書） □ 特別代理人候補者の住民票又は戸籍附票　□ 利益相反に関する資料（遺産分割協議書案，契約書案等） □（利害関係人からの申立ての場合）利害関係を証する資料 □

申立人	住所	〒○○○－○○○○　電話　○○（○○○○）○○○○ 東京都渋谷区上原○丁目○○番○○号（　方）			
	フリガナ 氏名	甲野《コウノ》　乙子《オツコ》	昭和・㊥平成・令和 ○年○月○日生（○○歳）	職業	なし
	フリガナ 氏名		昭和・平成・令和　年　月　日生（　歳）	職業	
	未成年者との関係	※　1 父母　2 父　③ 母　4 後見人　5 利害関係人			
未成年者	本籍（国籍）	東京　㊥都・道・府・県　東京都渋谷区上原○丁目○○番○○号			
	住所	〒　－　電話（　） 申立人の住所地と同じ（　方）			
	フリガナ 氏名	甲野《コウノ》　丙太郎《ヘイタロウ》	㊥平成・令和 ○年○月○日生（○○歳）		
	職業又は在校名	○○　中学校			

（注）　太枠の中だけ記入してください。　※の部分は，当てはまる番号を○で囲んでください。

申　立　て　の　趣　旨
特別代理人の選任を求める。

申　立　て　の　理　由	
利益相反する者	利益相反行為の内容
※ ① 親権者と未成年者との間で利益が相反する。 2　同一親権に服する他の子と未成年者との間で利益が相反する。 3　後見人と未成年者との間で利益が相反する。 4　その他（　　　　　）	※ ① 被相続人亡 甲野一郎 の遺産を分割するため 2　被相続人亡　　　　　の相続を放棄するため 3　身分関係存否確定の調停・訴訟の申立てをするため 4　未成年者の所有する物件に　1　抵当権　2　根抵当権　を設定するため 5　その他（　　　　　） （その詳細） 申立人の夫、未成年者の父である被相続人亡甲野一郎（令和○年○月○日死亡）の遺産につき，遺産分割の協議をするため。

特別代理人候補者	住　所	〒○○○ − ○○○○　　電話　○○（○○○○）○○○○ 東京都新宿区荒木町○○番地の○　（　　　方）			
	フリガナ 氏　名	オツヤマ　ジロウ 乙山　二郎	昭和 平成 ○年○月○日生 （　○○　歳）	職業	会社員
	未成年者との関係	母方の叔父			

（注）　太枠の中だけ記入してください。　※の部分については，当てはまる番号を○で囲み，利益相反する者欄の４及び利益相反行為の内容欄の５を選んだ場合には，（　　）内に具体的に記入してください。

書式　失踪宣告申立書

受付印	家事審判申立書　事件名（　失踪宣告　）
	（この欄に申立手数料として１件について８００円分の収入印紙を貼ってください。） （貼った印紙に押印しないでください。） （注意）登記手数料としての収入印紙を納付する場合は，登記手数料としての収入印紙は貼らずにそのまま提出してください。

収入印紙	円
予納郵便切手	円
予納収入印紙	円

準口頭		関連事件番号　平成・令和　　年（家　　）第　　　号

東京　家庭裁判所 御中 令和 ○ 年 ○○月 ○○ 日	申立人 （又は法定代理人など） の記名押印	甲　野　乙　男　　印

添付書類	（審理のために必要な場合は，追加書類の提出をお願いすることがあります。）

申立人	本籍 （国籍）	（戸籍の添付が必要とされていない申立ての場合は，記入する必要はありません。） 東京　都（○）道府県　渋谷区上原○丁目○○番○○号
	住所	〒 ○○○ − ○○○○　電話　○○（○○○○）○○○○ 東京都渋谷区上原○○丁目○○番○○号 （　　　方）
	連絡先	〒　　−　　電話　（　　） （　　　方）
	フリガナ 氏名	甲野《コウノ》　乙男《オツオ》 | 昭和・平成（○）・令和　○○年　○月　○日生　（○○歳）
	職業	会社員
※ 不在者	本籍 （国籍）	（戸籍の添付が必要とされていない申立ての場合は，記入する必要はありません。） 東京　都（○）道府県　渋谷区上原○○丁目○○番○○号
	住所	〒 ○○○ − ○○○○　電話　○○（○○○○）○○○○ 東京都新宿区荒木町○○丁目○○番○号 （　　　方）
	連絡先	〒　　−　　電話　（　　） （　　　方）
	フリガナ 氏名	甲野《コウノ》　乙二郎《オツジロウ》 | 昭和（○）・平成・令和　○○年　○月　○日生　（○○歳）
	職業	会社員

（注）太枠の中だけ記入してください。
※の部分は，申立人，法定代理人，成年被後見人となるべき者，不在者，共同相続人，被相続人等の区別を記入してください。

別表第一（１/　）

申　立　て　の　趣　旨
不在者に対し，失踪の宣告を求める。

申　立　て　の　理　由
1　申立人は，不在者の父です。
2　不在者は，平成○年○月○日の朝，会社に出勤をし，同日
夜9時頃，取引先のもとから自宅に帰宅するとの電話連絡が
ありましたが，帰宅しませんでした。
申立人は，警察に捜索願いを提出するとともに，不在者の行
方を捜しましたが，その所在は今日まで判明しません。
3　不在者が行方不明となって7年以上が経過し，その生死が
不明であり，不在者が帰来する見込みもありませんので，
申立ての趣旨のとおりの審判を求めます。

別表第一（　／　）

書式　不在者財産管理人選任申立書

受付印	家事審判申立書　事件名（不在者財産管理人選任）
収入印紙　円 予納郵便切手　円 予納収入印紙　円	（この欄に申立手数料として1件について800円分の収入印紙を貼ってください。） （貼った印紙に押印しないでください。） （注意）登記手数料としての収入印紙を納付する場合は，登記手数料としての収入印紙は貼らずにそのまま提出してください。

準口頭		関連事件番号　平成・令和　　年（家　　）第　　　号

東京　家庭裁判所　御中 令和　〇　年　〇〇月　〇〇　日	申立人（又は法定代理人など）の記名押印	甲　野　乙　子　印

添付書類	（審理のために必要な場合は，追加書類の提出をお願いすることがあります。）

申立人	本籍（国籍）	（戸籍の添付が必要とされていない申立ての場合は，記入する必要はありません。） 東京　都道府県　渋谷区上原〇丁目〇〇番〇〇号
	住所	〒　〇〇〇－〇〇〇〇　電話　〇〇（〇〇〇〇）〇〇〇〇 東京都渋谷区上原〇〇丁目〇〇番〇〇号 （　　方）
	連絡先	〒　－　電話　（　） （　　方）
	フリガナ 氏名	甲野《コウノ》　乙子《オツコ》　昭和・平成・令和　〇〇年　〇月　〇日生（　〇〇　歳）
	職業	会社員
※ 不在者	本籍（国籍）	（戸籍の添付が必要とされていない申立ての場合は，記入する必要はありません。） 東京　都道府県　渋谷区上原〇丁目〇〇番〇〇号
	住所	〒　〇〇〇－〇〇〇〇　電話　〇〇（〇〇〇〇）〇〇〇〇 東京都新宿区荒木町〇丁目〇〇番〇〇号　〇〇マンション〇〇号室 （　　方）
	連絡先	〒　－　電話　（　） （　　方）
	フリガナ 氏名	甲野《コウノ》　乙二郎《オツジロウ》　昭和・平成・令和　〇〇年　〇月　〇日生（　〇〇　歳）
	職業	会社員

（注）　太枠の中だけ記入してください。
※の部分は，申立人，法定代理人，成年被後見人となるべき者，不在者，共同相続人，被相続人等の区別を記入してください。
別表第一（1/　）

申　立　て　の　趣　旨
不在者の財産の管理人を選任する審判を求める。

申　立　て　の　理　由
1　申立人は，不在者の母です。
2　不在者は平成○年○月○日旅行に行くとでかけて以来音信不通となり、知人や会社の同僚に連絡をして行くを探しましたが、現在までその所在は判明しません。
3　平成○年○月○日に不在者の父・乙男が死亡し，父・乙男所有の不動産につき，不在者がその共有持分（4分の1）を取得しました。また，不在者に負債等はありません。
4　このたび，亡乙男の共同相続人間で遺産分割協議をすることになりましたが，不在者は財産管理人を置いていないため，分割協議ができないので，申立ての趣旨のとおりの審判を求めます。

別表第一（　／　）

書式　抵当権を抹消する場合の登記申請書

登　記　申　請　書

登記の目的　　１番抵当権抹消

原　　　因　　令和３年７月27日弁済

権　利　者　　東京都目黒区××三丁目１番２号

鈴木　太郎　㊞

連絡先の電話番号　００－００００－００００

義　務　者　　東京都目黒区○○二丁目１番地

株式会社○○○○

（会社法人等番号　1234－56－789009）

代表取締役　宮本　真吾　㊞

連絡先の電話番号　００－００００－００００

添付書類

登記識別情報（又は登記済証）　登記原因証明情報　会社法人等番号

登記識別情報（登記済証）を提供することができない理由

□不通知　□失効　□失念　□管理支障　□取引円滑障害

□その他（　　　）　□登記識別情報の通知を希望しません。

令和３年８月５日申請　東京法務局渋谷出張所

登録免許税　金１，０００円

不動産の表示

（省略）

書式　死因贈与が行われた場合の登記申請書（執行者がいない場合）

登　記　申　請　書

登記の目的　　所有権移転
原　　因　　令和３年６月９日贈与
権 利 者　　東京都立川市××一丁目２番３号
　　　　　　（住民票コード○○○○○○○○○○○）
　　　　　　佐藤　一郎　㊞
　　　　　　連絡先の電話番号　００－００００－００００
義 務 者　　東京都日野市××三丁目４番５号
亡山田良子相続人　山田　花子　実印
　　　　　　連絡先の電話番号　００－００００－００００
　　　　　　東京都日野市××四丁目５番６号
亡山田良子相続人　山田　太郎　実印
　　　　　　連絡先の電話番号　００－００００－００００

添付情報
　登記識別情報（又は登記済証）　登記原因証明情報
　印鑑証明書　住所証明情報（省略）　相続証明情報
登記識別情報（登記済証）を提供することができない理由
　□不通知　□失効　□失念　□管理支障　□取引円滑障害
　□その他（　　　）　□登記識別情報の通知を希望しません。

令和３年６月10日申請　東京法務局立川出張所
課税価格　　金２０００万円
登録免許税　金４０万円

不動産の表示
　所　在　日野市××二丁目
　地　番　３番４
　地　目　宅地
　地　積　１４８．７８㎡

書式　遺贈による所有権移転登記申請書（遺言執行者がいる場合）

登　記　申　請　書

登記の目的　　所有権移転

原　　　因　　令和３年５月25日遺贈

権　利　者　　○○市○○町○丁目○番地

　　　　　　　鈴木　花子　㊞

　　　　　　　連絡先の電話番号　００－００００－００００

義　務　者　　○○市○○町○丁目○番地

　　　　　　　亡　甲野　次郎

　　　　　　　○○市○○町○丁目○番地

遺言執行者　　甲野　花子　実印

　　　　　　　連絡先の電話番号　００－００００－００００

添付書類

　登記識別情報（又は登記済証）　登記原因証明情報

　印鑑証明書　住所証明情報　代理権限証明情報

登記識別情報（登記済証）を提供することができない理由

　□不通知　□失効　□失念　□管理支障　□取引円滑障害

　□その他（　　　）　□登記識別情報の通知を希望しません。

令和３年６月30日申請　○○ 法 務 局　○○支局

課税価格　　金1000万円

登録免許税　金20万円

不動産の表示

　所　　在　○○市○○町○丁目

　地　　番　○○番○

　地　　目　宅地

　地　　積　○○.○○㎡

書式　遺贈による所有権移転登記申請書（遺言執行者がいない場合）

登　記　申　請　書

登記の目的　　所有権移転
原　　　因　　令和３年５月25日遺贈
権　利　者　　○○市○○町○丁目○番地
　　　　　　　鈴木　一郎　㊞
　　　　　　　連絡先の電話番号　００－００００－００００
義　務　者　　○○市○○町○丁目○番地
　　　　　　　亡甲野次郎相続人　甲野　花子　実印
　　　　　　　連絡先の電話番号　００－００００－００００
　　　　　　　○○市○○町○丁目○番地
　　　　　　　亡甲野次郎相続人　甲野　太郎　実印
　　　　　　　連絡先の電話番号　００－００００－００００
添付書類
　登記識別情報（又は登記済証）　登記原因証明情報
　印鑑証明書　住所証明情報　相続証明情報
登記識別情報（登記済証）を提供することができない理由
　□不通知　□失効　□失念　□管理支障　□取引円滑障害
　□その他（　　　）　□登記識別情報の通知を希望しません。

令和３年６月30日申請　○○ 法 務 局　○○支局

課税価格　　金1000万円
登録免許税　金20万円
不動産の表示
　所　　在　○○市○○町○丁目
　地　　番　○○番○
　地　　目　宅地
　地　　積　○○.○○㎡

書式　相続した場合の登記申請書

登　記　申　請　書

登記の目的　　所有権移転
原　　　因　　令和３年４月１日相続
相　続　人　　(被相続人　鈴　木　隆　志)
　　　　　　　東京都○○区○○町○丁目○○番地
　　　　　　　　　　　鈴　木　広　志　㊞
　　　　　　　連絡先の電話番号　００－００００－００００
添付書類
　　登記原因証明情報　住所証明情報
□ 登記識別情報の通知を希望しません。

令和３年５月20日申請　○○ 法 務 局　○○支局
課税価格　金２０００万円
登録免許税　金８万円
不動産の表示
　所　　　在　　○○市○○町○丁目
　地　　　番　　○○番○
　地　　　目　　宅地
　地　　　積　　○○.○○㎡

　所　　　在　　○○市○○町○丁目○番地
　家 屋 番 号　　○○番○
　種　　　類　　居　宅
　構　　　造　　木造瓦葺２階建
　床　面　積　　１階　○○.○○㎡
　　　　　　　　２階　○○.○○㎡

書式　遺産分割協議書

遺産分割協議書

本　　　籍　東京都○○区○○町○丁目○○番地
最後の住所　東京都○○区○○町○丁目○○番○○号
被 相 続 人　鈴 木 隆 志（令和３年４月１日死亡）

上記の者の相続人全員は、被相続人の遺産について協議を行った結果、次のとおり分割することに合意した。

１．相続人鈴木広志は次の財産を取得する。

【土地】
所　　在　○○市○○町○丁目
地　　番　○○番○
地　　目　宅地
地　　積　○○○.○○㎡

【建物】
所　　在　○○市○○町○丁目○番地
家屋番号　○○番○
種　　類　居宅
構　　造　木造瓦葺２階建
床 面 積　１階　○○.○○㎡
　　　　　２階　○○.○○㎡

【預貯金】
○○銀行○○支店　普通預金　口座番号○○○○

２．本協議書に記載のない遺産及び後日判明した遺産については、相続人鈴木広志が取得する。

以上のとおり、遺産分割協議が成立したので、本協議書を２通作成し、署名押印の上、各自１通ずつ所持する。

令和３年５月17日

住　　　所　東京都○○区○○町○丁目○○番地
相続人　鈴 木 広 志　実 印

住　　　所　東京都○○区○○町○丁目○○番○○号
相続人　鈴 木 恭 子　実 印

書式　相続関係説明図

被相続人　鈴木隆志　相続関係説明図

最後の本籍　東京都○○区○○町○丁目○○番地
最後の住所　東京都○○区○○町○丁目○○番○○号
登記簿上の住所　東京都○○区○○町○丁目○○番○○号

昭和○○年○月○日生
令和３年４月１日死亡
（被相続人）鈴 木 隆 志

妻　鈴 木 順 子
昭和○○年○月○日生
平成○○年○月○日死亡

（相続人）
長男　鈴 木 広 志
昭和○○年○月○日生
住所　東京都○○区○○町
○丁目○○番地

（分割）
長女　鈴 木 恭 子
昭和○○年○月○日生
住所　東京都○○区○○町
○丁目○○番○○号

相続を証する書面は還付した

書式　法定相続情報

法定相続情報番号　○○○○-○○-○○○○○

被相続人　鈴木隆志　法定相続情報

最後の住所
東京都○○区○○町○丁目
○○番○○号
最後の本籍
東京都○○区○○町○丁目
○○番地

出生　昭和○○年○○月○○日
死亡　令和３年４月１日
（被相続人）鈴木隆志

住所　東京都○○区○○町○丁目
○○番地
出生　昭和○○年○○月○○日
（長男）
鈴木広志　　　　（申出人）

住所　東京都○○区○○町○丁目
○○番○○号
出生　昭和○○年○○月○○日
（長女）
鈴木恭子

以下余白

作成日：令和３年５月10日
作成者：東京都○○区○○町○丁目○○番地
鈴木　広志　　㊞

これは、令和３年５月10日に申出のあった当局保管に係る法定相続情報一覧図の写しである。

令和３年５月13日
東京法務局○○出張所

登記官　　○○○○

注）本書面は、提出された戸除籍謄本等の記載に基づくものである。相続放棄に関しては、本書面に記載されない。また、相続手続以外に利用することはできない。
整理番号S○○○○○

書式　住所移転の場合の登記申請書

登　記　申　請　書

登記の目的　　１番所有権登記名義人住所変更
原　　　因　　令和３年８月１日住所移転
変更後の事項　住所　東京都目黒区××三丁目１番２号
申　請　人　　東京都目黒区××三丁目１番２号
　　　　　　　　　　　鈴木　太郎　㊞
　　　　　　　連絡先の電話番号　００－００００－００００
添付書類
　登記原因証明情報

令和３年８月10日申請　東京法務局渋谷出張所

登録免許税　金２，０００円

不動産の表示
　所　　在　目黒区××二丁目
　地　　番　３番４
　地　　目　宅地
　地　　積　１４８．７８㎡

　所　　在　目黒区××二丁目３番地４
　家屋番号　３番４
　種　　類　居宅
　構　　造　木造瓦葺二階建
　床 面 積　1階　５８．２８㎡
　　　　　　2階　３６．１１㎡

書式　登記名義人住所・氏名変更登記申請書

登　記　申　請　書

登記の目的　１番所有権登記名義人住所氏名変更
原　　　因　令和３年８月１日氏名変更
　　　　　　令和３年８月10日住所移転
変更後の事項　住所　東京都品川区××二丁目３番３号
　　　　　　氏名　山崎　真由美
申　請　人　東京都品川区××二丁目３番３号
　　　　　　　　　山崎　真由美　㊞
　　　　　　連絡先の電話番号００－００００－００００

添付書面　登記原因証明情報

令和３年８月29日申請　東京法務局品川出張所

登録免許税　金１，０００円

不動産の表示
　所　　在　品川区××二丁目
　地　　番　３番３
　地　　目　宅地
　地　　積　９８．２４㎡

書式　住所が誤っていた場合の登記申請書

登　記　申　請　書

登記の目的　１番所有権登記名義人住所更正

原　　　因　錯誤

更正後の事項　住所　東京都目黒区××三丁目１番２号

申　請　人　東京都目黒区××三丁目１番２号

　　　　鈴木　太郎　㊞

　　　連絡先の電話番号００－００００－００００

添付書類

　登記原因証明情報

令和３年８月10日申請　東京法務局渋谷出張所

登録免許税　金２，０００円

不動産の表示

　所　　在　目黒区××二丁目

　地　　番　３番４

　地　　目　宅地

　地　　積　１４８．７８㎡

　所　　在　目黒区××二丁目３番地４

　家屋番号　３番４

　種　　類　居宅

　構　　造　木造瓦葺二階建

　床 面 積　１階　５８．２８㎡

　　　　　　２階　３６．１１㎡

書式　配偶者居住権設定の登記申請書

登　記　申　請　書

登記の目的　配偶者居住権設定
原　　　因　令和３年○月○日　遺産分割（または「遺贈」・「死因贈与」）
存続期間　配偶者居住権者の死亡時まで
特　　　約　第三者に居住建物の使用又は収益をさせることができる
権　利　者　東京都○○区○○町○丁目○番○号
　　　　　　山田　花子　㊞
　　　　　　連絡先の電話番号　０３－ＸＸＸＸ－ＸＸＸＸ
義　務　者　東京都○○区○○町○丁目○番○号
　　　　　　山田　太郎　実印
　　　　　　連絡先の電話番号　０９０－ＸＸＸＸ－ＸＸＸＸ
添付書類　登記識別情報（又は登記済証）　登記原因証明情報
　　　　　　印鑑証明書
登記識別情報を提供することができない理由
　□不通知　□失効　□失念　□管理支障　□取引円滑障害
　□その他（　　　　　）
　□登記識別情報の通知を希望しません。

令和３年○月○日申請　　東京法務局
　課税価格　　金１，０００万円
　登録免許税　金２万円
　不動産の表示
　　所　　　在　千代田区○○町○丁目　○○番地○
　　家屋番号　○○番○
　　種　　　類　居宅
　　構　　　造　木造スレートぶき２階建
　　床　面　積　１階　５０．００㎡
　　　　　　　　２階　４０．００㎡

【監修者紹介】

旭　祐樹（あさひ　ゆうき）

1982年生まれ。大阪府出身。認定司法書士（大阪司法書士会所属）。近畿大学法学部法律学科卒業。子どもの頃の経験から司法書士をめざす。大阪の司法書士事務所勤務を経て、司法書士あさひ事務所を開設。何でも話せる身近な司法書士になれるよう日々努めている。相談に対しては、最善の解決策の提案と丁寧な説明を大事にしており定評がある。また、相続に関するどんな小さな悩みでも気楽に相談できるように、「あさひ相続手続相談所」も開設している。

あさひ相続手続談所
http://www.asahi-legal.com

図解で早わかり
最新　相続登記のしくみ

2021年11月30日　第1刷発行

監修者　旭《あさひ》祐《ゆう》樹《き》
発行者　前田俊秀
発行所　株式会社三修社
〒150-0001　東京都渋谷区神宮前2-2-22
TEL　03-3405-4511　FAX　03-3405-4522
振替　00190-9-72758
https://www.sanshusha.co.jp
編集担当　北村英治
印刷所　萩原印刷株式会社
製本所　牧製本印刷株式会社

ISBN978-4-384-04879-7 C2032